21世纪人力资源管理精品教材

员工招聘与配置

RECRUITMENT AND ALLOCATION OF EMPLOYEES

姚裕群　主　编
刘家珉　朱振晓　副主编

清华大学出版社
北　京

内 容 简 介

本书系统讲授了人力资源工作初始环节招聘的原理、知识与方法。全书分为总论、招聘设计、招聘实施、员工配置，共4篇，具体包括绪论、招聘与配置的根源、人的供给、人的分析招聘与配置的社会环境、总体谋划、能岗匹配、制订招聘方案、招聘中的测评、甄选、招聘考试、网络招聘、校园招聘、猎头渠道招聘、录用、员工配置总析、入职培训、主管人员的选拔，共18章。

本书内容丰富，体系完整，理论分析扎实，知识前沿，阐述清晰，注重操作方法，有大量案例，贴近管理实践，讲求学习效果，方便相关学科的老师和同学使用。本书可作为人力资源、劳动与社会保障、劳动经济、劳动关系、人才学等专业的专科、本科、研究生主干课教材，也可作为各企事业单位培训教材和业务参考书。

本书封面贴有清华大学出版社防伪标签，无标签者不得销售。
版权所有，侵权必究。举报：010-62782989，beiqinquan@tup.tsinghua.edu.cn。

图书在版编目（CIP）数据

员工招聘与配置 / 姚裕群主编 . —北京：清华大学出版社，2016（2023.1重印）
（21世纪人力资源管理精品教材）
ISBN 978-7-302-43426-9

Ⅰ.①员… Ⅱ.①姚… Ⅲ.①企业管理－人力资源管理－高等学校－教材 Ⅳ.①F272.92

中国版本图书馆 CIP 数据核字（2016）第 072674 号

责任编辑：左玉冰
封面设计：汉风唐韵
责任校对：宋玉莲
责任印制：宋　林

出版发行：清华大学出版社
　　　　网　　址：http://www.tup.com.cn，http://www.wqbook.com
　　　　地　　址：北京清华大学学研大厦A座　　邮　编：100084
　　　　社 总 机：010-83470000　　　　　　　　邮　购：010-62786544
　　　　投稿与读者服务：010-62776969，c-service@tup.tsinghua.edu.cn
　　　　质量反馈：010-62772015，zhiliang@tup.tsinghua.edu.cn
印 装 者：三河市铭诚印务有限公司
经　　销：全国新华书店
开　　本：185mm×260mm　　印　张：17.5　　字　数：400千字
版　　次：2016年6月第1版　　　　　　　　印　次：2023年1月第8次印刷
定　　价：49.00元

产品编号：053097-02

前言

员工招聘与配置
Recruitment and allocation of employees

尊重知识、尊重人才,是社会理性的思维;唯才是举、不遗余力,是竞争时代组织的内在要求,是组织为了大力拓展而自觉采取的行动。人力资源和人才资本已经成为当代社会诸多企事业单位争相攫取的第一资源,因此,招聘与配置就成为现代企业经营管理中的关键环节。

招聘不仅是一般人力资源管理的日常性重要业务之一,还成为企事业单位战略人力资源管理实践的第一步骤,因为,招聘具有"牵一发而动全身"的重要作用。找到了企业所需要的人才,就有了事业发展的操作人员和推动力量。当组织高度重视人力资源,但是不能采用有效的招聘方法、不能准确把握应聘人员的素质时,组织的发展目标就无从谈起。特别是对力图把人力资源开发作为核心竞争力的企业来说,运用好招聘工作的作用更是举足轻重。即使正确地施行了招聘,获取了重要的资源,仍然存在着能不能合理地、有效地配置的问题,由此构成现实经济管理的重大问题,为企业家和经营管理人员(尤其是HR人员)所高度关心。

本书作为21世纪人力资源管理精品教材系列中的一本,在保持同其他教材密切联系、共同构建人力资源管理教学框架的同时,也相当注重自身的分工。本书具有以下几个特点。

(1) 本书从就业市场大环境的角度思考组织的招聘和配置问题,具有宏观视角,避免了不少招聘著作"只见树木不见森林"的缺陷,使读者对招聘的认识大大提升。

(2) 本书努力构建一本既具有战略人力资源管理眼界,又有现实人力资源人员操作的教材,通过全新的体系、丰富的理论、深刻的思维和翔实的内容,适应现代组织的人力资源工作人员之招聘与配置素质提升的需求,有利于培养高水平的人力资源管理人才。

(3) 本书站在"人力资源总监"和"招聘经理"的角度来思考问题,把握宏观趋势、外部环境,进而专注于企业内部的招聘设计与操作,使组织的招聘与配置工作更具理性也更有长期效益。

(4) 参与本书编写的人员,既有高校的资深教授、实力教师,又有著名企业的人力资源工作人员,理论与实践结合紧密,保证了本书的高质量和创新特色。

本书由中国人民大学劳动人事学院教授、博士生导师姚裕群担任主编,刘家珉、朱振晓担任副主编。具体编写人员如下:姚裕群

(一、三、九、十一、十二章)、刘家珉(一、六、八章)、朱振晓(五、十一、十八章)、姚清(二章)、周小舟(四、十五章)、李苑凌(七章)、李骞(十章)、卫锦垣(十二至十四章)、庞彦翔(十六章)、原喜泽(十七章)。另外,杨晶、赵海林、刘怡娟等也参与了相关的编写工作。经过大家的深入研究、写作和修改,完成了本书,现在把它奉献给从事人力资源管理专业学习的学生和从事人力资源管理工作的同行人士。

清华大学出版社左玉冰编辑对本书的写作给予了大力支持,在此表示衷心的感谢。此外,在本书的编写过程中参阅了有关的教材、著作和论文,我们一并表示衷心的感谢。

由于编者水平和时间有限,本书的内容又有不少创新和尝试,其中必然存在很多不足,欢迎同行、专家指出不足,也欢迎广大读者提出宝贵意见。

编 者
2016年5月

目录

员工招聘与配置
Recruitment and allocation of employees

第一篇 招聘与配置总论

第一章 当好组织的伯乐——绪论 …… 3
引例 比尔·盖茨事业成功的秘诀——找最聪明的员工 …… 3
第一节 招聘初析 …… 5
 一、招聘的基本范畴 …… 5
 二、招聘的目的 …… 6
 三、招聘的原则 …… 7
第二节 配置初析 …… 8
 一、配置的定义 …… 8
 二、员工配置的思路 …… 9
 三、员工配置的形式 …… 10
 四、员工配置的原则 …… 10
第三节 招聘配置与组织 …… 12
 一、招聘配置的外部环境 …… 12
 二、招聘配置与组织战略 …… 14
 三、招聘配置与人力资源管理工作 …… 14
讨论案例 名企招聘之招数 …… 17

第二章 招聘与配置的根源——需求 …… 19
引例 苦恼不已的范经理 …… 19
第一节 劳动需求总析 …… 20
 一、劳动需求的由来 …… 20
 二、劳动需求的行业性与职业性 …… 20
 三、劳动需求的地区性 …… 22
第二节 宏观劳动需求 …… 22
 一、经济发展与社会劳动总需求 …… 22
 二、技术变动与社会劳动总需求 …… 23
 三、从消费需求到就业岗位的转化 …… 23
 四、社会劳动需求的变动 …… 24
第三节 微观劳动需求 …… 25
 一、工资与微观劳动需求 …… 25

二、微观劳动需求的边际倾向 ………………………………… 26
　　三、技术水平与劳动需求 ……………………………………… 26
　　四、微观劳动需求结构 ………………………………………… 26
第四节　微观需求典型单位——企业分析 ………………………… 27
　　一、企业的雇用动机 …………………………………………… 27
　　二、企业雇用与应聘从业者 …………………………………… 28
讨论案例　招募中层管理者的困难 ………………………………… 29

第三章　招聘与配置的前提——人的供给 ……………… 31
引例　民工潮、民工荒与民工哥 …………………………………… 31
第一节　人力资源供给初析 ………………………………………… 31
　　一、人力资源作为经济要素供给 ……………………………… 31
　　二、人力资源供给的特点 ……………………………………… 32
　　三、工资与人力资源供给 ……………………………………… 33
　　四、人力资源供给的经济条件 ………………………………… 34
第二节　部门地区的人力资源供给 ………………………………… 34
　　一、部门地区人力资源供给的性质 …………………………… 34
　　二、影响部门地区人力资源供给的因素 ……………………… 35
第三节　社会的人力资源供给 ……………………………………… 36
　　一、社会人力资源供给的基本特征 …………………………… 36
　　二、现实供给与潜在供给 ……………………………………… 36
　　三、影响社会人力资源供给数量的因素 ……………………… 37
　　四、影响宏观人力资源供给质量的因素 ……………………… 39
　　五、人力资源供给动态分析——人力资源流 ………………… 41
讨论案例　王总的"米"要不要"下锅" …………………………… 42

第四章　招聘与配置的对象——人的分析 ……………… 44
引例　著名地产商的用人之道 ……………………………………… 44
第一节　招聘对象的素质 …………………………………………… 45
　　一、招聘对象素质内容 ………………………………………… 45
　　二、能力素质分析 ……………………………………………… 46
　　三、人格素质分析 ……………………………………………… 48
　　四、理念素质分析 ……………………………………………… 51
　　五、身心素质分析 ……………………………………………… 51
第二节　人的职业与生涯 …………………………………………… 52
　　一、职业基本分析 ……………………………………………… 52
　　二、职业生涯 …………………………………………………… 53
第三节　人在组织中的发展 ………………………………………… 55
　　一、职业选择的达成 …………………………………………… 55
　　二、职业适应的完成 …………………………………………… 55
　　三、心理契约的建立 …………………………………………… 56

四、职业生涯的发展 ································ 56
　　　五、职业生涯的系留 ································ 57
　讨论案例　情感管理有力量 ···························· 59

第五章　大千世界——招聘与配置的社会环境 ········ 62
　引例　他为何闪电离职 ································ 62
　第一节　招聘与配置的体制氛围 ······················ 63
　　　一、资源配置的含义 ································ 63
　　　二、人力资源市场配置分析 ························ 63
　　　三、我国人力资源市场的运行 ···················· 64
　第二节　招聘与配置的经济格局 ······················ 65
　　　一、供求关系类型 ································ 65
　　　二、人力资源过剩分析 ···························· 66
　第三节　招聘与配置的法制条件 ······················ 67
　　　一、劳动法 ······································ 67
　　　二、就业促进法 ·································· 68
　第四节　招聘与配置的媒介组织 ······················ 69
　　　一、招聘中介的形式 ······························ 69
　　　二、招聘中介的主要职责 ·························· 70
　　　三、公立招聘中介机构 ···························· 70
　　　四、多种形式的招聘中介 ·························· 71
　讨论案例　安南的"全球协议" ························ 73

第二篇　员工招聘设计

第六章　工作开展第一步——总体谋划 ··············· 77
　引例　奉行本土化策略的柯达公司用人 ·············· 77
　第一节　人力资源规划 ································ 78
　　　一、人力资源规划概述 ···························· 78
　　　二、人力资源规划的层次 ·························· 78
　　　三、人力资源规划的内容 ·························· 80
　　　四、人力资源规划的程序 ·························· 81
　第二节　岗位设置 ···································· 82
　　　一、岗位设置概述 ································ 82
　　　二、岗位的设置原则 ······························ 84
　　　三、岗位设置表的编制 ···························· 85
　　　四、岗位分析的方法 ······························ 86
　第三节　招聘策划 ···································· 88
　　　一、招聘策划初析 ································ 88

二、招聘策划的项目 ……………………………………………………………… 89
　　三、招聘的程序 …………………………………………………………………… 90
讨论案例　WJ公司员工的吐故纳新 ……………………………………………… 92

第七章　招聘基本原理——能岗匹配　94

引例　大象聘什么样的猫 …………………………………………………………… 94
第一节　能岗匹配基本分析 ………………………………………………………… 95
　　一、能力及能力模型的概念 ……………………………………………………… 95
　　二、能岗匹配的含义 ……………………………………………………………… 96
　　三、能岗匹配的基础理论 ………………………………………………………… 96
第二节　能岗匹配的原则 …………………………………………………………… 99
　　一、最佳匹配原则 ………………………………………………………………… 99
　　二、一致与互补原则 …………………………………………………………… 100
　　三、动态性原则 ………………………………………………………………… 100
第三节　能力模型的构建 ………………………………………………………… 101
　　一、前期准备 …………………………………………………………………… 101
　　二、收集信息 …………………………………………………………………… 101
　　三、设计企业能力词典 ………………………………………………………… 102
　　四、建立岗位能力模型 ………………………………………………………… 102
　　五、能力模型的评估与修正 …………………………………………………… 102
讨论案例　佳力博物流公司的整体能力体系 …………………………………… 103

第八章　渠道、流程与方法——制订招聘方案　105

引例　索尼CEO的招聘质疑 ……………………………………………………… 105
第一节　确定招聘渠道 …………………………………………………………… 105
　　一、外部招聘渠道的安排 ……………………………………………………… 106
　　二、组织内部的人才发掘 ……………………………………………………… 109
第二节　设计招聘流程 …………………………………………………………… 111
　　一、基本框架 …………………………………………………………………… 111
　　二、具体环节 …………………………………………………………………… 111
第三节　选择招聘方法 …………………………………………………………… 113
　　一、心理测验法 ………………………………………………………………… 113
　　二、面试法 ……………………………………………………………………… 113
　　三、评价中心法 ………………………………………………………………… 114
　　四、胜任模型选拔法 …………………………………………………………… 114
讨论案例　宝洁公司的校园招聘流程 …………………………………………… 115

第九章　借助科学工具——招聘中的测评　117

引例　搞编程还是做营销 ………………………………………………………… 117
第一节　人力资源测评原理 ……………………………………………………… 118
　　一、人力资源测评的概念 ……………………………………………………… 118

二、人力资源测评的地位 ································· 119
　　三、人力资源测评原则 ··································· 120
　　四、人力资源测评类别 ··································· 121
第二节　人力资源测评方法 ··································· 122
　　一、测验法 ··· 122
　　二、面试法 ··· 125
　　三、评价中心法 ··· 126
　　四、其他方法 ··· 127
第三节　人力资源测评流程 ··································· 128
　　一、明确测评目的 ··· 128
　　二、确定测评内容 ··· 128
　　三、设计测评指标体系 ····································· 130
　　四、选择测评方法 ··· 130
　　五、测评过程管理 ··· 130
讨论案例　Y研究院招聘中的测评 ···························· 131

第三篇　员工招聘实施

第十章　招聘遴选的操作——甄选 ························ 135
引例　筛选什么和怎么筛选 ··································· 135
第一节　筛选申请表与简历 ··································· 136
　　一、筛选申请表 ··· 136
　　二、筛选个人简历 ··· 139
　　三、跟踪应聘者的信息 ····································· 139
第二节　测评结果评估 ······································· 140
　　一、素质测评结果的可靠性 ································· 140
　　二、素质测评结果的有效性 ································· 141
第三节　甄选面试 ··· 143
　　一、甄选面试基本分析 ····································· 143
　　二、甄选面试的内容 ······································· 144
　　三、甄选面试的过程 ······································· 144
第四节　聘用决策 ··· 145
　　一、聘用决策的原则 ······································· 145
　　二、聘用决策的步骤 ······································· 146
讨论案例　丰田的全面招聘体系 ······························ 148

第十一章　最关键的环节——招聘考试 ··················· 151
引例　看看警官的招聘面试 ··································· 151
第一节　招聘笔试 ··· 152
　　一、笔试概述 ··· 152

二、笔试的分类与方法 …………………………………………………… 152
　　三、行政职业能力测验 …………………………………………………… 154
第二节　面试总析 ……………………………………………………………… 157
　　一、面试基本分析 ………………………………………………………… 157
　　二、面试的特点 …………………………………………………………… 158
　　三、面试的分类 …………………………………………………………… 159
　　四、面试的作用 …………………………………………………………… 160
第三节　面试的环节 …………………………………………………………… 161
　　一、面试的基本步骤 ……………………………………………………… 161
　　二、面试五步骤分析 ……………………………………………………… 161
第四节　面试的操作 …………………………………………………………… 163
　　一、面试工作的技巧 ……………………………………………………… 163
　　二、行为面试法 …………………………………………………………… 165
　　三、面试偏见的克服 ……………………………………………………… 167
讨论案例　销售经理人选的头轮面试 ………………………………………… 168

第十二章　高效的现代手段——网络招聘 …………………………… 170

引例　网络招聘会确实不错 …………………………………………………… 170
第一节　网络招聘总析 ………………………………………………………… 170
　　一、网络招聘的概念 ……………………………………………………… 170
　　二、各类招聘渠道比较 …………………………………………………… 171
　　三、网络招聘的成本 ……………………………………………………… 172
　　四、网络招聘的效果 ……………………………………………………… 172
第二节　招聘网站的类型 ……………………………………………………… 172
　　一、全国性招聘网站 ……………………………………………………… 172
　　二、地域性招聘网站 ……………………………………………………… 173
　　三、行业性招聘网站 ……………………………………………………… 173
　　四、人际类招聘网站 ……………………………………………………… 173
　　五、搜索式招聘网站 ……………………………………………………… 174
第三节　网络招聘的实施 ……………………………………………………… 174
　　一、发布招聘信息 ………………………………………………………… 174
　　二、搜集信息 ……………………………………………………………… 175
　　三、安排面试 ……………………………………………………………… 175
　　四、电子面试 ……………………………………………………………… 176
讨论案例　让人"前程无忧"的网站 ………………………………………… 177

第十三章　寻找未来的人才——校园招聘 …………………………… 179

引例　传统校园招聘遭遇困境 ………………………………………………… 179
第一节　校园招聘基本分析 …………………………………………………… 180
　　一、校园招聘概述 ………………………………………………………… 180
　　二、校园招聘的形式 ……………………………………………………… 181

三、校园招聘的供求格局 …………………………………………… 183
　第二节　校园招聘流程 …………………………………………………… 183
　　　一、招聘宣传 ………………………………………………………… 183
　　　二、校园宣讲会 ……………………………………………………… 183
　　　三、筛选简历 ………………………………………………………… 184
　　　四、笔试 ……………………………………………………………… 184
　　　五、面试 ……………………………………………………………… 184
　　　六、录用签约 ………………………………………………………… 184
　第三节　校园招聘中的误区 ……………………………………………… 184
　　　一、招聘会的误区 …………………………………………………… 184
　　　二、筛选应聘材料的误区 …………………………………………… 185
　　　三、笔试的误区 ……………………………………………………… 185
　　　四、面谈的误区 ……………………………………………………… 186
　　　五、招聘结果反馈的误区 …………………………………………… 186
　讨论案例　百威英博的全球管理培训生制度 …………………………… 187

第十四章　精英的拿来主义——猎头渠道招聘　188
　引例　猎头公司深度观察 ………………………………………………… 188
　第一节　猎头公司的发展 ………………………………………………… 189
　　　一、国外猎头公司发展概况 ………………………………………… 189
　　　二、我国猎头公司的发展 …………………………………………… 191
　第二节　猎头公司的分类和业务模式 …………………………………… 193
　　　一、猎头公司的分类 ………………………………………………… 193
　　　二、猎头公司的业务模式 …………………………………………… 194
　第三节　猎头渠道的运用 ………………………………………………… 194
　　　一、猎头公司的选择 ………………………………………………… 194
　　　二、猎头业务的委托 ………………………………………………… 195
　　　三、对猎头公司的绩效评估与反馈 ………………………………… 197
　讨论案例　卫某的难题与出路 …………………………………………… 198

第十五章　成为组织的新员工——录用　200
　引例　法人代表签字算不算数 …………………………………………… 200
　第一节　背景核查 ………………………………………………………… 201
　　　一、背景核查的意义 ………………………………………………… 201
　　　二、背景核查的主要内容 …………………………………………… 201
　　　三、背景核查的流程 ………………………………………………… 202
　　　四、背景核查关注的问题 …………………………………………… 204
　第二节　入职体检 ………………………………………………………… 204
　　　一、体检的意义 ……………………………………………………… 204

二、体检的主要内容 …………………………………………………… 204
　　三、体检结果的处理 …………………………………………………… 204
　第三节　订立聘用合同 …………………………………………………… 205
　　一、我国劳动合同的法律规定 ………………………………………… 205
　　二、聘用合同的签订 …………………………………………………… 206
　　三、签订聘用合同的注意事项 ………………………………………… 210
　讨论案例　录用赵安还是苏天 …………………………………………… 211

第四篇　员工配置

第十六章　原理与战略——员工配置总析　**215**

　引例　两个公司一批人 …………………………………………………… 215
　第一节　员工配置初析 …………………………………………………… 215
　　一、员工配置 …………………………………………………………… 215
　　二、员工配置的类型 …………………………………………………… 216
　第二节　员工配置理论认识 ……………………………………………… 217
　　一、员工配置的数量分析 ……………………………………………… 217
　　二、人-岗匹配基本模型 ……………………………………………… 217
　　三、个人-岗位动态匹配模型 ………………………………………… 218
　　四、个人-组织匹配模型 ……………………………………………… 220
　第三节　影响员工配置的因素 …………………………………………… 221
　　一、制度因素 …………………………………………………………… 221
　　二、经济因素 …………………………………………………………… 222
　　三、文化因素 …………………………………………………………… 222
　第四节　员工配置战略 …………………………………………………… 223
　　一、战略人力资源管理 ………………………………………………… 223
　　二、员工配置战略的内容 ……………………………………………… 224
　　三、员工配置的质量 …………………………………………………… 225
　讨论案例　自主创新人才是长安汽车的生命线 ………………………… 226

第十七章　新员工的塑造——入职培训　**228**

　引例　不一样的"第一天" ……………………………………………… 228
　第一节　新员工培训初析 ………………………………………………… 228
　　一、对新员工的认识 …………………………………………………… 228
　　二、对新员工培训的认识 ……………………………………………… 229
　　三、新员工培训的特点 ………………………………………………… 231
　　四、新员工培训的类别 ………………………………………………… 231
　第二节　新员工培训的内容 ……………………………………………… 232

一、公司概况 ·· 232
　　二、岗位知识与技能培训 ·· 233
　　三、法律文件与组织的规章制度 ······································· 234
　　四、员工个人事宜 ·· 234
第三节　新员工培训操作 ·· 234
　　一、新员工培训的目标 ··· 234
　　二、新员工培训的方法 ··· 235
　　三、新员工培训工作技巧 ·· 237
　　四、新员工培训的工作主体 ··· 238
第四节　新员工培训管理 ·· 239
　　一、新员工入职时培训监控 ··· 239
　　二、新员工上岗后培训监控 ··· 240
　　三、新员工培训效果评估 ·· 240
　　四、新员工培训应用表格 ·· 241
讨论案例　宁峰入职的前五天 ··· 244

第十八章　大厦要靠栋梁——主管人员的选拔 ············· 246

引例　汽车销售公司的经理10职位招聘 ································ 246
第一节　主管人员选拔初析 ·· 247
　　一、主管人员概述 ·· 247
　　二、选拔标准的概念 ·· 247
第二节　主管人员的素质 ·· 248
　　一、主管人员素质要求一般内容 ······································· 248
　　二、不同层次人员的能力结构 ·· 249
　　三、主管人员素质的项目分析 ·· 250
第三节　选拔主管人员的常用方法 ··· 254
　　一、职务分析法 ··· 254
　　二、行为事件访谈法 ·· 255
　　三、专家小组讨论法 ·· 255
第四节　主管人员的遴选操作 ··· 255
　　一、主管人员的遴选途径 ·· 255
　　二、主管人员的遴选过程 ·· 257
　　三、遴选工作的若干思路 ·· 259
讨论案例　华为选拔管理者的六大原则 ·································· 260

参考文献 ··· 263

第一篇

招聘与配置总论

第一章
当好组织的伯乐——绪论

> **引例**

比尔·盖茨事业成功的秘诀——找最聪明的员工

长久以来,人们认为企业成功与否不在于雇用人员的多少,而在于如何引导普通人员做出最出色的贡献。盖茨却为这个看法加上了一个看起来十分苛刻的条件:必须始终寻找并聘请计算机工业中最出色的人才。因为盖茨自身在计算机方面具备天才素质,他用人的原则也变得十分简单,那就是:"找最聪明的员工。"

比尔·盖茨认为,聪明就是能迅速地、有创见地理解并深入研究复杂的问题。具体地说,就是善于接受新事物,反应敏捷;能迅速地进入一个新领域,并对其做出头头是道的解释;提出的问题往往一针见血,正中要害;能及时掌握所学知识,并且博闻强识;能把原来认为互不相干的领域联系在一起并使问题得到解决。盖茨常对软件开发人员说:"四到五年后,现在的每句程序指令都得淘汰。"这么快的更新速度,要求程序设计员必须有良好的学习和创新能力。因此,微软长期一直都是只雇用全球5%最顶尖的人才。

微软公司有220多名专职招聘的人员,他们每年要访问130多所大学,举行7 400多次面谈,而这一切仅仅是为了招聘2 000名新雇员。微软公司编有一个专用程序,它负责统计出用户所使用的关键词。从统计的结果可分析出此人是否具有较高的计算机技能,并将其列为招聘对象。

微软招募英才最多的沃土自然是几所名列世界前茅的大学:哈佛大学、耶鲁大学、麻省理工学院、卡耐基梅隆大学,当然也包括其他一些大学如华特鲁大学,这个大学以其数学专业闻名于世。

为了保持不同凡响的增长率,微软必须不断采取员工推荐、报纸及行业广告、贸易展和会议、校园招聘会、网上设置公司起始页、实习计划及猎头公司等活动积极聘用高素质员工。但微软之所以能独步业内,并不是因为有这些活动。更准确地说,靠的是蕴含在这些活动中的聘人哲学。它的招聘不是针对某个职位或群体,而是着眼于整个企业。微软员工就是以其才智、技能和商业头脑而闻名业界,因为他们都是被精心挑选进来的。

微软成立之初,就对招聘超常地重视。时至今日,微软的人力资源负责人还是以能够配合好公司领导作为选材的标准之一:"我们的做法还是像只有十个人的公司在聘用第十一个人一样。"

在招聘时，微软关心的不是人员具备什么样的知识，因为知识很容易获得，也不是人员在校成绩好坏，微软需要的人才必须是最精明的，勤于动脑和思考。因为只有精明的员工才会很快改正错误，用各种方法改善工作，节省公司的时间和金钱。这种人才的高明之处，就在于他们既拥有雄厚的科学技术和专门业务的知识存量，又了解和把握经营管理规则，并能运用这些知识存量和规则在市场激烈竞争中操作自如、得心应手。微软公司以比尔·盖茨为代表，聚集了一大批这样的人才，在技术开发上一路领先，在经营上运作高超，使微软成为全球发展最快的公司之一。

根据微软考试应聘者的这一原则，大学考试成绩并不是衡量一个人的最重要标准。一个人的成绩只要没有差到"平均线"以下，就有资格走进微软进行面试。在大学里分数第一，但在微软通不过面试的大有人在。另外，学校导师极力推荐的学生，不一定能为微软所接受；导师竭力说"不"的学生，也不一定会被微软拒绝。微软面试的目的，在于检验应试者书本之外的能力。

一些到微软进行过面试的人说，去微软应试，会觉得过去学过的书本上的知识全都用不上。微软公司的主考官常给那些刚毕业的大学生出一些稀奇古怪的问题，如：为什么下水道的盖子是圆形的？你和你的导师发生分歧怎么办？两条不规则的绳子，每条绳子的燃烧时间1小时，如何在45分钟烧完两条绳子？还有一个最常问的问题是：全美有多少加油站？

主考官全是各个方面的专家，每个人都有一套问题，并有不同的侧重，考题通常并未经过集体商量，但有4个问题是考官们共同关心的：是否足够聪明？是否有创新的激情？是否有团队精神？专业基础怎么样？微软面试时还常在上午给应聘者一些新的知识，下午则提出相关的问题，看应聘者究竟掌握了多少。在招聘人才时，微软比较注重人才的综合素质，即除了考虑人才的专业背景外，还要考查其心理和情感因素，包括应变能力、适应能力、再学习能力、竞争能力、承受压力的能力等。

诸如上面的这些问题，答案正确与否并不重要，如果应征者连想都不想就说不知道，这个人马上就会被判出局，因为主考官想要知道的是应征者如何思考和解决问题。应征者通过层层面试之后，最后还要经过部门主管长达1个小时的审核，才能做最后的决定。微软公司认为对面试问题的回答会透露出应聘者的心理特征和思维模式。两个学历背景非常相似的人，往往会因其不同的性格和心理特点做出迥异的工作成绩，因此考查一个人，学历固然重要，但学历背后的综合素质也是十分关键的。

微软建立的这套网罗顶尖人才、珍惜顶尖人才的机制，形成了一种"宁缺毋滥，人尽其才"的选人用人模式。员工参与是聘到最合适的精英的关键。在很多时候，从副总裁一直到盖茨等所有高级管理人员都要亲自参与，这样，就强调了招聘环节对公司成功的重要性。对引进人才的考试，不是上面坐一排考官，应试者一人在下面对应，而是一个考生只面对一名考官，"一对一"，讲平等。使用员工，盖茨永远只聘用比实际所需少一点的人，原因并不是为了减少成本开支，而是为了挑选更优秀的人才。

当新人如愿以偿加入微软之后，就会发现公司内部到处都是成功人士，在这个公司里人们都感到精神抖擞。虽然公司里所有的人都穿着普通的服装，却有着难以置信的谦逊，没有锋芒毕露和咄咄逼人，也没有愚蠢的傲慢。同时，他们都有着强烈的信心，坚信这个集体将来一定会取得成功。

（资料来源：于成龙．比尔·盖茨：从世界首富到世界首捐[EB/OL]．中国经济网，2012-7-13）

第一节 招聘初析

一、招聘的基本范畴

（一）亘古不朽的话题

一个事物亘古不朽，是说明它很有价值，人才的选拔和使用就是一个亘古不朽的重要领域。从历史的角度看，人们是非常清楚"得人才者得天下，失人才者失天下"的道理的，诸如《尚书》中的"知人则哲，能官人"，《周书》中的"安危在出令，存亡在所用"，《吕氏春秋》中的"得贤人，国无不安，名无不荣；失贤人，国无不危，名无不辱"，唐太宗李世民的"治安之本，惟在得人"，明太祖朱元璋的"贤才，国之宝也"。可以看出，古人十分重视人才，讲究使用，在实践的基础上，不断总结和概括用人方略，形成了一套具有重要借鉴作用的人才学说。当代电影《天下无贼》中调侃性的经典台词"21世纪最重要的是人才"，成为HR的常用语言，也说明"搜寻人才、用好人才"的无所不在的价值。

历史上的人才学说、思想非常丰富，从用人制度（制度、养士、九品中正制、察举）到用人方法，从用人原则到用人艺术，从用人之道到用人之忌，从用人的成功经验到用人的失误，从对人才的"月旦"（品评）到人才学著述，无不凝聚着古今一贯的人生经验，无不闪耀着圣贤哲人的智慧之光，这是一笔丰富宝贵的古代文化遗产。如何用人，是一门学问，也是一门艺术，而用人的基础或者前提则是识人、知人，或曰观人、察人。宋代陆九渊说过："事之至难，莫如知人；事之至大，亦莫如知人。诚能知人，则天下无余事矣。"人才难得，关键在于难知。如果能知人，则得人也就不难了。识别人才，科学招聘，古往今来都非常重要。

我国最早的人才招聘，可以追溯到殷商时期。据《孟子》记载，商汤曾五次派人"以币聘"伊尹辅治国政。到了周代，人才招聘开始形成一种制度，规定每年三月都要"聘名士，礼贤者"，广征各方人才，如大名鼎鼎的姜太公便是其中的一位。战国时，燕昭王曾以重金招聘天下之才，招来了乐毅、剧辛等人，结果攻破齐国。秦国也曾广招六国人才，如卫人商鞅、吕不韦，楚人李斯，燕人蔡泽，韩人韩非等都为秦所用，号为"客卿"，最后秦统一了一个多民族的中国。汉高祖曾发布"招贤诏令"，还规定如发现人才，当地郡守都要亲自勉励，驾车送至京城，而不执行者则免职。汉武帝诏贤令一下，应聘者上千。

三国时曹操、唐朝李世民、元朝忽必烈和明朝朱元璋等都利用招聘制选拔了不少优秀人才。我国古代用人，大都讲究用人之长，容人之短。为此，一些朝代采取了相应的招聘政策："不以前过为过"；"不非小疵"、"不论出身"、"不拘资格"、"贤能不待次而举"。其招聘方法大体有："筑招贤台"、"出招贤榜"（亦称求贤令）、"举荐"（有才不荐，朝廷治罪）、"实地察访，隐处求才"。历史事实证明，实行招聘制有利于及时发现和合理使用人才，有利于人才的流通，做到才尽其用。

（二）招聘的定义

一个组织在它的发展过程中，有多种原因需要从外部吸收新的员工，于是就要进行招聘。所谓"招聘"，是指为了实现组织的经营管理目标和完成工作任务，通过一定的方法和工具考察和筛选,把外部具有本组织所需要相关能力和综合素质的申请人吸收到空缺岗位上的过程。招聘不仅是人力资源管理部门最重要的日常工作,而且成为现代组织宏观层面的总体性、战略性内容。在特定情况下和一定意义上,招聘甚至成为组织生死攸关的最关键、最重大的问题。

完整的现代招聘将招聘工作划分为几个部分,包括招聘前的人员需求调查,实施人员招聘工作,招聘中的筛选,以及劳动合同签订等几个接续内容模块。总之,招聘是一个内容丰富的领域,也是一项关系着一个组织诸多部门的重要人力资源开发与管理工作。

二、招聘的目的

任何竞争归根到底都是人才的竞争,随着经济的发展,人才的需求也越来越强烈,企业要发展就必须不断地吸纳人才。招聘是补充员工的主渠道,是企业增加新鲜血液、兴旺发达的标志之一,它对企业的人力资源管理具有重要意义。

成功的招聘活动应该是"职得其才,才知其用",也就是能力和岗位匹配:既不要出现"低才高就"的现象,也不要出现"高才低就"的现象。招聘工作的核心目标就是实现所招聘人员与待聘岗位的有效匹配,从而获得理想的人力资源管理结果。个人特征与岗位特征的匹配主要表现在两个方面:一方面岗位要求与个人素质要匹配,因为每个工作岗位都有其特定的要求,个人要想胜任某项工作必须具备一定的知识和技能;另一方面工作的报酬与个人的动力要匹配,只有这样,雇员才可能有积极性充分发挥其主观能动性。如果招聘中能实现这两个方面的匹配,就能够把合适的求职者吸引过来,新雇员自己也会感到满意,在工作中积极肯干,雇佣关系才能得以长期维持。

(一)提高企业的核心竞争力

如果把人力资源看作一个系统中的输入和输出转换机制,那么招聘就位于这一系统的输入环节,也就是说,招聘工作的质量直接影响着组织人才输入和引进的质量,它是人力资源管理的第一个关口。招聘工作作为企业人力资源管理开发必要的基础,一方面直接关系到企业人力资源的形成,另一方面直接影响企业人力资源开发管理其他环节工作的开展。

(二)为企业注入新的活力

招聘的结果表现为企业是否获得所需要的优秀人才,而人才是企业发展的第一要素。现代社会竞争的制高点是人才的竞争,只有拥有高素质的人才,企业才能繁荣昌盛,才能在竞争中立于不败之地。只有拥有高素质的一线员工,才能保证高质量的产品和服务;只有拥有高质量的技术人员,才能保证企业研制开发计划的高效有序地进行。

(三)树立企业良好形象

招聘工作涉及面广,企业可以采取各种各样的招聘方式,利用电视、报纸、广播等媒体来开展招聘活动,这样不仅可以使企业招到所需的人才,也可以在一定程度上起到推销企业、树立企业良好形象的作用。有的企业会以震撼人心的高薪、颇具规模和档次的招聘过程来表明企业对人才的渴求和企业的实力。企业对人才招聘在招收到所需各种人才的同时,也通过招聘工作内容和招聘人员的素质向外界展现出它的良好形象。

（四）增强企业内部的凝聚力

一个有效的招聘系统将使企业获得能胜任工作并对所从事工作感到满意的人才，从而减少企业人才的流动；否则，将会使企业中存在大量不称职的员工或产生很高的人员流动率，从而使企业经营活动遭受损失。有效的人力资源招聘也可以使企业更多地了解应聘者到本企业工作的动机与目的。一方面可以让应聘者更多地了解企业及应聘岗位，另一方面企业也可以从诸多候选者中选出个人发展目标趋于一致并愿意与企业共同发展的员工。有效的双向选择可使员工愉快地胜任所从事的工作，减少人员离职，以及因员工离职而带来的损失，增强企业内部凝聚力。

三、招聘的原则

在所有行业中，无论拟招聘的人员数量是多是少，也无论招聘工作是由组织内部的人力资源部门完成，还是包给专业机构完成，只有奉行一定的原则，才能确保整个招聘工作的有效性。

（一）合法原则

在招聘过程中，企业应严格遵守《劳动法》及相关的劳动法规，坚持平等就业、互相选择、公平竞争，反对种族歧视、性别歧视、年龄歧视、信仰歧视，尤其对弱势群体、少数民族和残疾人等应该予以保护和关心。严格控制未成年人就业，保护妇女儿童的合法权益。

（二）公开、公平、公正原则

三公原则，即"公开、公平、公正"的简称，即在招聘过程中应做到信息公开、竞争公平、选拔公正。

在具体操作中，通常来说，招考单位、种类、数量，报考的资格、条件，考试的方法、科目和时间等与招聘相关的信息需要面向社会公告，公开发布人才需求。这样一方面给社会上的人才以公平竞争的机会，达到广招人才的目的；另一方面使招聘工作置于社会的公开监督之下，防止不正之风。

在招聘选拔中，对于所有报考者应当一视同仁，不得人为地制造各种不平等的限制和条件（如性别歧视）和各种不平等的优先优惠政策，努力为社会上的有识之士提供平等竞争的机会，不拘一格地选拔、录用各方面的优秀人才。通过考试竞争和考核，能够鉴别确定人员的优劣和人选的取舍。为了达到竞争的目的，一要动员、吸引较多的人报考；二要严格考核程序和手段，科学地录取人选，防止拉关系、走后门、裙带风、贪污受贿和徇私舞弊等现象的发生，通过激烈而公平的竞争，选择优秀人才。

（三）竞争择优原则

择优是招聘的根本目的和要求。只有坚持这个原则，才能广揽人才，选贤任能，为单位引进或为各个岗位选择最合适的人员。为此，应采取科学的考试、考核方法，精心比较，谨慎筛选。特别是要依法办事，杜绝不正之风。

人的能量有大小，本领有高低，工作有难易，要求有区别，招聘人员，不一定要最优秀的，而应量才录用，选择最合适的。只有做到人尽其才，用其所长，职得其人，才能持久、高效地发挥人力资源的作用。

（四）全面原则

全面原则即尽可能地采取全方位、多角度的评价方法，通过对申请者的上级、下级、平级同事以及其直接或间接服务的客户进行德、能、勤、绩等方面实事求是的调查，客观地衡量申请者的竞争优势和劣势以及其与职位、组织间的适宜性。

（五）量才而用原则

招聘录用时，必须做到"取得其才，才适其用"，做到能力和岗位的匹配，即所谓让最适合的人在最恰当的时间位于最合适的位置，应避免"低才高就"或"高才低就"的现象。有的招聘单位一味盲目地要求高学历、高职称，并不根据拟招聘岗位的实际需求来考虑，结果花费了大量人力物力招聘来的优秀人才，用不了多久就纷纷跳槽。要知道，招聘到最优的人才并不是最终目的，而只是手段，最终的目的是每一岗位上用的都是最合适、成本又最低的人员，达到组织整体效益最优。

（六）注重效益原则

招聘中应当注意降低成本，提高招聘的工作效率。招聘应同时考虑三方面的成本：一是招聘直接成本，包括招聘过程中的广告费、招聘人员工资、招聘工作差旅费、考核费、办公费用及聘请专家等费用；二是重置成本，即因招聘不慎，重新再招聘时所花费的费用；三是机会成本，即因人员离职及新员工尚未完全适应工作造成的费用。招聘的职位越高，招聘成本越大。据估计，招聘专业人员的直接成本大致为这些人员工资的50%～60%。有效的招聘工作能使企业的招聘活动开支既经济又有效，这是由于招聘到的员工既能够胜任工作，又能减少培训与能力开发的支出。

第二节　配置初析

一、配置的定义

资源配置即在一定的范围内社会对其所拥有的各种资源在其不同用途之间的分配。

人力资源的配置是我们要研究的内容。具体到对人力资源的配置，是指将人力资源投入各个局部的工作岗位，使之与物质资源结合，形成现实的经济运动。从人力资源总体运行的角度看，对它的科学配置作为一项具体工作，是人力资源生产与开发之后的关键环节，也是人力资源开始进行经济运行、即将创造价值的起点。美国学者赫尼曼（Herbert G. Heneman Ⅲ）和贾奇（Timothy A. Judge）对人力资源配置的看法，是指为了创造组织效能的有利条件而从事的获取、运用和留任足够质量和数量劳动力队伍的过程。

综合起来看，从理论上对于人力资源配置应当这样定义：人力资源配置是组织为达成其战略目标和日常工作需要，在人力资源管理战略的指导下，根据其特点和岗位职务的要求，有效地分配和使用劳动要素即人力资源的过程。实践中，人力资源配置就具体落实到各个组织的员工工作岗位安排、调动、工作任务分配与调整方面。

二、员工配置的思路

(一) 以企业战略为指导

整个人力资源管理活动必须服务于企业战略,同样,员工配置活动作为战略性人力资源管理的一部分,也必须致力于组织战略的达成。因此,应根据组织战略的不同,制订相应的人力资源配置规划。组织的人力资源配置活动的目的性很明确,即提高组织效能,实现组织目标,达成组织战略。

(二) 合理获取与分配人员

任何组织必须具有人员配置系统,从而为组织有效运行提供人力资源保障。人力资源的获取活动包括内部人员配置系统和外部人员配置系统。外部人员配置管辖的是组织新进入人员的最初入口。它包括按照人力资源规划对劳动力的数量和质量的要求,结合给定的人力资源政策,有效获取的过程。

分配活动指的是将新雇用员工根据组织特征和岗位要求,以及员工个人的知识、技能、能力和其他特征(knowledge, skill, ability, and other characteristics, KSAO),把员工安置在不同工作岗位上的管理活动。分配活动包含了指导现有员工的流动,即晋升、轮岗和降职等内部人员配置系统;内部人员配置系统在许多方面与外部人员配置系统相似,例如晋升的规划、职位空缺的发布、岗位的分析和对员工的评价。

(三) 基于过程与系统的观点

人力资源配置不只是"今年我们招聘了多少新员工",而是一个过程,是组织为完成既定目标而组织劳动力的过程。组织采取了多种手段来组织和管理劳动力,如人力资源规划、招聘、选拔、分配、决策等,这些活动是密切联系不可分割的。如规划活动以企业战略为指导,结合组织人力资源现状,制定未来的人力资源策略;招聘活动是执行人力资源规划,根据规划要求,按质按量地完成配置任务,评价他们的KSAO,并根据工作岗位的特点,将他们分配到不同的工作岗位上去。

(四) 关注数量和质量

配置组织人员需要关注获取的劳动力的数量要素和质量要素两个方面。数量要素指的是按照人力资源规划,获取足够的劳动力的数量;质量要素指按人力资源规划,根据岗位要求,获取具有相应的KSAO特征的劳动力。高效的配置活动,既要有数量保证,也必须有较高的质量水平。

(五) 注意员工的能动性与配置的双向性

员工配置与其他资源的配置不同,具有其特殊性。

(1) 能动性。物质资源作为配置的对象,其自身没有能动性,完全是被动地服从物质资源配置主体的安排。而人员作为配置的对象,虽然他是作为配置的客体而存在,但是这个整体本身是有能动性的,正是由于这种能动性,使得人员配置比物质资源配置要困难得多。

(2) 双向性。因为物质资源的配置是单向的,要实现物质资源配置的优化单从资源配置主体方面努力就能实现,而人员的配置是双向的,无论是配置的主体还是客体都是人,都具有主观能动性,如果主、客体的主观能动性基本正确并基本适应,则将实现人员配置的优化;否则相反。

三、员工配置的形式

人力资源配置工作不仅涉及企业外部,而且更多的、更困难的工作存在于企业内部。从目前的实际表现来看,主要有以下三种人力资源配置形式。

(一) 人岗关系型

这种配置类型主要是通过人力资源管理过程中的各个环节来保证企业内各部门、各岗位的人力资源质量。它是根据员工与岗位的对应关系进行配置的一种形式。就企业内部来说,目前这种类型中的员工配置方式大体有如下几种:招聘、轮换、试用、竞争上岗、末位淘汰(当企业内的员工数多于岗位数,或者为了保持一定的竞争力时,在试用过程或竞争上岗过程中,对能力最差者实行下岗分流。这便是一种末位淘汰配置方式)、双向选择(当企业内的员工数与岗位数相当时,往往先公布岗位要求,然后让员工自由选择,最后以岗选人。这便是一种双向选择的配置方式)。

(二) 移动配置型

这是一种从员工相对岗位移动进行配置的类型。它通过人员相对上下左右岗位的移动来保证企业内的每个岗位人力资源的质量。这种配置的具体表现形式大致有三种:晋升、降职和调动。

(三) 流动配置型

这是一种从员工相对企业岗位的流动进行配置的类型。它通过人员相对企业的内外流动来保证企业内每个部门与岗位人力资源的质量。这种配置的具体形式有三种:安置、调整和辞退。

四、员工配置的原则

(一) 要素有用原则

人力资源配置过程首先要遵循一个宗旨,即任何要素(人员)都是有用的,配置的根本目的就是为所有人员找到和创造其发挥作用的条件。

这一原则说明,对于那些没有用好之人,问题之一是没有深入全面地识别员工,发现他们的可用之处。这是因为人的素质往往表现为矛盾的特征,或者呈现非常复杂的双向性,这为我们发现人才、识别任用人才增加了许多困难。因此,正确地识别员工是合理配置人员的前提。问题之二是没有为员工发展创造有利的条件。只有条件和环境适当,员工的能力才能得到充分发挥。

过去企业经常强调伯乐式领导者对企业员工识别和配置所发挥的关键作用。但企业现在更强调创造良好的政策环境,建立"动态赛马"的用人机制,化被动为主动,从根本上摆脱单纯依赖"伯乐"的局面。可见,识才、育才、用才是管理者的主要职责。

(二)能级对应原则

具有不同能力特点和水平的人应安排在要求相应特点和水平的职位上,并赋予该职位应有的权力和责任,使个人能力水平与岗位要求相适应。

人力资源是由一个个劳动者的劳动能力组成的,而各个劳动者的劳动能力由于受到身体状况、受教育程度、实践经验等因素的影响而各自不同,形成个体差异。

就个体能力来说,这种差异包括两方面:一是能力性质、特点的差异,即能力的特殊性。二是能力水平的差异。不同的人,能力才干是不同的,有的高些,有的低些。承认人与人之间能力水平上的差异,目的是为了在人力资源的利用上坚持能级层次原则,各尽所能,人尽其才。

一个单位或组织的工作,一般可分为4个层级,即决策层、管理层、执行层、操作层。决策层工作属于全局性工作,其能级最高。管理层工作是将决策层的决策付诸实施的过程,其能级仅次于决策层。执行层工作是将管理层的工作方针、方案等变成具体的工作方法与检查手段的实施过程,它的能级比管理层低。操作层工作就是通过实际操作来完成执行层制定的工作任务,它是一个单位或组织中能级最低的层次。一个单位或组织中的工作,包括这样4个层次,应该配备具有相应能力等级的人来承担。只有这样,才能形成合理的能位对应,大大提高工作效率,顺利完成任务。

(三)互补增值原则

这个原理强调人各有所长也各有所短,以己之长补他人之短,从而使每个人的长处得以充分发挥,避免短处影响工作,通过个体之间取长补短而形成整体优势,实现组织目标的最优化。这是因为,当个体与个体之间、个体与群体之间具有相辅相成作用的时候,互补产生的合力要比单个人的能力简单相加而形成的合力大得多,群体的整体功能就会正向放大;反之,整体功能就会反向缩小,个体优势的发挥也受到人为的限制。因此,按照现代人力资源管理的要求,一个群体内部各个成员之间应该是密切配合的互补关系,互补的一组人必须有共同的理想、事业和追求,而互补增值原理最重要的是"增值"。

(四)动态适应原则

动态适应原理指的是人与事的不适应是绝对的,适应是相对的,从不适应到适应是在运动中实现的,随着事物的发展,适应又会变为不适应,只有不断调整人与事的关系才能达到重新适应,这正是动态适应原理的体现。

从组织内部来看,劳动者个人与工作岗位的适应不是绝对的或一定的,无论是由于岗位对人的能力要求提高了,还是人的能力提高要求变动岗位,都要求我们及时地了解人与岗位的适应程度,从而进行调整,以达到人适其位、位得其人。

(五)弹性冗余原则

弹性冗余原则要求在人与事的配置过程中,既要达到工作的满负荷,又要符合劳动者的心理要求,不能超越身心的极限,保证对人、对事的安排要留有一定的余地,既要带给劳动者一定的压力和紧迫感,又要保障所有员工的身心健康。

这一原则还要求,员工配置既要避免工作量不饱满的状况,也要避免过劳的现象发生,体力劳动的强度要适度,不能超过劳动者能承受的范围;脑力劳动也要适度,以促使劳动者保持旺盛的精力;劳动时间也要适度,以保持劳动者身体健康和心理健康;工作目标的管理也要适度,既不能太高,也不能太低。总之,根据具体情况的不同,如工种、类别、行业的不同,以及环境、气候的不同,弹性冗余度也应有所不同。

(六)内部为主原则

一般来说,企业在使用人才,特别是高级人才时,总觉得人才不够,抱怨单位人才不足。其实,每个单位都有自己的人才,问题是"千里马常有",而"伯乐不常有"。因此,关键是要在企业内部建立起人才资源的开发机制,使用人才的激励机制。从内部培养人才,给有能力的人提供机会与挑战,造成紧张与激励气氛,是促成公司发展的动力。但是,这也并非完全排斥从外部招聘,引入必要的外部人才。当确实需要从外部招聘人才时,就不能"画地为牢",局限于企业内部来寻找人才。

(七)其他原则

"看菜吃饭,量体裁衣"。科学合理地配置人力资源还应根据企业的实际情况来决定使用什么样的人力资源。其实,合适你的就是你的人才,够用又节约成本才是最佳的选择。这样就不至于单纯地追求所谓的"高级人才",造成人力成本的无谓增高,而导致人力资源的浪费。

减少关系节点,降低成本。企业是由众多员工组成的,这些员工形成了一个庞大的网络,而每一个员工又都是整个网络中的一个节点。增加一个员工,绝不是只增加了一个人的工资,一张办公桌,还增加了很多看不见的东西。因此,管理这些员工,是要付出想象不到的管理成本的。由此可见,在遵循"看菜吃饭,量体裁衣"原则的基础上,要尽量使用水平更高的员工,能一个人做的事,绝不让两个人做,而宁可给那个人双倍的工资。

第三节 招聘配置与组织

人力资源开发与管理系统包括人力资源的获取、整合、调控、奖酬、开发等功能。招聘是对人力资源的"获取",是人力资源开发与管理第一个环节的工作,配置是紧接着把它放入组织之中,它们与其他人力资源管理工作的关系非常密切,如图1-1所示。下面将主要从7个方面分析招聘在人力资源开发与管理中的作用与地位。

一、招聘配置的外部环境

(一)招聘配置与市场

一个企业要进行招聘,之前需要做几项重要的基础性工作,首先调查人才市场人力资源的情况和动向。从当地经济信息中了解该地产业结构和人才结构的调整与变化;从政府的人才政策中研究人才流动环境;从应聘面试者提供的信息中了解当地普遍职业心态和企业管理水平,以及人才来源的突破口。其次就是人力资源规划和工作分析。就是对于上述两方面的情况进行动态跟踪和研究,从企业自身需要的立场去筛选信息做到心中有数,有备出击,主动为各部门的人才需求策划,适时地补充人才,配合生产经营发展的需要。企业的人

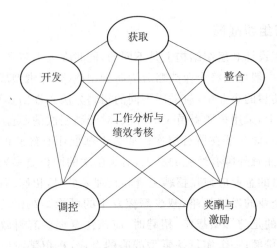

图 1-1　人力资源管理工作主要模块的关系

力资源规划是运用科学的方法对企业人力资源需求和供应进行分析和预测,判断未来的企业内部各岗位的人力资源是否达到综合平衡,即在数量、结构、层次多方面平衡。工作分析是分析企业中的这些职位的职责是什么,这些职位的工作内容有哪些以及什么样的人能够胜任这些职位。两者的结合会使得招聘工作的科学性、准确性大大加强。

用人单位所常用的招聘渠道有互联网、媒体广告、现场招聘会、校园招聘、人才中介机构、猎头公司、雇员推荐等。如何选择最适合企业的招聘渠道,往往是困扰人们的一个重要问题,因而有效地选择适合企业的招聘渠道,就成为招聘的一个关键环节。

（二）环境的变化

早在两千多年前,汉朝的官员曾试图通过对文职人员编制完备、详细的职位说明书来建立一套科学的程序。结果表明,这些官员的努力并没有奏效,几乎没有哪个新招聘的文职人员的工作达到期望的水平。现在,负责高层职位招聘的管理人员也碰到了同样的难题。他们进行面试、背景调查,有时甚至使用个性心理测试,希望能够由此获取合适的员工,使招聘工作有较好的效果,但获取到合适人选的仍然是少数。

招聘工作从来都不容易,而且,随着当今经济形势的迅速变化和技术的快速更新,这种困难会进一步增加。组织外部就业市场的发展与成熟,使越来越多的人有了更多的选择,如可以到新兴企业工作或者自己创业,人才的流动越来越频繁;同时,业务的全球化增加了企业对优秀人员的需求,加剧了对优秀人才的竞争。在传统的、职能性的组织中,每个人都知道首席执行官和高层管理人员的职责,大部分的组织文化也比较具有可比性——正式、等级结构和基于个人的业绩。但是,随着新的组织形式出现(比如合资企业和战略联盟、团队方式的流行、自由代理人以及网络化协作),使职位寻找合适的人选变得越来越复杂。这些新的企业和岗位到底需要哪些能力呢?其实,这是难于给出固定答案的,如果招聘同一行业的两个企业首席执行官,可能两个非常类似的岗位会需要两个具有完全不同技能和个人风格的人选。这就是说,在经济、技术迅速变化的形势下,在岗位不同、文化不同的情况下,要搞好招聘,更需要研究组织外部的环境和就业市场。

二、招聘配置与组织战略

不同的企业在组织设计和组织结构上是不同的,同时在人力资源管理方面也是不同的。根据生产或服务方法,一般可以将企业战略分为防御型战略、探索型战略和分析型战略。

在三种不同战略类型的企业中,应采用不同的招聘方法。在防御型企业中,倾向于内部调配:在低层次的职位上,采用招聘新员工的方法;对于高层次的职位,则采用从内部提拔的方法。在探索型企业中,倾向于在所有层次的职位上都雇用有经验的员工。在分析型企业中既采用内部提拔,也注意外聘有经验的员工,对高层次的职位更多采用外聘方法。

实行不同发展战略的企业应该在招聘主管和经理人员时,招聘不同类型的人,这样才能使员工比较好地配合企业的发展战略,减少摩擦发生的可能。在比较狭窄同时也稳定的市场经营的企业中,实行的是防御型战略,招聘时,应该注意那些有财政金融和生产制造背景的人,以利于稳定市场份额;一个实行探索型战略的企业,在招聘时应特别注意那些有工程研究和市场开发背景的人,以利于企业开发新产品和新市场;一个以分析型战略见长的企业,由于面对的是复杂的市场,应该在招聘中注意发掘那些具有应用研究才能、市场开发才能和制造才能的人。

三、招聘配置与人力资源管理工作

(一) 招聘配置与工作分析

工作分析是组织设置工作岗位和从事各项人力资源管理工作的基础,当然,它也是直接面对员工人力资源管理初始化的工作——招聘与配置工作的基础。

工作分析在明确岗位工作性质、内容、职责、权限、难度与环境等的基础上,提出了承担岗位工作人员的任职资格。任职资格主要包括教育、知识、技能、经验、健康等维度。根据任职资格,企业可以制定每个岗位招聘人员的条件,包括专业、学历、从事相关工作的年限、知识与技能要求等。这些任职资格条件为招聘工作提供了科学的依据。

从另一方面来讲,对招聘后所录用人员的素质、工作胜任情况、当地人力资源市场的供给情况等进行综合分析,是可以确定岗位任职资格是否合理的。如果某岗位长期招聘不到合适的人员,可能说明任职资格条件过高;同样,如果某岗位应聘者过多并且录用人员胜任率低,则说明任职资格条件过低,这些情况的出现要求及时调整相关岗位的任职资格条件。因此,工作分析是招聘、配置工作的基础。

反过来说,招聘与配置又可以通过自己的实践验证工作分析的适用性,并为工作分析结果的调整提供基础信息。

(二) 招聘配置与绩效管理

从逻辑关系的角度来讲,工作分析的结果——工作说明书规定了岗位职责与岗位工作标准,工作分析主要是针对岗位而言的。企业往往根据岗位职责与岗位工作标准制定岗位考核标准。通过招聘与选拔将录用员工安置到相应岗位上,企业通过定期的绩效考核了解其工作表现、职责履行情况与工作业绩,考核主要是针对岗位工作人员的。因此,绩效考核结果可以反映新招聘员工是否胜任岗位工作,以此来判断招聘与选拔工作的质量。此外,绩效考核的结果还可以发现新员工工作的差距,如果差距是在可接受范围之内,新员工的主管应通过绩效反馈面谈与其探讨改进工作绩效的方法,通过改进工作方式方法提高新员工的绩效水平与工作能力,从而帮助新员工胜任岗位工作。由此看来,绩效管理还有助于提高招聘录用员工的工作胜任力。

(三) 招聘配置与员工培训

经招聘、选拔录用的员工,他们的素质将从几个方面影响培训工作。首先,新员工的素质直接影响培训费用的投入。如果招聘录用的员工都是训练有素的"经验型"员工,企业可以只对他们进行侧重于企业文化、规章制度等简单的岗前培训,这样可以为企业节省用于岗位技能培训方面的费用。其次,新员工的素质会影响到培训的效果。新员工的基础如何,直接影响培训投入的效果,如果他们的功底比较扎实,接受能力比较强,可以在较短时间内完成培训内容,培训的效果较好。但是,如果基础较差,企业则需要投入更多的人力与时间对新员工进行培训,培训效果较差。最后,新员工的素质将影响到培训的合格率。新招聘录用员工的业务素质、品质、价值观是否与企业相吻合等因素都将影响到新员工培训的合格率,该比率也反映了招聘与选拔工作的效果。

经招聘、选拔,并进行培训后的新员工,进一步落实到具体的工作岗位,这就是配置。因此,配置对新员工的入职培训有所要求,员工上岗即实现配置以后,也需要各种进一步的培训。

(四) 招聘配置与职业管理

随着社会的进步、企业的发展与个人素质的提高,越来越多的员工重视个人的职业发展,为了迎合这种需求特点,越来越多的企业开始重视员工的职业生涯规划与管理,这也是"企业与员工共同发展"现代人力资源管理理念的体现。新招聘与录用的员工,如果他们与岗位的匹配度高,能够胜任工作,则有利于发挥他们的特长,使他们在岗位上有良好的表现与突出的业绩,从而他们会有更多的晋升与发展的机会,对他们的职业发展将十分有利。否则,如果新招聘录用的员工不能胜任岗位工作,或者他们所在的岗位不能充分发挥其特长,晋升与发展的机会则较少,甚至可能被降职或解聘,因而对他们的职业发展产生不利的影响。

一个员工胜任工作,并且在职场中"芝麻开花节节高",顺畅的个人职业发展对于用人单位来说往往反映人力资源得到了更好的配置。由此,组织进行职业生涯规划,帮助员工成长,也就能够起到自己的资源优化配置的作用。

(五) 招聘配置与薪酬管理

公平合理的薪酬制度应该建立在科学的岗位评价基础之上。岗位评价的维度包括岗位工作的难度、危险度、复杂度以及对任职者的能力要求等,由此确定每个岗位对企业的贡献度,通常用相对价值来表示。每个岗位的相对价值决定了岗位的薪酬水平。因此,岗位薪酬是针对岗位自身的价值而言。

因此,招聘录用和配置的新员工能够胜任岗位的工作需要,他所获取的薪酬与其付出的劳动是匹配的。但是,如果录用的新员工的能力达不到岗位的需要,不能胜任岗位的工作,实际上就出现了高薪低能的情况,对企业来讲相当于用较高的薪酬雇用了能力较低的员工,对该岗位的其他员工来讲是不公平的。此外,这样不仅难以完成既定的岗位任务目标,还增加了人力成本。因此，招聘、配置工作的质量将影响企业薪酬管理制度执行中的公平合理性。

进一步来说，一个企业的薪酬水平高，就有吸引人才的竞争力；一个企业分配公平合理又有发展前途，就能够促进人才的凝聚力。也就是说，薪酬管理对招聘配置有重大的影响，二者的关系必须全面考虑。

（六）招聘配置与员工调控

绩效考核可以反映招聘录用员工的工作表现与业绩，将其与岗位绩效标准进行比较可以了解其岗位胜任力。据此就可以对他们做出安排、任职、晋升、降职、调整岗位或解聘等人员调控的决策。总之，招聘与配置工作的质量，直接决定上岗后新员工工作的变动情况。

（七）招聘配置与人力资源整合

人力资源整合主要是通过企业文化灌输、畅通的沟通渠道及有效的冲突处理等途径将招聘、录用的员工由"社会人"变成"企业人"，从而形成人力资源的整体效应。如果招聘录用的员工能得到比较合适和合理的工作安排，以及招聘录用员工个人的价值观与企业的价值观比较一致，抱着极大的热情加盟企业，并且喜欢新的工作，他们就比较容易融入新的企业环境，能够尽快实现角色的转变，这必将有利于实现企业人力资源的整合，大大有利于组织的多方面效益。

本章小结

招聘是组织获取人才的主要途径，是人力资源开发与管理工作的第一环节，它与人力资源管理的其他各项工作都关系密切。对人力资源的配置是根据组织的特点和岗位职务的要求，有效地分配和使用人力资源的过程。招聘和配置对于企业发展具有重要意义。本章分别阐述了招聘与配置的定义和原则，并进一步分析了招聘与配置的地位和它们的外部环境及其与组织战略的关系，为读者从宏观上理解本课程的地位和基本思维打下了基础。

主要概念与名词

招聘　招聘原则　配置　员工配置思路　员工配置形式　员工配置原则
招聘配置外部环境

复习与思考题

1. 阐述招聘与配置的重要性。
2. 招聘所要遵循的原则有哪些？招聘的程序是什么？
3. 人力资源配置的形式是什么？
4. 以公司某业务部门经理的身份分析对人力资源配置的要求，并试分析我国人力资源配置中存在哪些问题。
5. 招聘与配置与人力资源管理各方面工作的联系有哪些？
6. 招聘与配置与组织战略的关系应该如何协调？

7. 如果你是一家集团公司总部的人力资源总监,你如何看待和管理人力资源招聘与配置工作？如果你是一家员工100人小公司的人力资源主任,你如何看待和管理人力资源招聘与配置工作？

讨论案例

名企招聘之招数

1. 微软招聘：考题设置

在微软的某次全球招聘面试中曾出现这样两道场景题："一名主播,跳槽去了另一家电视台,在原台一档主持了两年之久的节目的最后,可以用30秒与其观众告别。如果你是他,你会怎么说？""一名记者,原定下午1:30开始采访,2:00他必须去执行另一项任务。可是前一名从1:00起采访的记者已经拖延了时间,1:35时这名记者决定要求前一名记者暂停下来,让自己先进行采访。如果你是他,你会怎么达到目的？"

微软要求应聘者给出有创意,同时又合情合理的可行方案。前微软中国总裁唐骏夸下海口："只要能做出这两题者,微软将给他一个满意的职位。"

解析面试中的两类题型,微软的考题绝不为难考生,而是用来测试其能力。一定的专业知识是基础,更重要的是实用能力,即社会交往、工作学习中的实际能力。面试中的场景题是特别受注重的,这类题一般都是人人可做,但做好却不易,而且由于无法事先准备,所以很难造假,几乎直露个性;讨论题也是面试的重心,本次招聘中,应试者三人一组,每组围绕一个主题,进行30分钟准备,然后一名演讲,另两名在演讲结束后回答考官提问。唐骏总裁说,考官时间宝贵,这项考试可在较短时间内同时考察多个应试者的多方面能力,比如组织能力、团队合作能力、对于问题的理解和判断能力以及创新能力等,以后可能还会采用。唐总说："这两类题的主题都选自现实生活,有的是我的亲身经历,有的涉及学生的切身体验,比如谈谈'现实与理想的平衡点'等。"

2. IBM招聘：挑选简历

IBM的"活力创新"战略人才储备计划,主要面向社会招聘,特别是2003年和2004年国内外院校毕业或即将毕业的学士、硕士、博士、MBA,对刚毕业一年的新人更是情有独钟。这是因为IBM认为刚毕业一年的人正处在社会经验与求职欲最好的切合点上,既不像刚走出校门的学生缺乏社会经验,不能成熟地考虑自己在公司的定位,也还具有很强的可塑性和求知欲,是公司急需的好坯子。

作为一种全新的招聘方式,求职者只要投简历便可进入IBM战略人才储备库,求职者可以根据自己的特点提前预约应聘职位,同时还可以写下期望进入IBM的时间,可以是一个月后、三个月后,甚至更长。这样IBM人力资源部就会根据求职者希望自己简历生效的时间,关注求职者,并及时更新公司需求的大致职位及相应职位描述,在出现职位空缺与求职者应聘职位相匹配时,能够在第一时间主动与求职者联系。另外,IBM还将定期通过邮件和网上更新的方式向求职者介绍近期需求的新职位和公司发展近况。

那么,如何在众多简历中进行挑选呢？IBM人事经理倪静这样描述：按照时间计算,每份简历通常只能得到招聘者几分钟的"青睐",招聘人员会直奔主题,按照国际规范的简历格式,到特定的位置搜寻需要的信息。例如,如果在"教育背景"的位置没有找到你就读的大学、学历和专业名称,那就意味着会花很多时间去寻找最基本的信息,而一旦在查找许多信息都很费劲的时候,难免会匆忙把这样的简历放在非首选之列,甚至打入冷宫。

3. 惠普招聘:剥离面试

中国惠普有限公司人力资源部总经理张国维认为,面试和被面试的过程实际上是一种剥离的过程,就是把很多的技巧剥离掉,最后看到应聘者真实的情况,比如应聘者的技术、教育背景、工作经验等方面真实的情况和现在的状态,然后考察应聘者的潜力是否适合公司的需求,如果有太多的技巧和包装的话,反而会延长面试的时间。

在面试的问题方面,不同岗位问题的侧重不同。比如对于中层管理人员来讲正常的面试会从3个方面提出问题。第一是技术层面,了解应聘者在某一个领域技术方面的认知程度;第二是在人员管理或者领导力方面;第三个方面是在谈话的过程中了解应聘者的个性尤其是他在团队工作方面的能力,最后还要考虑到他的诚实度。另外,还要关注价值观以及商业准则方面,就是应聘者必须遵守惠普很多全球的商业行为的准则,这种准则一方面在于对员工的教育,一方面还要看应聘者的价值观和公司的价值观取向是否一致。在候选人条件相同的时候,惠普对价值观取向一致的人比较看重。

4. 三星招聘:形象宣言

对三星来说,我们能取得今天成就的主要原因是拥有一批有才华,有创造力,为公司无私奉献的员工,这是成功的基础。

为了加强在国际市场的竞争力,我们致力于引进与企业文化相契合的优秀人才。三星奉行的哲理是基于坚持发展的决心、不断地改进和创新,成为更优秀的合作团队。

事实已经证明了我们的成功——我们是发展最快的外企之一并且是数码革命中公认的领导者。作为世界最大的企业之一,三星拥有无限可能。

追求完美的过程中,三星不断寻找优秀的人才。加入三星让您的潜力得以最大限度发挥吧!!

讨论题:

1. 结合上述案例,谈谈招聘配置与人力资源管理的各方面工作有哪些联系?
2. 微软的招聘考试是否存在缺陷?应当如何评价没有录取的应聘者?
3. IBM这种全新的招聘方式有何优点?试从时间、效率以及机会的把握等方面进行分析。
4. 惠普的面试实例可给你哪些方面的启示?
5. 你如何看待三星公司的招聘形象宣言?

第二章

招聘与配置的根源——需求

> 引例

苦恼不已的范经理

有一段时间,我在某市的人才交流中心做一项调研工作。在观察求职行为的过程中,我发现了一个有趣的问题:K公司的席位上每天都是那位范经理坐班,每天挂出的招聘广告也相同。那位范经理一天到晚愁眉苦脸。基于人力资源管理专业的特点,我对这个公司很感兴趣,于是就主动找他聊天。他知道我的来意后,告诉了我以下的事实。

他是一家民营建材企业的HR经理,持续不断的招聘已让他感到厌倦,但是企业似乎一直缺人,所以他的工作业绩总是上不去。其实,这家企业的环境和待遇都不错,又没有大规模扩张、大量增招员工,他不明白为什么公司一直处在缺人和招人的怪圈中。

为了搞清这件事,我应邀走访了这家企业,也调查了刚从K公司离职出来的在人才市场再次求职的员工。经过调查,我逐渐发现了问题的真相。

"你们企业预测过人力资源需求吗?""没有,从来没有。"范经理很好奇,因为他们现在的需求都没满足过,何需考虑未来。然而问题就出于此,在这家企业工作或曾工作过的人反映了4个主要问题:第一,招聘目的不明确,许多人在进入企业后的相当一段时间内不知道自己应该做什么;第二,招聘没有计划,员工认为自己没有受到应有的重视;第三,天天在考虑吸纳新员工,给老员工造成巨大压力;第四,频繁流入和流出,使在职员工丧失了安全感和忠诚感,他们暗自寻找跳槽机会。范经理为此苦恼不已。

与范经理沟通后,他开始反思,深悔自己浪费了太多的时间在没有计划的招聘中。是啊,没有分析自己企业的具体劳动需求在哪儿就招聘,盲目招到的人怎么会合适?招的人都不合适,难道用人还可能达到良性循环吗?招聘计划看来是必须的,但怎样制订有效的招聘计划呢?范经理开始深思,希望进一步搞清楚这个问题。

第一节　劳动需求总析

一、劳动需求的由来

（一）劳动需求

经济学原理认为，凡进行经济活动都必须以要素为前提，都就要对人力、物力要素或者资源提出需求。从理论上讲，劳动需求是一种派生性需求，因而也称为"引致需求"。

从直接的角度看，劳动需求是由用人单位的雇用行为所引起。但用人单位的雇用行为又有其原因，这就是一定的用人单位看到社会上对某种产品或劳务具有需求，该单位就从事这种产品或劳务的生产并完成销售，以得到利润。因此说，劳动需求是由社会消费所引起、所派生出来的需求。当社会具有真实的、具体的、有效的消费要求，即存在着特定的购买力时，就会引发社会生产；当有生产单位进行社会生产经营活动，要组织人力进行社会劳动时，就会产生对劳动要素的需求，即对不同职业、工种的劳动要素或即人力资源进行就业雇用。由此可以看出，社会消费需求是生产单位使用劳动要素、雇用人力资源的根本原因（见图2-1）。

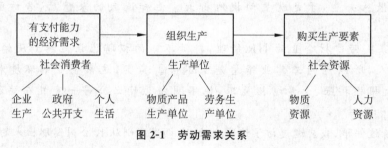

图2-1　劳动需求关系

（二）劳动需求的存量与增量

劳动需求可以分为原有的需求和追加的需求两部分，可以把原有的劳动需求看作存量部分，把追加的劳动需求看作增量部分。

劳动需求的存量部分一般由原有的劳动供给来满足，其中少量的原有劳动供给会发生变化，例如离职、退休等，需要新增劳动要素予以补充或者其他经济单位排出的劳动要素填补。但是，经济条件发生较大变化时，例如企业压缩生产、更新设备、提高劳动生产率、转产或停业，就可能减少原有的需求量，即压缩劳动需求存量、减少就业。

劳动需求的增量，在于企业扩大生产、新行业的建立，特别是新兴部门和消费服务部门的大发展。其增量产生的根源则在于社会消费总量的增加、消费结构的变化和消费内容的丰富化。例如随着旅游业出现了采摘旅游、科技旅游等很多创新品种，从而刺激社会消费、引致社会对旅游业的需求及其劳动需求。

二、劳动需求的行业性与职业性

人们的欲望多种多样，人们的消费需求五花八门。要满足社会上不同的消费要求，就要使社会上存在着不同的经济活动部门、付出不同种类的劳动,或者说在社会上并存着不同职能的劳动,亦即进行劳动分工来提供。劳动分工是社会进步的表现,也是社会财富增加的来源。社会产品越丰富,商品生产越发达,生产规模越扩大,生产力水平越高,社会劳动分工就越发展。现代经济发达国家存在着上万种职业,正是分工发达的表现。

劳动分工一般表现在两个方面。

(1) 由社会产品种类不同所引起的分工,由此形成不同产业、部门、行业方面对劳动要素的需求。

(2) 由劳动者所从事工作的具体内容不同引起的分工,由此形成不同职业对劳动要素的需求。在现实的经济活动中,这两种劳动分工与这两种劳动需求往往是相互交叉、融为一体的。

(一) 行业需求

由产品种类和经济活动部门的不同造成的劳动需求,是行业需求。从行业需求的更高层次看,即产业需求。通常可以把产业分为农业、工业、服务业,即第一产业、第二产业、第三产业。对于三大产业的深化、细分,农业可以分为种植业(狭义农业)、畜牧业、林业、渔业等;工业可以分为采掘业、制造业、建筑业等;服务业包括诸多部门,可以分为商业、餐饮业、狭义服务业、城市公用事业、文教卫生事业、科学研究、金融业、政府机关及团体等。上述各个部门、行业还可以进一步细分。

第三产业是种类繁多、容纳就业人数众多的行业,在总体就业中的比例一直在扩大,在一些发达国家,该比例已达到70%以上。鉴于这一局面,有的学者把第三产业之中新兴的、高层次的行业称为第四产业,其中传统的、低层次的部分仍然属于第三产业。笔者认为,第三产业可以分为与生产、消费、流通环节直接联系的一般服务业和对象更广泛的高层次社会服务业。

现代经济的发展,使得一些新的产业已经具有多种特征,使得产业间的边界逐渐模糊。例如"信息产业"不仅仅是信息工业品的生产,它蕴含着大量的科研开发劳动,还必须依靠市场销售实现其价值。因而信息产业实际上是一个跨产业的产业,它具有对于第二产业、第三产业、第四产业3个产业需求的特征。正在兴起的生物工程行业也具有这种对三产业需求的特征。

(二) 职业需求

1. 职业的区分依据

"职业"一词,有着多种用法。从国民经济活动所需要的劳动种类角度来看,是指不同性质、不同内容、不同形式、不同操作的专门性劳动岗位。职业分类[①]正是以从业者本人所从事"工作的同一性"进行划分的。对于脑力劳动者,一般考虑其所具备的技能、学识、经历以及职务上所负的责任来进行划分;对于体力劳动者,一般考虑其劳动、作业的操作程序,使用的工具、设备及原料,所生产的产品、提供服务的种类及服务的对象来划分。

不同的职业,不仅包含着劳动内容和劳动形式的差别,而且包含着体力脑力差别和劳动

---

① 我国进行了多次人口普查,人口普查是按照国际惯例进行职业分类的。更具体的内容是在1999年《中华人民共和国职业分类大典》正式颁布。

质量差别。不同的职业具有不同的社会地位,不同的职业对于人的职业生涯也有不同的意义,这导致了人们的不同就业选择和他们在就业岗位上的不同工作状态。

2. 通用职业与行业性职业需求

行业需求或产业需求所反映的是需求的发生地点(即哪一个部门、哪一家企业需要人);职业需求反映的则是具体的工作岗位(即哪一种工作、哪一个职位需要人),是对于何种劳动要素有所需要。从人的就业的角度看,职业需求更为重要。这里对职业需求进一步做出分析。

有一些职业是各个行业、各个部门、各种产业都需要的,它们分布在各个企业,例如会计、文秘人员等。我们可以把它看作"通用"职业。有一些职业,一般为某些专门性行业、部门所需要,并占据其职业岗位的大部分,其他部门则需求较少或者根本不需要,例如金属切削工人在机床制造厂需要较多,在机械修理部门需要较少,服务业则基本不需要。我们把它看作行业性职业。

三、劳动需求的地区性

社会对劳动要素的需求受到地域的限制。一般情况下,一个国家或地区人口迁移与劳动要素流动规模总是有限的,这种流动的有限性,使得一个国家或地区在一般情况下大多依赖当地的人力资源来满足自身的劳动需求。换言之,劳动需求具有相当明显的地域限定性。

一般情况下,满足本国、本地区劳动需求,大多是立足于对本国、本地区人力资源的开发利用,外部人力资源的补充有一定的局限。因为外部供给与本地供给相比,在向需求方的信息传递方面肯定是相差非常大的;而且,外部供给与本地需求要实现配置,还有经济成本、匹配渠道、制度环节、文化适应等多方面的障碍。

当然,现代科学技术发展速度迅猛,在很大程度上促进了不同地区间信息的交换,这就促进劳动需求信息的范围大大扩大,从而有利于实现人力资源的跨地区匹配。

在特定情况下,特别是一个地区人力与物力配比有较大失调时,实行人口迁移和人力资源流动的政策,大力引进人力资源,对于改善该地区的资源配置、进行更大范围的资源布局和促进其经济发展,具有积极的意义。例如,我国中西部大开发需要东部人才的大规模支持。

许多国家和地区立足于"短线配置"发展自身经济,实行了人才吸引、人才争夺政策,以高工资报酬吸收外部高质量劳动供给,使自己的资金、设备很快创造出巨大效益,而且节约了巨额的人力投资。这等于以非常低廉的成本购买到高价的人力资源。

第二节 宏观劳动需求

一、经济发展与社会劳动总需求

从全社会的角度看,劳动总需求不是简单地由社会上所有企业的劳动需求加总而成,边际生产率理论虽然是微观劳动需求的科学反映,但它不能说明社会劳动总需求。对于社会劳动总需求的宏观分析,有着重要的理论价值和实际意义。

从宏观的角度看,一个社会的经济发展水平决定了其居民总体消费水平,这从根本上决定了所引致的劳动需求的总量。此外,不同的经济发展水平也与劳动需求的差别有关:经济落后国家主要需要非熟练的、教育和训练水平较低的劳动者;工业化、自动化、信息化程度高的发达国家,主要需要具有较高文化科技素质、受教育年限长的"白领工人",并需要大批经过正规专业训练、具有较强技术创新能力和组织经营能力的科技人才与经营管理人员。

经济发展水平与社会劳动总需求的联系,尤其体现在就业的产业结构上。可以说产业结构是一个国家社会经济发展状况的综合反映。就一般规律而言,经济水平越发达,第三产业就业的比重就越大,第一产业就业比重就越小;反之,经济水平越落后,第一产业就业的比重就越大,第三产业就业比重就越小。三大产业结构的状况对劳动需求也有重大影响,在一定意义上决定着就业者的结构,决定着非熟练工人、熟练工人和受过较高教育的"白领人员"的从业人员比例。

二、技术变动与社会劳动总需求

技术对劳动需求的影响巨大。除去前面对技术与劳动需求一般关系的分析外,我们还应重视技术变动对劳动需求总量的直接影响,重视技术通过经济与产业结构而对劳动需求变动产生的间接影响,以及技术进步对于劳动要素质量提高的影响。

技术进步的常见形态是机器设备代替人力,这不仅可以提高劳动生产率和生产质量,而且可以减轻人的劳动强度,减少重复性和单调的工作。当然,在生产总量不变的条件下,技术进步肯定要大大减少劳动需求。毋庸讳言,技术进步的目的在于机器取代人力、减少单位产品中劳动成本含量和降低单位产品的总成本,这必然会减少劳动需求的数量,造成工人的失业。但是,技术进步终归是好事,是促进人类社会向前发展的进步力量。技术虽然会排斥人就业,但由于它大大提高了生产,增加了社会财富,创造了新的消费需求动机,因而也就创造了新的劳动需求。由于技术进步所增加的社会财富巨大,从而也就有了巨大的消费需求和所引致的巨大的劳动需求。

进一步分析可以看出,技术同时也在直接创造劳动需求:它直接带来流通、消费、服务等第三产业的繁荣与扩大就业,带来技术服务业(销售、修理、咨询等)的大发展和扩大就业,也带来与应用技术有关的智力产业——教育、科研的发展和扩大就业。

因此,从宏观和长期的角度看,技术进步对于经济发展、就业及劳动需求都是具有积极意义的,而不仅仅只有"减少就业"的后果。

三、从消费需求到就业岗位的转化

从一般的角度看,社会具有某种数量的消费需求,就可能按一定的技术系数即"资本-劳动比例"转化为相应的劳动需求,并转化出更直接的就业岗位。作为个别劳动供给的人,也要到某个用人单位的岗位上就业。但是,一定的消费需求能否成为对人有需求的就业岗位呢?显然,当社会仅仅有一定的经济需求,却没有相应的生产单位加以转化,就业岗位就不能形成。这里就缺少从消费需求到就业需求的"转化力"。

同样的经济需求会表现为不同的劳动需求,也就是转化力的大小存在不同。例如,同样的经济收入水平,人们会有着不同的消费要求;不同的生产部门对市场的看法不同,因而其劳动需求或多或少;在市场需求一定的情况下,各个企业的生产规模、劳动生产率、平均工时、组织管理不同,也会造成劳动需求数量的不同。

在市场经济体制下,由于信息为每个企业经营决策者所重视,劳动需求作为其进行生产、配置生产要素的一个部分,必然比较灵敏地反映社会的有效需求,并通过企业自身严密的经济核算而确定需求数量,进行雇用。这就是一种良好的转化。此外,在竞争体制下诸多企业进行创新,力图扩大市场和打开新市场,在前景看好时要大量投入人力、物力,这是对生产要素的主动吸纳。它更有利于对经济需求的转化。新经济时代的风险企业,对于经济需求到劳动需求的转化有着极其良好的作用,从这个意义上甚至可以说:人才的"供给创造了自己的需求"。

当社会具有一定的消费需求时,社会经济条件和运转机制不同,人们对它的认识和估计也会不同,采取的措施也不同。这样,经济需求在不同转化力的作用和影响下所形成的劳动需求就有所不同。换言之,劳动需求可能有"过多"或"过少"的偏差。在理想的条件下,经济需求可以完全转化为劳动需求。但是,若转化条件不具备,经济需求就会有一部分不能转化。例如社会上缺乏足够的企业,这时的劳动需求就过少;人们对某种需求估计过高、竞相从事某种生产而不加节制,又会形成过度的、虚假的劳动需求,从而增加了不应该有的就业岗位。匈牙利经济学家科尔内所描述的"在职失业",就是指在非良性劳动管理状态下微观劳动需求膨胀,将劳动要素过度吸收又不能应用。我们面对的大规模企业富余人员、下岗职工,也正是这种过度转化的结果。

总之,劳动需求数量取决于经济需求总量和生产单位对于经济需求转化率二者的共同作用。用公式表示,即

$$HD = ED \times T$$

式中,HD 为劳动需求数量;ED 为经济需求总量;T 为转化率。

就业岗位对于经济需求的转化率水平又受到多种社会经济因素的影响,是各个因素共同作用的结果。用公式表示,即

$$T = f(I, C, L, H, M, F, P, O)$$

式中:I——技术水平,即资本-劳动比;

C——社会消费水平、消费结构;

L——劳动生产率;

H——劳动力资源供给(尤指与劳动需求相关的门类、数量、质量);

M——企业、部门、产业的管理水平;

F——生产单位决策者对未来的预期;

P——政府政策(有关经济发展、宏观控制、产业结构、人才政策、劳动用工、工资福利、社会保障、劳动关系等方面的经济政策与社会政策);

O——其他因素。

四、社会劳动需求的变动

以上是劳动需求的静态分析。从动态的角度看,社会消费需求发生变动会引起生产单位经济活动的改变,从而造成劳动需求的变动;生产单位自身的变动也会造成劳动需求变动。

当社会对于某种产品需求量下降、企业相应压缩生产或者停业转业时,或企业进行设备技术更新、生产效率大大增加时,都会使原有的劳动需求数量下降,从而排斥一部分就业人

员。在其他部门新增的社会劳动需求数量小于现行经济部门排出的劳动要素时,就会出现社会失业问题。

劳动需求的增加,一般来说是由于原有企业扩大生产、新企业创办、新兴行业出现,特别是消费、服务部门的大发展,其根源在于社会消费总量的增加和消费结构的改变。此外,一定的经济政策或社会政策,也可能造成劳动需求的增加,例如发展劳动密集型经济、投资"就业乘数"高的行业、发展第三产业等。这种"人为"的新增劳动需求,有的可以转化为真正的经济需求,产生长期效果,有的则只能起到一时的刺激作用。

第三节 微观劳动需求

一、工资与微观劳动需求

企业是微观用人单位的典型。这里以企业为例进行分析。假定物质要素不变,企业对于劳动需求的数量就是由购买这一要素的成本-工资变动所决定的。这一函数关系就形成了图2-2的曲线。在一般情况下,工资水平越高,企业需求的劳动数量就越少,在工作达到 W_1 时,劳动需求数量就达到 N_1;工资水平越低,企业需求的劳动要素数量就越多,即当 W_1 下移到 W_2 时,劳动需求数量就从 N_1 扩大到 N_2,这就是劳动需求的 D 曲线。

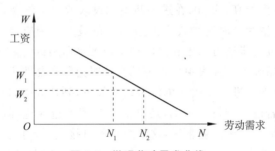

图2-2 微观劳动需求曲线

劳动需求又与劳动供给和社会经济运行中经济总需求的旺盛程度有一定关系。当经济处于较繁荣时期或者劳动供给相对紧张时,企业就要以比以前高的工资(W')来吸引劳动者就业,图中的 D 曲线就向右移动,形成 D' 曲线;当经济较萎缩或劳动供给相对富裕时,企业就会以比以前低的工资(W'')用人,图中的 D 曲线就向左下方移动,形成 D'' 曲线(见图2-3)。

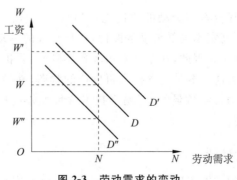

图2-3 劳动需求的变动

二、微观劳动需求的边际倾向

从微观的角度看,企业从事生产都以利润最大化为目标,其必然结果就是要尽力节约成本,以获得其产出的最大效益。这种最大效益,即劳动的边际生产率。达到最大的边际生产率,正是企业雇用人员数量的极点(见表2-1)。

表 2-1 企业劳动投入边际分析

投入劳动总量 A	总产量 B	边际产量 C $C=B_i-B_{i-1}$	单位产品价格 D	边际产品价值 E $E=C\times D$	总收入 F $F=B\times D$	边际产品收入 G $G=F_i-F_{i-1}$
1	20	20	5	100	100	100
2	50	30	4	120	200	100
3	70	20	3.5	70	245	45
4	85	15	3	45	255	10
5	95	10	2	20	190	−65
6	100	5	1	5	100	−90

边际产量是每增加一个单位的劳动投入以后所取得的产量增量部分。尽管总产量一般是随着投入劳动总量的增加而增加,但边际产量却在增加后又减少。表2-1中投入劳动总量为2时,边际产量达到最高,为30;在进一步追加投入劳动总量为3时,边际产量就下降为20。显然,投入劳动总量为2时这种投入的边际产量最大。相应地,折算出总收入(即产品单位价格×总产量),进一步还可以推算出增加单位劳动后新的总收入与增加该劳动前的总收入之差——边际产品收入。在表中投入劳动为2时边际产品收入为100,与投入为1时持平,但这是高位上的持平。进一步增加单位劳动的投入,到达3时,边际收入就下降为45,这时即边际收益递减。若进一步投入劳动,还会更大幅度地造成边际收益减少,以致为负数,总收入也维持在低水平。对于企业来说,这就绝对不可接受了。因此,企业要取得资本利润率的增加,必然选择劳动投入为2时的边际产量最大值和边际收益最大值。

三、技术水平与劳动需求

社会上具有一定的经济需求,一般都会转化为劳动需求。但是,一定数量的经济需求究竟能转化为多大数量的劳动需求,这就要取决于社会技术水平。技术水平高,即资本-劳动比例系数大,转化为劳动需求的数量就小;技术水平低,即资本-劳动比例小,转化为劳动需求的数量就大。

那么,企业是如何选择资本与劳动的比例呢?当然,企业出于"经济"原则即效益原则,往往要通过高技术条件下高资本与低劳动的配比,取得较大的劳动生产率和全要素生产率,从而取得较大的产值与利润。因此,在企业对市场预期良好、要扩大生产时,往往会采取"高技术-低劳动"的比例,因为这一般是内含扩大再生产的状态,其经济效益较好。从这个意义上讲,技术含量是排斥劳动要素数量的,但是当技术含量大幅度提高时,其对于劳动要素质量方面的需求也大大提高。

四、微观劳动需求结构

对于各个企业来说,都有着不同层次的工作、不同层次的岗位、不同复杂程度的劳动内容,也会有对劳动要素的不同数量的需求。对于现代企业,其成员可以分为4个层次,这4个层次形成一个上少下多的塔形结构(见图2-4)。

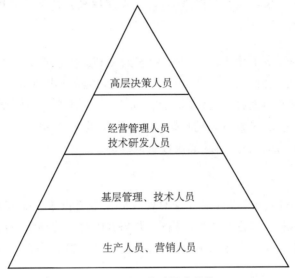

图 2-4 微观劳动需求结构

在经济发达国家,由于自动化的应用,许多中层管理工作岗位被计算机代替,劳动需求主要在高层决策人员、产品开发、研究人员和一般下层生产人员、产品营销人员上,出现了组织扁平化的趋势。这一趋势值得重视。

第四节 微观需求典型单位——企业分析

这里对于微观的典型招聘单位——企业的雇用动机及其与雇员的关系问题进一步做出分析。

一、企业的雇用动机

这里所说的企业雇用动机,是指企业吸纳社会就业者、配置人力资源的主动要求。一个企业要进行生产,就要雇用人员、吸纳就业者,各个企业的雇用动机总和,就形成社会就业的总体吸纳力。具体来看,企业的雇用动机主要有以下几个方面。

(一)经济动机

企业的基本目标是盈利。在正常情况下,只要企业从事市场前景看好的生产经营时,就可能有扩大生产经营、增雇劳动者的动机。当然,这一动机要受到主客观因素的限制,例如内部的资金数量、外部生产资料供给数量、可能雇用的劳动者数量和质量等。在这些条件都具备时,企业就可以大量增雇劳动者,从社会上吸收就业了。

(二)创新动机

对于任何新老企业,都有技术创新问题。在经济竞争、技术竞争严峻的环境中,创新更是企业得以起步、生存、发展和扩充的重要动力。企业要进行创新,就必须先期投入相当多的财力、物力、人力,特别是投入高等级的人才。一些企业不惜千金、万金聘用人才,一些人才不惜丢弃优越的工作环境自立创业或共谋发展,而后就带来企业的大发展,从而才有大批各层次劳动者的就业。这一点在我国经济特区、高新技术开发区不乏其例。

（三）规模动机

规模动机是市场经济下生产单位的一种客观动机,它也可以看作企业的"节约动机"。一般来说,企业在适度规模条件下,劳动生产率最高,边际产出值也最大。一个企业的就业者人数未达到最佳规模的人数时,就要追加劳动要素,从社会吸收人员就业;一个企业的就业者人数超过最佳规模的人数时,又要减少劳动要素,向社会排出多余人员。因此,追求经济效益最佳点的规模动机,必然引起就业数量的变动。

（四）发展动机

企业在前景光明的情况下,会把自身的发展放在重要位置。尤其是具有战略眼光的企业家,能够见微知著,敢于进行有风险的投资,开拓有生命力的项目,这就会吸收相当多的劳动者和人才就业。还有许多企业家采取扩股、招商、兼并、参股等方式发展实力,这也会保持和扩大社会就业。

二、企业雇用与应聘从业者

在企业中,存在着各种各样的人际关系,其中最基本的是雇主与雇员的关系,这种关系经常表现为企业最高管理者(人们称之为"老板")与其他雇员即应聘从业者的关系。应当指出,产权的实际归属构成真正的"所有制"关系,这种所有制关系从根本上决定着从业者与雇用者关系的性质。这是因为,谁掌握了企业的财产所有权,谁就拥有了对社会劳动要素的雇用权,进一步就是对从业者的使用权、指挥权和劳动报酬的分配权。此外,社会的法制程度、管理的文明程度、管理者的个人风格以及劳动者的自身状况,也影响着雇用单位与从业者的关系。

总的来看,企业与应聘从业者的关系主要有以下几方面:

(1) 企业招收、雇用求职者和解雇从业者的关系,反映在企业劳动关系的建立和解除上;

(2) 企业使用从业者的关系,包括对雇员的职务分配、任务安排、工作监督等;

(3) 企业对从业者发放工资薪酬的关系,即分配关系;

(4) 企业对从业者承担社会保险以及其他责任的关系。

在市场经济体制下,企业可以自由地选择从业员工。但是,这种"自由"不是绝对的,不是无条件的。企业在对从业者的招收、使用、分配、保险等方面,要受到法律的约束、劳动者群体压力的约束以及政府适当的调控。只要就业者群体不是企业产权的直接主人,不能决定其财产的支配、生产经营计划和利润分配(例如按"劳动股"分配),就会存在从业者与企业的利益不一致的问题,进而言之,还会出现二者的矛盾、纠纷、冲突以至对抗。这样,企业与从业者的关系就会出现问题,需要协调。

为此,政府出任了"协调者"的角色,并制定出一些法律法规,作为协调二者关系的和谐、稳定的准则。

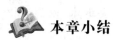 **本章小结**

在招聘中,用人单位对人力资源的需求实际上是基于工作岗位对劳动要素的需求。本章首先分析了劳动需求的来源及特点这些总体内容,之后从宏观和微观两个层面对劳动需求进行了分析,进而对微观劳动需求的典型单位——企业进行了深入分析。通过本章的学习,读者可以理解对劳动需求的引致性原理和劳动需求的行业性、地区性和职业性特点等内容有所了解,对社会劳动总需求及其影响因素有所了解,并对以企业为代表的用人单位的劳动需求有深入和现实的理解。

主要概念与名词

劳动需求　引致需求　需求存量　需求增量　行业需求　职业需求　通用职业　行业性职业　微观劳动需求曲线　微观劳动需求结构　边际分析　社会劳动总需求　转化率　企业雇用动机

 复习与思考题

1. 什么是引致需求?为什么说劳动需求是一种引致性需求?
2. 简述劳动需求的职业性特点。
3. 简述劳动需求的地区性。
4. 简述劳动需求的行业性特点。
5. 一般的劳动需求分为哪个层次?他们各有什么特点?
6. 企业为什么要雇用员工?结合实例谈谈。
7. 结合国有企业的改革,分析我国改革中的劳动需求问题。
8. 在全球化的情况下,人力资源经理应当如何看待劳动需求及其变化问题?应当采取什么对策?

 **讨论案例**

招募中层管理者的困难

最近几年,某机械公司在招募中层管理人员时总是不如意。该公司是制造销售较复杂机器的公司,目前重组成了几个半自动制造部门。公司的高层管理者相信这种半自动制造部门的经理至少应该了解生产线和生产过程,因为它是许多管理决策的基础。原来,公司一贯从内部选拔人员。但是提拔到中层管理职位的基层员工缺乏相应的适应他们新职责的技能,他们的业绩还不如在基层工作时的表现。

所以,公司决定从外部招募,尤其是招聘那些企业管理专业的好学生。通过不断地参加高校的校园招聘会,以及在各大中介机构发布招聘信息,公司收到了众多的简历,确定了许多有良好训练的工商管理专业毕业生作为候选人。他们择优录用了一些,并先放在基层管理职位上,以便为今后的中层管理人员做准备。但是不到两年,这些人都离开了公司。

于是公司只好又回到以前的政策,从内部提拔;但又碰到了过去同样素质欠佳的问题。

员工招聘与配置

现在公司面临另一个问题：不到1年，几个重要职位的中层管理人员就将要退休，他们的空缺急待称职的后继者。面对这一问题，公司想请咨询专家来出些主意。

讨论题：

1. 如果你是该公司咨询的专家，你要思考哪些问题？将给出哪些建议？
2. 这家公司招这个岗位的人员，应该从内部招聘吗？还是招聘应届大学生更好？
3. 内部招聘和外部招聘各有优缺点，结合本案例分析内部招聘和外部招聘的利弊。
4. 管理岗位与技术岗位的岗位职责和需求是不一样的，应当怎样进行选择？

第三章

招聘与配置的前提——人的供给

> **引例**

民工潮、民工荒与民工哥

春节过后,各地又遭遇了"民工荒"现象。社会问题的显现,往往预示着社会改革的需要。"民工荒"、用工难无疑让我们必须重新审视或调整现有的用工条件和劳工关系。

事实上,从恐惧"民工潮"到遭遇"民工荒",都是市场经济发展的正常现象。"潮"是大量失地农民涌入城市的必然,"荒"是改革红利未能惠及农民的自然。所以说,正是社会保障的不足、脏活累活的使唤、工薪福利的克扣等不具公平和人性的待遇,才造成了民工节前早走、节后晚归的"用工荒"。所以说,今天的"民工荒"与人力市场供求关系转变的传统概念有着很大的区别。

站在同情和维护民工权益的立场上,我们不得不违心地为"民工荒"叫好。因为正是"民工荒",才有了各地对完善"民工市民待遇"的重视。以此为戒,我们就能预防和避免今后出现技师荒、教师荒、医师荒等人为灾难。事实上,我们要彻底消除"民工荒"和用工难现象,就必须依法规范劳动用工市场,完善社会保障,给予民工平等的市民待遇。

为此建议,劳动管理和用工部门应从维护公平正义的原则出发,依法规范用工制度和劳动保障。对各地自发形成的街头用工市场,必须做好服务和规范,而不是简单地驱赶。实际上,那些驱而不散的街头市场,已成为大量"没有劳动保障民工"的生存土壤,其非法性绝不在民工本身,而在用工单位或个人。因此,整顿秩序、规范市场、完善保障必须从用工方开始。未来,只有善待民工,才能真正建成以人为本、科学发展、经济繁荣、用工稳定的小康社会。

(资料来源:王夕源."民工荒"提醒我们善待"民工哥"[J].半岛都市报,2014-2-12)

第一节 人力资源供给初析

一、人力资源作为经济要素供给

人力资源作为近年受到社会普遍关注的范畴,是指一定时间、地点范围内人口总体所具有的劳动能力的总和,也被称为"劳动力资源"或者"劳动资源"。在现行的经济统计中,人力资源是作为一种社会生产(及各种社会经济活动)要素的供给实体,指以国家或地区为范围的具有劳动能力的人的数量。

人力资源是人力资源供给的实体,其与社会需求的关系如何、其能否得到匹配,不仅成为经济学家和政府高度关心的内容,而且也是企事业与机关单位用人关注的根本来源。一个组织要招聘人力资源、配置精英人才,必须有客观存在的"人"这种资源、这种实体,这一资源还要处于这个组织招聘和配置力所能及的空间。

人力资源作为一个含义广泛的经济范畴,是具有"质"和"量"两个方面的维度的。可以说,人力资源作为一个社会的人口总体所具有的劳动能力的供给总和,其总体也就是数量、质量二者的乘积。即

人力资源供给总量＝劳动力人口数量(人力资源数量)×质量

二、人力资源供给的特点

社会经济活动的人力资源要素的实体是人,人是有思想、有价值判断的社会动物,与其他经济要素有一定区别。其具有如下几个主要特点。

(一)动力性

动力性亦即主体推动性。没有主体,就没有一切,正如斯密所说:"由于勤劳,人类才能得到堪称丰富的实际必需品。"

人力资源这一主体的动力性,体现在他们在工作岗位上的积极性和创造性,有了劳动者的工作动力,就可以产生一定的经济效益,完成组织的目标。因此,瞄定具有积极性的人力资源来招聘和配置,使他们成为自己的员工,是企业具有战略性意义的思路。

(二)自我选择性

自我选择性,即劳动要素作为主体要素,在构成人力资源供给与否和人力资源供给的投入数量与方向上具有自主决定权与选择偏好。上述选择与决定权主要表现为:个人"想不想或要求不要求就业"、"要到什么岗位上去就业"和"就业时间多长、工作强度多大"。国际劳工组织在提出"就业目标"时也要求,就业应达到"自由选择",即自主性。

在经济发展水平不同的国家和地区,由于社会经济、文化条件的不同,人的知识技能水平与价值观、自我意识也不同,自我选择性也有一定差别。一般说,经济发展水平低、教育文化水平低的国家、地区,人的自我选择性就较弱;经济发展水平高、教育文化水平高的国家、地区,人的自我选择性就较强。

劳动者作为主体的自我选择的范畴,又是与经济单位选择劳动要素相对应的:一方面人选择就业岗位;另一方面岗位选择人。市场就业就是在这双向选择中实现的。

(三)个体差异性

个体差异性,即不同的劳动要素个体,在个人的知识技能条件、劳动参与率倾向、人力资源供给方向以及社会劳动岗位对其需求与选择方面均有一定的差异。

人力资源供给的个体差异性使用人单位配置人力资源要素时不能仅仅按照人的一些外在、明显的特性(如年龄、性别、教育等级、专业门类)进行简单的配置,而应当对个体之间相

当大的条件差异状况做出合乎每个求职者实际能力和个人愿望状况的判断,且依据此进行就业岗位的分配。漠视人的差异,约束和否定人的自主选择性,结果往往是"乔太守乱点鸳鸯谱"式的资源错配。

（四）非经济性

非经济性,即人作为经济要素的供给,除了追求"高收入"的经济利益外,还有多种非经济方面的考虑。从经济行为主体的个人层面上看,人的职业选择、劳动付出往往与职业的社会地位、工作的稳定性、晋升机会、管理特点、工作条件、个人兴趣爱好、技能水平等因素相关联。人力资源供给的非经济性存在这样一种规律:经济水平比较低的社会,人们对非经济的考虑较少;在经济水平比较高的社会,"衣食足而知荣辱",人们对于非经济利益的考虑就会较多,强度也较大。这就要求现代组织的招聘、岗位配置和对人的使用,一定要充分考虑人力资源的非经济性。

三、工资与人力资源供给

个体人力资源供给即发生在由个人作为供给主体、进行求职、进行择业的,属于微观层面的人力资源供给。从经济学原理看,这种微观劳动层面的供给取决于对应的经济单位(社会、地区、部门、用人单位)的工资水平。工资之所以作为劳动要素供给的报酬,是因为从个人的角度看,人们付出人力资源供给,以"勤劳"的付出或"闲暇"的牺牲为代价。对于这种付出或牺牲,人们就要以一定的工资收入作为报偿。

个体人力资源供给与工资水平之间存在着一定的正相关关系。这也正是市场经济条件下人力资源供给与工资关系的一般规律(见图3-1)。

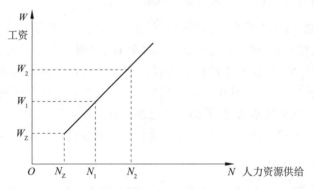

图3-1 人力资源供给与工资的一般关系

人们要就业,要从事劳动,基本原因正在于人能够从其中取得经济报酬用于自身与家庭的消费生活,以维持生存、获得发展、得以享受。当工资水平处于 W_1 时,社会上相应就有人力资源供给 N_1;W_1 上升,N_1 则右移,即增加到 N_2 的供给量;W_1 下降,N_1 则左移,即减少。当 W_1 下降到 W_z 这一极点时,即工资仅仅处于人们维持基本生活的低水平时,人力资源供给就处于一个很低的维持量 N_z。如果工资水平继续下降,低于 W_z 时,劳动者就不再接受了,从而曲线就不再存在。

从 W_z 开始,社会存在不同的工资水平 W_i 就有相应不同的人力资源供给 N_i,将所有的 (N_i,W_i) 点相连,就构成了人力资源供给市场决定的曲线。

在一般情况下,工资水平高,人力资源供给的数量就多,即要就业的人数多、每个人从事劳动的时间也长;工资水平低,人力资源供给的数量就少,即要就业的人数少、每个人从事劳动的时间也短。

四、人力资源供给的经济条件

人处于一定的经济社会环境之中,个体层次、单个行为的人力资源供给,必然受到一个国家和地区的经济、社会、政治、文化诸方面因素的影响。经济条件对于个人人力资源供给而言,在供给数量、质量、方向、结构等方面均有重大影响。

（一）不同发展水平的个体人力资源供给

在经济发展水平较低的国家,工业化过程一般尚未完成,即具有明显的二元经济结构特征。在这种情况下,大量有劳动能力的人被囿于土地上,或封闭于山乡中,未形成有效的人力资源供给。他们即使游离出土地,也因其素质较差且数量过剩不能被大工业所充分吸收而形成社会问题。

在经济发展水平较高的发达国家,一般是"后工业化"社会或服务社会、信息社会,其社会教育水平较高,人力资源供给个人的文化技能素质水平也较高;同时,发达国家还较普遍存在人口老化现象,所以劳动需求量比较大,劳动要素供给较为珍贵。

相比之下,发展中国家人力资源供给过剩,个人在就业、工资、教育、保障等方面一般处于不利的地位;发达国家人力资源供给不足甚至稀缺,个人在就业、工资、教育、保障等方面就处于有利的地位。

（二）市场经济体制下的个体人力资源供给

在市场经济体制下,个人是自身活动的主宰者,人力资源供给从理论上说有充分的选择性,可在市场信息比较充分、对个人自身认识基本清晰、对预期劳动收入估算相当可靠的情况下,做出最合乎理性的、效益最大的供给选择。就劳动要素个体间的关系来说,则是平等竞争、能力取胜、优胜劣汰、各得其所。在市场经济社会,个人为着自己较高的职业报酬,要努力劳动并可能经常做出供给抉择,并为着自己的良好生涯而提高素质、接受教育。这时的个体供给也就有了较大的流动能力,这种高流动性与迅速变动的经济结构是匹配的。

（三）市场失灵与歧视

但是,市场经济存在着"市场失灵",其中一个方面就是虽然市场上的经济活动有岗位需求,但也存在着一定的不吸收供给状态,即存在着失业。而且,经济活动对弱势群体的就业往往有着天生的排斥倾向,是需要加以纠正的。体现在用人单位上,就是招聘与配置的活动中可能存在一定的对某种人力资源的歧视。

第二节 部门地区的人力资源供给

一、部门地区人力资源供给的性质

产业、部门的人力资源供给,是社会劳动总供给的下一个层次,是中观层面的,是对于某一产业、部门供给的偏好。地区的人力资源供给,是国家劳动总供给的下一个层次,也是中观层面的对于某一地区供给的偏好。实际上,各个产业、部门、地区的人力资源供给,都是由一定数量的特质(即定向的)人力资源供给与一定数量的同质(即可以广泛投入的)人力资源供给二者构成。

(一)特质的、定向的人力资源供给

特质的、定向的人力资源供给,是接受特定性的专业、职业教育训练之后,形成自身已定向的、未经教育培训者无法替代的人力资源供给。例如,工艺美术院校毕业生寻找工艺品设计岗位、医学院毕业生准备当大夫,这部分特质人力资源对于劳动市场上的其他求业人员,具有优势、形成排斥甚至是垄断权。

(二)同质的、广泛投入性的人力资源供给

同质的、广泛投入性的人力资源供给,适应面广大,可以对社会各个产业构成供给,例如会计师、保安人员等。但是,某种人力资源供给究竟对哪个产业、部门和地区真正形成供给,则要看各个产业、部门、地区间的竞争关系及其对该劳动要素的吸引力了。

二、影响部门地区人力资源供给的因素

影响部门地区人力资源供给的因素主要包括以下几方面。

(一)工资竞争力

工资竞争力即一个部门与其他经济部门相比较的工资水平的高低。假定社会的所有人力资源供给与劳动需求都是同质的,并假定劳动需求不是处于垄断市场而是能够自由流动的,在社会劳动要素的全部供给中,能否形成对某一部门的中观人力资源供给,该部门的工资水平高低就是最重要的因素了。即使考虑到产业、部门的差异和劳动需求的一定限制性,哪一个产业、部门的工资水平高,其诱发的人力资源供给就大;反之,其工资水平低,所诱发的人力资源供给就小。总之,这种工资水平的比较会构成人们对于不同部门的人力资源供给的数量大小不同。

(二)专业教育的门类

一定的教育门类,能生产出具有一定特质的、不可替代的专门人力资源供给。因此,教育部门的专业设置、各类学校不同专业的招生和毕业数量,就是一定时期中观人力资源供给的专业影响因素。从个人的角度看,经过特定教育训练、在工作中具有专业优势的人力资源供给,往往是就业者取得高收入、得以晋升和获得发展机会的基础,因此,人们就把接受某类专业教育作为自己的主动选择。人们的专业门类选择取决于未来劳动市场的行业预期,由此所形成的社会人群对于某部门的共同选择就形成中观的人力资源供给。例如,新中国成立初期的"男学工,女学医",目前的计算机热、金融热和MBA热。

但是,从长期的角度看,当一种特质的人力资源取得较高的个人收入后,会诱发社会上的人们大量进入该教育门类,接受特质教育培训,因此,这种垄断权又会削弱以至消失,产生一定的非特质性。如我国近年的管理人才培养存在过剩问题,MBA的毕业生已经"遍地开花",真实的例子是有的"211"大学举办MBA毕业生供需见面会,月薪只有3 000元的求职

意愿却仍然无人问津。

(三)人的就业偏好

人是有价值判断的动物,不同的人对同一事物会有不同的评价和选择标准,诸如收入水平、工作环境、社会声望、符合兴趣、风险程度等。由于人们对于某产业、部门有着不同的发展预期,也有着对于在某产业、部门就业的个人偏好,因此,就会形成对于某产业、部门的中观人力资源供给。

(四)人力资源的流动性

人力资源的流动性,是在一定的人力资源供给格局和既定配置格局的条件下,影响人力资源供给投入方向,即影响中观人力资源供给格局的一个重要因素。一般来说,人力资源本身的活动性强,即素质高、年纪轻、抱负大,就易于流动;其流动的客观障碍少、体制灵活、信息充分、生活条件(居住条件、上班交通条件、子女上学条件、工作地点的物质文化生活等)易于解决和满足,就易于流动;其流动的个人成本与需求方担负的费用小,也易于流动。

对于一个较小的产业或部门来说,其非特质性岗位和无高技能要求的岗位,由于人力资源流动性的作用,有可能出现某地区、某行业、某职业"人力资源供给无限"的局面。例如,经济特区需要招收些许人才,应聘者却成千上万。

第三节 社会的人力资源供给

一、社会人力资源供给的基本特征

从宏观的社会层面角度着眼,全面研究人力资源供给更为重要。因为社会的人力资源供给状况从根本上讲决定了组织所能够招聘配置到人力资源的基本格局。

对于某一种需求岗位而言,宏观人力资源供给的基本数量特征与微观人力资源供给的特征完全一致,即"工资水平越高,人力资源供给也越多;工资水平越低,人力资源供给就越少"。

进一步分析,是全社会的人们在人力资源供给方面自由选择的总体结果,才构成了社会人力资源供给,决定了社会人力资源供给的数量和方向,这种"自由选择",除了对某种既定岗位工资高低的判断,还有对工作条件、职业成长、个人生活等的非薪酬的和多种效益的考虑。一个在东南沿海地区打工的农民工,在面临回家过春节后的工作选择时,是否返回原企业工作时,出路多条、考虑多多。

二、现实供给与潜在供给

依据人的自然形态,可以对人口总体进行"劳动年龄"的划分,在劳动年龄上、下限之间取"劳动适龄人口"或者"劳动年龄人口"。劳动力人口的数量与劳动适龄人口的数量大体一致。因为,在劳动适龄人口内部存在着一些丧失劳动能力的病残人口;在劳动适龄人口之外,也存在着一批具有劳动能力、正在从事社会劳动的人口。在计量人力资源数量时,应当对上述两种情况加以考虑,对劳动适龄人口数量加以修正,就可以得到更加精确的人力资源数量。

因此,人力资源的数量,即一个国家或地区范围内劳动适龄人口的总量,减去其中丧失劳动能力的人口,再加上劳动适龄人口之外具有劳动能力的人口。

具体分析,人力资源的数量结构包括下列几部分。

(一)现实的人力资源供给

(1)处于劳动年龄之内,正在从事社会劳动的人口,它占据人力资源的大部分,可称为"适龄就业人口"。

(2)尚未达到劳动年龄,但已经从事社会劳动的人口,即"未成年劳动者"或"未成年就业人口"。

(3)已经超过劳动年龄,还在继续从事社会劳动的人口,即"老年劳动者"或"老年就业人口"。

(4)处于劳动年龄之内,具有劳动能力并要求参加社会劳动的人口,可称为"求业人口"。这实际上是失业人口。

这4个部分是经济活动人口,构成现实的社会人力资源供给,这是直接的、已经开发的人力资源。其中的前3个部分,构成就业者或"就业人口"的总体。

(二)潜在的人力资源供给

(1)处于劳动年龄之内,正在从事学习的人口,即"就学人口"。
(2)处于劳动年龄之内,正在从事家务劳动的人口。
(3)处于劳动年龄之内,正在军队服役的人口。
(4)处于劳动年龄之内的其他人口。

这4个部分并未构成社会人力资源供给,他们是间接的、尚未开发的、处于潜在形态的人力资源。

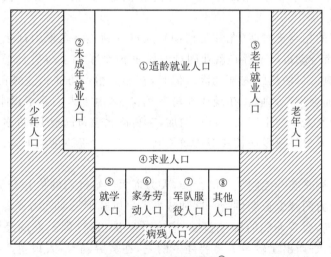

图3-2 人力资源构成①

三、影响社会人力资源供给数量的因素

从现实经济的角度看,影响社会人力资源供给数量的因素主要有以下几点。

---

① 姚裕群.人力资源概论.北京:中国劳动出版社,1992.

（一）人口总量

决定宏观人力资源供给的首要因素是人口因素。具体来看，它包括人口总量、人口结构、人口迁移3个方面。下面分别阐述。

一个国家或地区人力资源供给的总体数量，首先取决于该国家或地区的人口总体规模。人口总量及变动决定了一国或一地区人力资源总量与变动趋势，从而在根本上决定了可能的人力资源供给数量。从动态的角度看，人口总量的变化体现为人口自然增长率的变化，而自然增长率又由出生率与死亡率的共同作用所决定。[1]

在现代社会，人口死亡率水平的变动不是很大，且一般处于较低水平的稳定状态。这样，人口总量（相应地就有长期人力资源供给总量）就主要取决于人口基数和人口出生率水平。当然，人口从出生到成为人力资源，存在着长达十余年的时间差，因此，调节长期人力资源供给总量，必须时间领先、先期调节。

这里的问题是，谁能预测十多年后的人力资源供给？谁又能预测出十多年后的劳动需求？教育结构与专业设置、人的意识与择业观念、经济水平、市场消费、技术系数、设备状况、产业发展等，这众多的因素在十余年后的变化似乎是无法预测的，更何况是准确预测。未来学家不是预言家，他们可以从目前的变动中推断未来的大致趋势，但终究不可能做出精确的回答。因此，人们在这个问题上只能是"算大账"。这里的关键就是正确把握经济、就业与人口的关系，根据经济、社会发展水平的总趋势，寻求有科学依据（尤其是经济依据）的适度人口总量目标。[2]我国在进行严格控制生育率的计划生育政策30多年后的今天，实行"放开二胎"的政策，除了考虑未来社会难于应对人口代际关系的"四二一"格局出后的养老问题外，更有对要保证未来人力资源供给、克服"刘易斯拐点"麻烦的经济考虑。

在工业化进程的相当长时期（尤其是初期），人口过剩主要表现为社会失业大军和人的贫穷。因此，在城市劳动市场上存在就业困难的局面下，人们减少生育从而节约现时支出的思想，可能成为控制人口增长的内部动因。但是，在小农生产方式占主体的农村，人口生产成本极低，贫穷反而会生产人口。在现代经济发达国家，由于人们除了谋求收入，还追求闲暇、舒适与自我，而且人口的生产成本也在增加，在利益比较和选择上，许多人不愿意生儿育女，因此，发达国家人口呈现零增长甚至负增长趋势，使人力资源供给下降，"市场调节"难以奏效。

在人口明显过剩又实行控制生育的社会，人力资源供给过剩的信号会引起政府的重视，并通过控制人口而力图减少长期供给。这种减少人口以减少长期人力资源供给的政府控制行动，其有效性如何，要看人们的接受程度、家庭的经济抉择（即子女的经济价值及其他效用）、生儿育女的投入-产出比较等。需要注意的是，在贫穷国家，人口生产成本低而又能较早地回收（因为就业年龄低），这是"市场调节人口"的一大难题，我国前些年非常严格地控制人口但仍然有大量"超生游击队"的存在，就是人们客观选择的结果所致。

---

[1] 人口自然增长率＝人口出生率－死亡率。由此，一个年代的人口总量就是：报告期人口数量＝基数人口数量×$[1+(出生率-死亡率)]^n$。

[2] 有的研究根据土地的承载力计算适度人口，有的研究从人群的营养需要来计算适度人口，这些都是有较大局限的。国外有的学者提出"实力适度人口"的学说，也是受到"国小人少"的条件影响和人口萎缩的影响。

（二）人口结构

人口的结构特别是年龄结构，对人力资源的供给状况起着非常重要的作用。在人口总量一定的条件下，人口的年龄构成直接决定了人力资源数量和宏观人力资源供给总量。用公式表示，即

$$人力资源数量 = 人口总量 \times 劳动年龄人口比例$$

此外，人口的性别结构以及文化结构等也对人力资源供给有一定影响。

（三）人口迁移

人口地区间的迁移由多种原因造成。在一般情况下，导致人口迁移的主要因素在经济方面，即人口由生活水平低的地区向生活水平高的地区迁移，由物质资源缺乏、机会少、工资水平低的地区向物质资源丰富、机会多、工资水平高的地区迁移。这必然对不同地区的人力资源供给造成"或增或减"的影响。人口在城乡间的迁移即农村劳动力转移进城，是一种历史趋势，它更会造成宏观人力资源供给格局的巨大变动。

（四）劳动参与率

劳动参与率是参与劳动活动的"经济活动人口"与总人口的比例。其计算公式为

$$劳动参与率 = \frac{经济活动人口}{人口总量} \times 100\%$$

$$= \frac{就业人口 + 失业人口}{人口总量} \times 100\%$$

经济活动人口的数量和劳动参与的数量实际上取决于劳动年龄人口愿意就业的程度，而人们的就业愿望程度又取决于教育的发展、经济水平的高低和社会习俗等诸多因素。因此，对于宏观人力资源供给的把握，要眼界更宽。

（五）劳动时间

如前所述，人力资源供给包含时间的因素。从宏观和长期的角度看，经济越发展，社会越进步，人们就越重视闲暇，劳动时间也就有所减少。工作时间的缩短是历史的发展趋势。19世纪至20世纪，世界劳工在为实现每天8小时工作制而斗争。当今世界发达国家则已实行每周40小时工作制。许多国家还对公务员及劳工实行年休假制度，这实际上也大大减少了人力资源供给数量。

在市场经济条件下，作为人力资源供给因素之一的劳动时间会随着经济的景气度变动而灵敏地做出反应，这也反映到诸多企业的用人增减行为上。

四、影响宏观人力资源供给质量的因素

影响人力资源供给质量的因素有以下几个。

（一）遗传因素、其他先天因素和自然生长因素

遗传因素、其他先天因素和自然生长因素，是造就人力资源供给质量的基础方面。人在体质、智力等方面所接受的父代遗传因素，对于其成年的素质和一生的发展都有着重大的影响。例如，犹太人智力比较发达，辈辈相传；中华民族也有着相当高的智力水平。人在胎儿

发育期,其所获得的营养以及所受到的胎教对其未来的素质也有重大影响。"优生学"对此有重大贡献。在人的婴幼儿、少年和青年期,其营养、健康和体育锻炼状况也对其体力、智力的发展大有影响。

(二) 教育因素

教育作为极为重要的社会活动,对人力资源素质有着决定性的影响。"人的素质是先天遗传决定还是后天教育决定",是一个长期的热门话题,诸多的思想家、不同领域的专家对于这个问题意见纷纷,见仁见智。经过科学实证研究,取得共识的结论是:先天遗传与后天教育对人的素质都具有重大影响,二者相比,后天教育因素比先天因素更重要、影响更大。从形成人力资源供给的角度看,人要有一定的技能、本领,因此搞好专业教育、职业教育是极为重要的。

(三) 人力投资数量

人力投资是对人力这种资源进行投资。通过这种投资,可以促进人力资源的形成,构成生产能力,进而使其具有较高的质量,即赋予、改善和提高人力资源供给的质量。西方经济学家把人力投资称为人力资本,即通过对人力资源投资,可以使它具有较大的生产功用,使国民收入得以增加,这是一种非物质资本。由此,作为一国人力投资结果的人力资源数量与质量状况,也可以看作"人力资本的存量"。

通过人力投资,使人力资源供给质量提高,从而带来经济效益的提高,因而也就引起个人、从事社会经济活动的雇用主体和政府的重视。个人因进行人力投资而获得高工资,用人单位因进行人力投资而获得高利润,政府也会因进行人力投资而获得国民经济的高增长。

(四) 人力投资的动力

人力投资的动力,从个人的角度看,取决于自身投资所付出的成本与取得的收益二者的比较。在社会有高质量劳动需求时,人们为能走上高质量劳动岗位要付出学习费用,也会放弃马上可得到的低质量岗位的收入(因为这是低收入,而他们有着从事高质量劳动的更高的预期收入)。这些直接成本和"机会成本"将要在以后高质量劳动岗位上的高工资中收回,并且应有投资的"利润"——更高的工资。当预期的收益率大时,人们就乐于花费金钱和时间接受教育,以提高自身的人力资源供给质量,增强自己在未来劳动市场上的竞争力。

(五) 经济发展水平与经济体制

一般来说,在经济发达国家,人们的教育水平高、观念开放、体质健康,人力资源供给的质量较好;在经济落后和贫困的第三世界国家,人们的教育水平低、体质较差、观念封闭,人力资源供给的质量较差。

实行自由市场经济的国家,竞争的利益与压力使人致力于提高素质,并迅速捕捉市场需求信号自动形成供给,在这些国家,"知识就是力量",高质量的人力资源供给能够得到高收入。而在计划经济体制的国家,工资通过行政控制的手段决定,并由于一种错误的观念,认为高质量人力资源的生产成本是国家付出的,因此,他们从事多量劳动而不能得到多量报酬,使人力投资所得为负数。这样,许多人就丧失了提高素质的动机。

（六）社会文化与观念因素

在科技进步快的社会,或者文化历史悠久的社会,人们认识到人力资源供给高质量的多方面效用,就会致力于提高素质。今日的"知本"主义、过去的"学而优则仕",都反映了人们对高素质人力资源供给的收益的期盼。

五、人力资源供给动态分析——人力资源流

人力资源供给具体体现在人力资源的经济运动上。我们知道,社会生产是一种再生产过程,现实的国民经济运动既是过去国民经济运动的结果,也是未来国民经济运动的前提。对于人力资源供给,从动态角度进行考察,存在着一种人力资源的"流"。

随着时间的变动,社会的人力资源会发生下述变化:

(1) 一部分少年人口进入劳动年龄,转化为人力资源。

(2) 一部分潜在人力资源提出就业要求,转化为现实人力资源,构成供给。

(3) 一部分人力资源丧失劳动能力(主要因为超过劳动年龄),转化为非人力资源。

(4) 一部分现实人力资源丧失就业要求,转化为潜在状况,退出供给。

(5) 原有供给的维持部分,也会发生变化,一部分就业人员由某一岗位转向另一岗位,一部分就业人员脱离就业岗位转化为求业人员,一部分求业人员走上就业岗位转化为就业人员。人力资源供给的动态状况如图3-3所示。

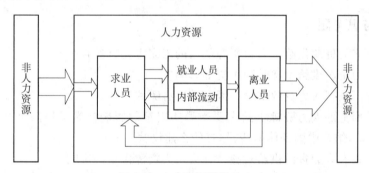

图 3-3 人力资源供给动态

图 3-3 中求业人员与就业人员即"经济活动人口",是现实的人力资源供给总体;离业人员是对于过去人力资源供给的减少部分,其中一部分——再次求业人员在一定条件下会转化为人力资源供给。求业人员大致是即时的增量人力资源供给,人们有时把求业人员看作狭义的人力资源供给,并从狭义角度把就业理解为求业人员获得工作岗位。因此,"求业人员"这一市场增量就成为研究人力资源供给的一个重要方面。

在现实经济管理工作中,人们经常使用"新成长劳动力"这一术语。应当指出,对于现实的经济运行,新成长劳动力不是简单地表现为某个年度年满 16 岁、进入劳动年龄的人口数量,而是表现为该年度需要就业的大中专、职业技术学校、普通中学的毕业生和退伍军人(主体是青年)的数量。在一般情况下,毕业学生和退伍军人构成市场人力资源供给增量的主要部分。还应当指出,对于新增人力资源供给的职业倾向性,要给予高度重视,要做出准确的预测,进行科学的引导。

此外,就业人员内部的流动会改变劳动者与物质资源的结合状态,从而导致劳动要素使

用结构的改变,这对人力资源供给的方向也产生一定影响。当就业结构发生重大变化时,还可能对人力资源供给数量产生影响。例如,农业劳动生产率大幅度提高,从事农业生产的劳动力数量减少后,其多余部分就转向城市,转向工业、服务业等非农产业,这实际上等于增加了人力资源供给的总量。

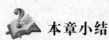
本章小结

在市场经济体制下,用人单位要优化配置人力资源,就必须充分考虑到人力资源供给这一前提方面的问题。对此,本章着重分析微观的个人人力资源供给、中观层面的部门地区人力资源供给、宏观层面的社会人力资源供给,以便读者从整体上比较全面地把握人力资源供给的问题,理解人力资源供给的特点,掌握工资和个人人力资源的关系,了解部门、地区供给的具体影响因素,把握社会总体人力资源状况与动态变化。

主要概念与名词

个体人力资源供给　工资水平　特质人力资源供给　同质人力资源供给

人力资源供给无限　人力资源结构　劳动参与率　中观人力资源供给

宏观人力资源供给　人力资源流

复习与思考题

1. 什么是人力资源供给?人力资源供给的因素主要有哪几个?
2. 个体人力资源供给怎样受到工资的影响?
3. 影响部门地区人力资源供给的因素主要有哪些?
4. 社会层面上的人力资源供给主要受哪些因素的影响?为了提高全社会人力资源供给的数量和质量,结合中国具体国情,你有什么建议?
5. 试分析动态人力资源供给对整个社会人力资源供给的影响。
6. 以你的家乡为例,从个人层面和中观层面分析其人力资源供给的特点。
7. 查找中国宏观经济发展的相关数据,试分析我国社会人力资源供给的现状以及存在的问题,试提出你的改进建议。

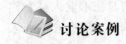
讨论案例

王总的"米"要不要"下锅"

L公司的总经理王长江感觉对于自己一手创建、已成一定规模的企业,现在是越来越力不从心,他经常说:"我觉得公司存在很多问题,但就是不清楚问题出在哪儿?"王总的秘书和其他的工作人员也反映,他们的老板很忙很累,可公司内部呈现的问题却越来越多,员工的抱怨也越来越多。

如今L公司已是华北地区一家规模较大的民营房地产企业,而1998年创建L公司的时候仅有30万元资金和3个员工。经过8年的摸爬滚打,L形成了一定规模,目前拥有员工

300多人,资产规模两亿多元。但是随着企业的"高速长大",问题越积越多,内部的人力管理、外部的市场、业务各个方面都存在问题,王日益感觉自己对公司的管理、驾驭越来越难。

这家公司是典型的那个时代的产物。1998年,王长江凭着敏锐的商业意识和一股激情,毅然离开了国家机关,经过多方集资筹到了30多万元。刚开始他对《公司法》并不了解,东奔西跑地才注了册。3个成员全面负责公司的日常管理行政事务。其中,财务人员小刘是他的亲戚,原来也在事业单位工作,在他的劝说下才抛掉了铁饭碗,但小刘仅懂得基本的会计知识。负责开拓市场的是他的战友,多年的好友大陈,他原来开过一家小饭店,学历为初中。他自己则全面负责公司的日常运行工作等所有杂务。

L公司的飞跃发展是在1999年。公司成立一年后,王总凭着对市场的敏锐感性果断决定投资征地,而那时L公司所在的地区房地产才刚刚起步。准确的判断、广阔的市场、成功的运作给L公司带来较高的回报和巨大的动力,于是,他又加大了商品房地产的开发力度。随后几年,房地产市场高速发展,王总开发的几个楼盘项目都销售良好,公司规模进一步扩大。

随着公司规模的迅速扩大,过去原有的3个部门逐年增加,人员也由过去的3个人发展到现在的300多人。随着人员的增加,诸多的管理问题也频频出现。比如公司提出了明确的战略规划,但是总不能落实,追究责任时,好像大家都有责任,每次都是大伙一起自我批评一顿后,下次的规划依旧不能落实。比如员工内部出现小利益团体,各部门的管理人员都经常各自为政,意见不一,不再那么团结与直率。让王总忧闷的还有,一方面公司觉得员工的整体素质较低;另一方面员工对薪酬不满,抱怨没有公平的考核体系。

"目前公司最为缺乏的是人力资源。我们市仅有一所普通高校,两所专科学校,较高素质的人才十分匮乏,而其他发达地区高校的毕业生(比如北京)又不愿意到我们公司工作,原来去北京参加了几次招聘会,也是空手而归。"王总认为,不解决人力资源问题,公司发展必然受阻。

最为要命的是,最近两年,万科、香港汇达等数十家实力雄厚的企业纷纷进入了该地区,直接让L公司感觉到了生存的压力。因为与这些公司相比,L公司的竞争优势在于低成本的土地开发,但是在管理、销售以及人力资源方面存在的缺陷令自己的竞争优势日益丧失。另外,随着竞争对手的进入,该市的房地产开发迅速升温,众多的楼盘都在较短的时间内推进,销售价格也在逐渐降低,这直接影响到该公司固守的价格优势防线。

目前L公司手中仍然有约120万平方米面积的待开发土地,令王总犯难的是,别的企业当家人愁的是"无米下锅",而他愁的是自己的"米"现在要不要下锅,怎么"下锅"?企业目前的状况已经让他忙得焦头烂额了。

出路在哪里?大的举措应当做什么?人力资源应当怎么配合?

(资料来源:姚裕群.招聘与配置[M].大连:东北财经大学出版社,2010:80-81)

讨论题:
1. 你如何看待本案例中L公司人力资源供给的矛盾?
2. 如果你是王总,你该如何尽快走出困境?
3. 如果一个企业走过了它的创业期,它该如何利用人力资源市场尽快优化它原有的人力资源配置?

第四章
招聘与配置的对象——人的分析

> 引例

著名地产商的用人之道

SOHO中国(潘石屹):运用成熟型人才代替需要经过培养的一般人才

潘石屹一直以来在地产企业用人上都比较狠:他会以高于市场平均薪酬15%~25%的待遇来用你,以严格的约束机制迫使你高速工作,如果觉得没有用你的余地了,会一下子裁掉你,没有商量的余地。此外,在用人的机制上实行比较严厉的绩效考核制度——"末位淘汰制",让你永远有压力。在用人特色上,众所周知SOHO的"99朵玫瑰"。这足以代表潘石屹的用人风格。总结来说,他的用人,尤其是高管人才,更愿意用成熟型人才来代替需要经过时间培养的一般人才,以达到节省成本与降低风险。与之相类似的企业有珠江地产、中海地产、合生创展等企业。

评论:他的用人机制会决定在某一段时间内迸发:"营销部集体辞职事件",企业不能长久地留住与企业一起成长的人才。但就所开发项目来讲,在一定的时间内是允许企业不断地换血的。

万科(王石):通过自己企业从零开始培养一直到有能力、有潜质的人才

无论从哪个角度来说,万科都是地产业的老大。所以在用人机制上万科自有大家风范,从对大学生的招聘到培养直至万科的管理岗位,万科做的成绩都是有目共睹的。在行业中,许多地产企业各种岗位的人才都来自万科,这就说明一个问题:从把大学生从零培养到成为一个优秀人才,而最后企业却没有留住人才,这就说明企业的激励体系存在缺陷。当然,这与大学生的盲目流动也有很大的关系。但无论从哪种角度来讲,万科在用人上都是值得褒奖的,它对于整个行业作出了巨大的贡献。在用人特色上:人才与企业一起成长,对企业文化、贯彻力、价值认同感都比较强,属于难复制的企业,生命力与抗风险力较强。与之相类似的企业有华润置地、金地集团、中远集团、华远集团等,这些企业一般有较强的实力与长远的人才规划。

评论:万科的用人就像王石喜欢的登山运动一样,从头开始,一步一个台阶,倒是应了"仁者见山、智者乐水"的道理。

首创集团(刘晓光):运用高学历、高素质的复合型人才

首创集团作为业界的老大,有较深的政府背景,是国字头的企业。它在用人机制上还存在着一些带有政府特色的痕迹：重学历、重素质、重经验，对人才的考察期相对要长一些。它希望自己的员工在岗位上能发挥个人的特长，不仅对业绩进行考核，而且对人际关系、组织协调等方面都有很强的要求。与之相类似的企业如北京城建集团等国字头的企业。

今典集团（张宝全）：使用有想法、有激情、有创意、有才能的人才

张宝全是一个具有中国"韵味"的人，比较注重理念、文化、艺术、娱乐等，属于业内的"才子"。所以企业在用人上对于一些有激情、有创意、有才能的人才有所偏重，当然在专业角度上也应该是佼佼者，同时企业注重对员工的企业文化、理念的培养。由于企业追求员工的唯美性，致使企业的人才流动高于其他的地产企业。

评论：今典集团从房地产顺利完成向度假地产、艺术与电影产业的转型，非常强调"选对人"，把人才放对位置，就能确保"做成事"。任用"有想法、有激情"的人才，确是抓到了关键点。

珠江地产：给人才准确定位，实现岗位最佳搭配

珠江地产公司的人力资源的核心任务就是围绕董事会的意图，以及公司发展和文化需要，将最合适的人放在最合适的岗位，从而发挥其最大能量。公司的用人理念为注重人才资源，尊重人才，相互理解。此外，公司的老总会亲自参与招聘，同时也会从其他的地产企业中挖走成熟的高级人才。

评论：珠江地产的用人机制比较注重实际，在一个岗位会让你有多次的尝试与磨合，企业比较注重实际的操作经历与经验。对于人才也是一个很好的锻炼平台。

从以上可以看出，企业的用人之道，在中国就现阶段来讲实际上是企业老总的"内圣外王"之道，企业老总的哲学观决定了企业的哲学与企业用人的哲学。那么不同的招聘对象不同之处在哪些方面，针对这些我们应怎样进行高效的招聘呢？

第一节　招聘对象的素质

一、招聘对象素质内容

从整体的角度看，人的素质包括能力、人格、理念、健康四大要素，每一个要素之中又有若干子要素，这些要素的不同组合就形成五光十色、大相径庭的职业素质。从一般的角度看，人们职业素质的结构包括能力、人格、理念方面的素质和身心健康方面的素质，见图4-1。

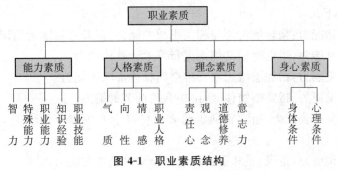

图4-1　职业素质结构

二、能力素质分析

(一)一般能力因素——智力

能力包含"智力"(一般能力)、"特殊能力"两个基本方面,并进一步外化到"职业能力"三个方面。知识一般基于智力等能力上,并能够反映能力的水平。下面分别进行说明。

1. 智力的内容

所谓智力,是指人认识客观事物并运用知识解决实际问题的能力,也就是人的"聪明程度"。智力,作为人的基本能力,也被看作是一般能力(G)。对于智力的内容和本质,人们有着不同的说法。根据现代脑生理学的研究,人的头脑可以分为4个功能区:感觉区、记忆区、判断区、想象区。心理学家在分析智力结构时,一般都承认包括感知力、记忆力、思维力、想象力这4个基本方面。感知力包括观察力和注意力,思维力则可以分为判断力、思考力或者逻辑思维、逻辑推理能力。这四种"力"在人们头脑中的不同搭配、不同组合,就是智力的结构。有的学者在这四种"力"之外还加上社会智力或者实践能力。

2. 创造力

进一步来说,创造力是人的"聪明",是某个人想别人未想、做别人未做,标新立异,制造出以往没有的新鲜事物,即能够做出创造性活动的能力。因此,创造力也是智力的一个高级内容。

3. 社会智力

人们所从事的活动,一般来说都是社会活动,也就是直接、间接地和人打交道的活动。因此人们从事自身的活动,往往要求他具备一定的涉及他人的能力,通过这种能力使该活动能够按照预定的方案进行,从而达到预期的目标。许多学者注意到"智力"范畴在社会应用中的局限性,因而提出了社会智力的范畴。有的学者把经典性的智力称为"智力Ⅰ",把社会智力称为"智力Ⅱ"。

社会智力包括以下内容:①计划能力或规划能力;②决策能力;③组织能力或协调能力;④沟通能力;⑤说服能力;⑥管理能力等。近年来我国经济管理发展迅速,心理学得到广泛应用,所谓社会智力,实际上大量的是从事管理的能力。

(二)特殊能力因素

人们从事的各种活动是千差万别的,人的能力,除了作为"一般能力"的智力以外,还有下述的能力,它们就是特殊能力。根据国际上具有权威地位的加拿大《职业岗位分类词典》,特殊能力包括以下几项。

(1) 言语表达能力:指理解词语与相关思想的能力,以及有效地运用词语的能力。

(2) 数学计算能力:指迅速而准确地进行算术计算的能力。

(3) 空间感觉能力:指凭思维想象三维空间物体形状的能力。

(4) 形体感觉能力:指觉察物体、图画中有关细节的能力。

(5) 文书事务办公能力:指觉察词语或表格材料中有关细节及避免文字与数字计算错误的能力。

(6) 动作协调能力:指眼、手和手指快速做出精确动作的能力。

(7) 手指的灵活性：指迅速而准确地运用手指操作小物体的能力。

(8) 手的灵巧性：指熟练自如地运用手的能力，从事手的翻转、放置、移动动作。

(9) 眼-手-脚配合能力：指根据视力所见，而使手、足彼此协调，完成动作的能力。

(10) 辨色能力：指对于不同色调和同一颜色的不同深浅觉察和辨别的能力。

（三）职业能力因素

根据加拿大《职业岗位分类词典》的口径，职业对于从业者条件要求的一般项目（即从事职业的资格检测表），包括能向、普通教育程度（GED）、专门职业培训（SVP）、环境条件（EC）、体力活动（PA）、工作职能（DPT）诸项基本条件和兴趣、性格的参考条件。上述各项条件，按照各自程度和水平分别打分、区分为不同的等级。资格检测表中的"能向"，即人们能力的特性与方向。某种职业对于人们的能向要求，包括智力（一般能力或一般学习能力）和上述"言语表达能力、数学计算能力"等各项特殊能力。人要走好自己的职业生涯之路，必须选择适合自身特点的职业，即要达到人的各项条件与职业的要求相互适应。

职业能力就是职业科学中的"能向"。我们知道，从事任何职业，都需要智力这种一般的能力和若干种特殊能力，职业不同就需要不同的能向，即需要智力总水平及其各要素的不同与各项特殊能力的水平及其结构的不同。因此，每一种具体的职业，都有不同的职业能力的要求，这就要求从事某一种职业的人具有特定的职业能力。

在加拿大《职业岗位分类词典》的"资格检测表"体系中，能向中的智力要素用G来表示。特殊能力的要素分别为：V——言语表达能力；N——数学计算能力；S——空间感觉能力；P——形体感觉能力；Q——文书事务办公能力；K——动作协调能力；F——手指的灵活性；M——手的灵巧性；E——眼-手-脚配合的能力；C——辨色能力。

职业资格检测表的结构示例如表4-1、表4-2所示。

表4-1 职业资格检测表一（能向水平）

职业名称	G	V	N	S	P	Q	K	F	M	E	C
矿物地质学家	1	1	1	2	2	3	3	3	3	4	3
行政官员	2	2	2	3	3	3	4	4	4	4	5
室内设计师	2	2	4	2	2	3	4	3	3	5	2

注：表中数字下面画线的是强制性标准。

表4-2 职业资格检测表二（其他项目水平）

职业名称	PA	EC	GED	SVP	兴趣	性格
矿物地质学家	L23467	B26	6	8	781	09Y41
行政官员	L47	16	6	8	781	0Y914
室内设计师	s-L4567	1	5	8	86	X9

（四）知识经验因素

所谓知识，是指人们头脑中所记忆的经验和理论，或者说是头脑中储存的信息。知识分为"一般经验"和"理论"两种。当知识带有逻辑性、体系性、科学性时，就成为"理论"或者"学说"；一般经验则是形成理论知识之前的东西，其特征是零碎的、片断的，正确度较差。心理学家指出，知识与能力（尤其是智力）有一定的相关性，二者是相辅相成的，拥有知识往往是具有一定智力水平的体现。

从社会职业劳动的角度看,"知识"可以分为3个部分:一般知识或者说普通知识,它反映一个劳动者的一般文化水平;专业理论知识;工作经验与操作知识。就一般用人单位来说,对工作经验与操作知识的重视往往要超过一般文化水平和职业理论知识。

(五)职业技能因素

技能,用通俗的话说就是技术、技巧,其含义是人们从事活动的某种动作能力,是人经过长期实践活动所形成的顺序化的、自动化的、完善化的动作系列。一个人具有某项技能形成的标志,是从事某种劳动的动作具有准确性,包括动作的方向、距离、速度、力量的准确。

技能在人的职业能力素质中也非常重要,甚至是最为直接的职业能力素质。人们常说的"三百六十行,行行出状元",这里的"状元"即是指各种职业技能出类拔萃者。在市场经济比较成熟的国家和地区,招聘需求往往指向人的职业技能素质水平。

三、人格素质分析

人格作为心理学的重要范畴,反映的是人的个性心理特征。心理学指出,人格如同能力一样,是一个含义相当广阔的非常重要的领域。在我国高等教育大发展、作为招聘对象的人力资源供给文化水平较高的情况下,用人单位对人格素质的要求往往比对能力素质更重视。

(一)气质

1. 气质与分类

在现代心理学中,气质是指表现在人的心理活动方面和行为动力方面的具有稳定性的个人特点。气质是一个人最基本的心理特征,它影响到个人活动的所有方面,真可谓"无处不在"。我们说它具有稳定性,就是说这种个人特点不因为所从事活动的目的、动机和内容而受到影响、有所改变,例如一个人有着"慢脾气",另一个人则是"爱发火"。

两千年前古希腊医生希波克拉底就提出人有血液、粘液、黄胆汁、黑胆汁四种体液,后人由此建立了气质学说,包括多血质、粘液质、胆汁质、抑郁质四种类型。巴甫洛夫根据中枢神经学说的研究,通过大量经典性条件反射的实验,找到了这种学说的医学生理学基础,指出人的高级神经活动的过程有着兴奋性(兴奋与抑制)、平衡性和灵活性的特征,这三种特征的不同组合,就形成人的四种神经活动类型——兴奋型、灵活型、安静型、弱型,它们正好对应着胆汁质、多血质、粘液质、抑郁质四种气质(见表4-3)。

表4-3 气 质 类 型

气质类型	高级神经活动类型	兴奋强度	抑制强度	灵活性
胆汁质—兴奋型	强而不平衡型	正	负	负
多血质—灵活型	强、平衡、灵活型	正	正	正
粘液质—安静型	强、平衡、不灵活型	正	正	负
抑郁质—弱型	弱型	负	负	负

应当指出,许多人并不是只具有单一的气质,而是两三种气质兼而有之(当然在几种之中也会有一种最突出、最重要)。实际上,这种混合气质的人对于社会环境的适应性更强,自身的可塑性更大,因而生涯发展的空间也更加广阔。

2. 典型气质者的心理特点

(1) 胆汁质。具有这种气质的人精力旺盛,行动迅速,易于激动,性情直率,进取心强,大胆倔强,敏捷果断。但他们的自制力差,性情急躁,主观任性,易于冲动,办事粗心,有时会刚愎自用。

(2) 多血质。具有这种气质的人灵活机智,思想敏锐,善于交际,适应性强,活泼好动,情感外露,富于创造精神。但他们往往粗心大意,情绪多变,富于幻想,生活散漫,缺乏忍耐力和毅力。

(3) 粘液质。具有这种气质的人坚定顽强,沉着踏实,耐心谨慎,自信心足,自制力强,善于克制忍让,生活有规律,心境平和,沉默少语。但他们往往不够灵活,固执拘谨,因循守旧。

(4) 抑郁质。具有这种气质的人对事物敏感,做事谨慎细心,感受能力强,沉静含蓄,办事稳妥可靠,感情深沉持久。但他们遇事往往缺乏果断和信心,多疑、孤僻、拘谨、自卑。

3. 气质的评价

应当指出,一个人或者是这种气质,或者是那种气质,当然就有着不同的特点。无疑,每一种气质有其长处,也有其短处。但是,不能说哪一种气质就好,哪一种气质就坏。心理学家指出,气质本身不能决定一个人社会成就的高低,每一种职业领域可以找出各种不同气质类型的代表;在一个领域取得巨大成功的人,各种气质的人都有;同一气质的人在不同的职业部门也能做出突出的贡献。据苏联心理学家的研究,俄国著名文学家普希金、赫尔岑、克雷洛夫、果戈里分属于胆汁质、多血质、粘液质、抑郁质的气质类型,他们在文学领域都取得了杰出的成就。而达尔文和果戈里都属于抑郁质类型,但他们却在不同的领域里取得了伟大成就。

4. 职业气质

人的生涯中最主要的活动就是职业活动。从职业的角度把握气质,就产生了职业气质的范畴。职业心理学把人的职业气质分为变化型、重复型、服从型、独立型、协作型、劝服型、机智型、经验决策型、事实决策型、自我表现型、严谨型 11 种。这里不赘述。

(二) 心理倾向性

人们谈到一个人的个性或者性格时,经常说"内向"或者"外向",这就是人们心理特征的倾向性,也称为"向性"或"性向"。一个人心理活动倾向于内部的,即内向的个性;一个人心理活动倾向于外部的,即外向的个性。这种性向为心理学研究、测量及其应用所高度关注。

1. 内向型

具有内向型特性的人,重视主观世界,内心世界丰富,经常沉浸在自我欣赏和幻想中。他们沉着,安静,处事谨慎,深思熟虑,计划性、规律性、安定性、逻辑性、周密性强,而应变能力差,不善于交际。他们在工作和学习上善于思考,但视野狭窄,容易产生自卑感,爱抠小事。

2. 外向型

具有外向型特性的人,经常对外部世界表示关心,开朗,活泼,感情外露,自由奔放,做事当机立断,不拘小节,具有独立性、活动性、协调性、现实性、开放性、灵活性强的特点。他们在工作、学习上,反应较快,学得快,但往往从兴趣、情感出发,缺乏计划性和坚持性。

3. 中间型

从最基本的角度看,人的性向分为内向和外向两个类别,但是实际上有些人的"内向"或"外向"的特点并不明显,而是内向、外向的程度差不多,因而又可以说还有一种中间型。中间型实际上是一种过渡形态,从内向型到中间型,再到外向型,这是一个连续的过程。

(三)情感

1. 情感因素的重要性

人的情感是一个非常复杂的范畴,一个人的喜怒哀乐、七情六欲,往往是让人难于捉摸、无法把握的。而它的重要性又日益为各界人士所认定,例如"情商"(EQ)就成为风靡世界的课题。所谓 EQ,英文名为 Emotional Quotient,是指人们在情感方面的心理测试指标,正如同"智商"是人们智力方面的心理测试指标。情感或者情绪,是人们对待客观事物的态度体验(或感受)以及相应的行为反应,它从不同侧面影响着人的工作状态及其绩效,是组织在进行招聘时高度关注的一个问题。

2. 情感因素的内容

从狭义的角度看待情感问题,即看待人们对待客观事物的态度体验及相应的行为反应,这主要是人的自我认识和评价、自己的动力因素和对待外界的反应。因此,在"人格因素"中的"情感因素"就包括自信心、需要与动机、耐冲击力以及情绪的稳定性。而"情商"范畴则包含着丰富的内容,从一般的角度看,"情商"包括人们对自身情绪的体察和把握、对他人情绪的认识、对人际关系的把握和对于自身的要求和激励。这么复杂的内容,显然决不仅仅是自身人格的问题,而且还有人的社会品格问题和人与外部世界的关系问题。

(四)职业人格

1. 职业人格的类型

个人根据自己的人格特点选择职业,用人单位根据招聘对象的人格特点选择员工,这是现代社会职业生涯发展的基本原则。美国著名职业指导专家霍兰德从心理学价值观理论出发,经过大量的职业咨询指导实例积累,提出了职业活动意义上的人格类型论。霍兰德的职业人格分类包括现实型、调研型、艺术型、社会型、企业型、常规型六种类型,相应地,社会职业也有现实型、调研型、艺术型、社会型、企业型、常规型六种。其主要内容如下,详细内容可参见本系列教材的《职业生涯与管理》等著作。

2. 职业人格的评价和运用

应当指出,上面任何一种类型的人都有自己的特点和长处,也有一定的短处。而从人的心理差异的角度来看,无所谓哪一种好些哪一种差些,而只有某一种职业类型是否与社会职业岗位协调、匹配的问题。

但是,由于大千世界的人是复杂的,因而其职业人格往往不能用一种类型来简单概括,而是兼有多种性质,即以一种类型的特点为主同时具备他种类型的特点。因此,职业问题专家进而提出若干种中间类型或同时具备几种类型特性的职业类型群的分析和测试方法。霍兰德的职业人格理论就是将人的三种职业人格相结合。霍兰德的这一学说是对实践的较好反映,运用这种理论和方法所进行的职业测试的正确率较高,因而在职业生涯指导领域得到广泛应用。

四、理念素质分析

人是社会生活的主体因素,要出于自身的思想观念从事活动。对于一个人来说,其思想观念对于自身活动目标的设置、活动过程的进行和活动的效果都有重大影响。解决好观念问题,达到"观念现代化",早已是人类的共同呼声。为了人的生涯的顺利推进,为了取得较大的成功,必须重视理念因素。理念因素的内容包括:

(一)责任心

责任心是一种良好的心理品质,因为一个人认真地做事,是有利于达到预期目标的。对自己负责固然为成功生涯所必须,对他人负责,对自己所在的组织、群体负责,同样也有利于自己的发展,因为一个人有敬业精神以及对所承诺事物的负责态度,不仅能够完成自己目前的任务,而且通过"泰山不让土壤"般的努力,往往就能够取得事业的成功。

(二)观念

观念也可以看作"价值观",它是人们对于社会事物的根本看法,由此还导致对社会事物的基本态度,以致进一步导致人的行为方式。人的观念必然影响一个人的社会生活态度,这当然就会影响一个人的生涯选择与成功的程度。观念问题在任何社会都是非常重要的,而处于巨大变革时代的中国,"观念现代化"已经被看作"第五个现代化",可见其重要性。

(三)意志力

人贵立志,更贵坚持。在竞争激烈的社会,机会虽然是有的,但是趋利而来之徒也是大量存在的。而任何事物的成功也都是属于少数人的。一个人有执着的精神,有不怕失败、不计得失的努力,"咬定青山不放松",用超人的毅力去追求、去做事,其成功的概率就比浅尝辄止者大得多。

(四)道德修养

道德修养是一个人得以成才、得以成功的重要条件之一。一个人具有较高的道德修养,往往是他有丰富的社会知识、生涯知识和人生阅历相关联的。当他有了较高的道德修养,就能够较好地认识条件、机遇、命运和自己与他人的关系,也能够较好地把握自身的奋斗过程,还能够较好地得到旁人的支持、社会的扶助与承认。应当指出,"道德"是有阶级性、社会阶层性和时代性的。谈道德,绝不是让人们作清教徒,压抑人性、创造性及人们正当的利益追求。例如"三从四德"绝不是社会主义道德,也绝不是市场经济道德,而是一种愚昧的"道德"。

五、身心素质分析

(一)身体条件

身体是人的职业能力素质载体。从一般意义上说,人的身体素质包括力量、耐力(持久力)、速度、灵敏度、柔韧度等人体运动生理指标。从职业劳动的角度来看,还包括人体对外界环境的适应能力、职业劳动的负荷能力和恢复工作疲劳的能力。

对于不同的招聘单位、不同的岗位工种,其身体素质的要求差异可能很大。其具体要求为:其一,具有基本的身体健康水平,这往往通过招聘单位组织的医院体检来完成;其二,具有招聘岗位工作所需要的具体身体素质条件,如工艺美术师的眼睛辨色能力、舞蹈演员的体型与身体柔韧度、篮球运动员的身高、建筑工和搬运工的强健体魄。

(二)心理条件

招聘单位对于招聘对象的素质要求,离不开心理条件。心理条件也如同上述身体条件一样,要求有基本的心理健康水平和对于特定的职业岗位工作的特定心理要求。

按照世界卫生组织对健康的定义,现代的健康观不仅是指身体的健康、无疾患,而且要求心理健康和具有社会适应能力。所谓心理健康,是指个体心理在本身及环境条件范围内所能够达到的最佳状态。心理健康的具体标准为:

(1) 认知过程正常,智力正常;
(2) 情绪稳定,乐观,心情舒畅;
(3) 意志坚强,做事有目的、有计划、有步骤、有方法,能克服困难达到目的;
(4) 人格健全,性格、能力、价值观等均正常;
(5) 养成良好习惯和行为,无不良行为;
(6) 精力充沛地适应社会,人际关系好。

从一定意义上讲,心理健康能够有利于充分发挥既有的素质,通过学习提高自身素质还能激发自身的潜能,还能够弥补身体健康的不足,对于招聘单位具有重要的作用。如果招收了一个心理不健康的员工,不仅难于胜任工作,而且可能不能完成基本的岗位工作,还可能对招聘单位及工作造成或大或小的损失。

对于不同的、特定的职业岗位和工作,也在一定程度上要求有相应的心理素质条件的人来从事,其基本原理正是"人职匹配"。例如,推销员应当开朗执着,秘书应当踏实文静。

对于人的一般心理素质和招聘岗位所需心理素质的特殊要求,可以通过应聘材料审查、面试、心理测验等手段予以鉴别。

需要注意的是:人是有较大的适应能力的,且具有很大的潜能,因此,不能把人职匹配绝对化。

第二节 人的职业与生涯

一、职业基本分析

(一)职业的内涵

所谓职业,是指人们从事的相对稳定的、有收入的、专门类别的工作。职业一词,"职"字的含义是职责、权力和工作的位置,"业"字的含义是事情、技术和工作本身。进一步来说,职业是对人们的生活方式、经济状况、文化水平、行为模式、思想情操的综合性反映;也是一个人的权利、义务、权力、职责,从而是一个人社会地位的一般性表征。由此,也可以说,职业是人的社会角色的一个极为重要的方面。

日本劳动问题专家保谷六郎认为,职业是有劳动能力的人为了生活所得而发挥个人能力,向社会做贡献的连续活动。职业具有5个特性:其一,经济性,即从中取得收入;其二,技术性,即某种职业的独特的技术含量,可以发挥个人才能与专长;其三,社会性,即承担社会的生产任务(社会分工),履行公民义务;其四,伦理性,即符合社会需要,为社会提供有用的服务;其五,连续性,即所从事的劳动相对稳定,是非中断性的。

职业作为一种社会现象,是从业者的"资源",从业者在职业中可以获得利益、权力和声望。

现代管理学的发展趋势是,越来越讲求组织运行中的社会层和文化内容,这使得组织成员"人"的地位逐步回归。在现代管理活动中,组织也日益注意员工个人的职业问题,而不仅仅是从"组织分工"的单一角度出发进行人力资源的开发与管理;在最具有现代理念的组织中,甚至是从员工的个人意愿和生涯出发进行人力资源的开发与管理。

(二)职业的意义

职业是一种重要的社会现象,搞好它对于个人和用人单位双方都有重要意义。

1. 职业是关系个人前途的大事

从个人的角度看,职业是一个人的生存方式,是其生活的物质基础;职业也是个人从事社会活动的主要领域。在适宜的条件下,职业及其活动内容可能成为个人奋斗的目标与为之奉献的事业。

解决好求职、谋业、适应、发展、晋升、调动等问题,使人能够在自己所热爱的岗位和热衷的领域工作,是每一个人都关心的大事。

2. 职业是关系用人单位绩效的大事

从用人单位的角度看,职业是各单位吸收社会人力资源的具体岗位,也是用人单位使用人力资源的具体方式。

就社会经济生活中的典型组织——企业来说,配置选择合格的员工,是完成经营目标的重要保障;选拔出色的技术人才、管理人才,是在竞争中制胜的诀窍;用好人才,培养好人才,关心员工的个人发展以至塑造员工的职业生涯,是增加凝聚力、提高经济效益的重要手段。这些都涉及了人的职业问题。事业单位和政府机关更需要大量具有较高专业技能水平的人才,这成为人们生涯发展关注的重要领域和职业竞争角逐的重要场所。因此,解决好人员的正确选拔配置后,还要解决好组织成员的个人职业发展问题,这应当是各个企业、事业、机关单位的重要工作。

二、职业生涯

(一)职业生涯的概念

"生涯"一词,在英文中为Career,有人生经历、生活道路和职业、专业、事业的含义。在人的一生中,有少年、成年、老年几部分,成年阶段无疑是最重要的时期。这一时期之所以重要,正因为这是人们从事职业生活的时期,是人生全部生活的主体。因此,人的一生在职业方面的发展历程就是职业生涯。

人的职业生涯有着种种不同的可能：有的人从事这种职业，有的人从事那种职业；有的人一生变换多种职业，有的人一辈子委身于一个岗位上；有的人不断追求、事业成功，有的人穷困潦倒、无所作为；有的人以职业为荣、以职业为乐，有的人以职业为耻、以职业为苦……

麦克·法兰德(McFarland)指出：生涯是指一个人依据心中的长期目标所形成的一系列工作选择及相关的教育或训练活动，是有计划的职业发展历程。

美国著名职业问题专家萨帕(Super)指出：生涯是生活中各种事件的演进方向和历程，是整合人一生中的各种职业和生活角色，由此表现出个人独特的自我发展组型；它也是人自青春期开始直至退休之后，一连串有酬或无酬职位的综合，甚至包括了副业、家庭和公民的角色。

（二）职业生涯的性质

职业生涯具有以下性质。

1. 独特性

独特性是指每个人都有自己的职业条件，有自己的职业理想，有自己的职业选择，有为实现职业所作的种种努力活动。从而，每个人就会有着自己与别人相区别的、独特的生涯历程。

2. 发展性

发展性是指每一个人的职业生涯都是一种发展、演进的动态过程。解决好个人职业生涯发展中的各种条件和因素，促进其顺利、健康发展，就有着重要的意义。这是人力资源开发与管理的重要任务。

3. 阶段性

阶段性是指每个人的职业生涯发展过程都有着不同的阶段，可以分为不同的时期。就人力资源生涯各个阶段的状况，进行有针对性的、不同任务、不同手段的开发与管理，至关重要。

4. 终生性

人力资源职业生涯各个阶段的总和，构成了其终生性。终生性是指每个人的职业生涯作为一种动态发展的历程，是根据个人在不同阶段的需求而不断蜕变与成长，直至终身。

5. 整合性

整合性是指由于个人所从事的工作或职业往往会决定他的生活形态，而且职业与生活两者之间又很难区别，因此职业生涯应具有整合性，涵盖人生整体发展的各个层面，而非仅仅局限于工作或职位。

6. 互动性

人的职业生涯都是个人与他人、个人与环境、个人与社会、个人与组织互动的结果。人的"自我"观念，人的主观能动性，个人所掌握的社会职业信息和职业决策技术，对于其生涯有着重要的影响。作为使用人力资源的用人单位，对其职业生涯有着即时的和长期的重大影响，应当在互动中搞好人力资源开发与管理，包括从组织化的阶段搞好对员工的职业生涯规划。

第三节 人在组织中的发展

一、职业选择的达成

人与职业是相互关联的一对范畴,个人进行职业选择的同时,也就是职业对于个人的选择。要较好地完成职业选择,要获得职业生涯的成功,必须做到人职两者的相互适应和匹配。①

但是,在现实的职业选择中,尤其是在人的生涯发展过程的初期,个人往往存在不知道"如何进行职业选择"的问题,即职业选择的能力较差,因而盲目地、被动地接受一个自己并不了解、并不认同的职业。这一问题在青年的心理断乳时期②特别突出。随着人对社会了解的增加,特别是在自身也进行了一定的职业活动后,其职业阅历在增长,其职业技能在提高,其对社会职业信息的了解在积累,因而他们的职业选择能力在逐步提高。

从组织的角度看,个人选择了职业,一般说就是进入了一个组织中的某个岗位,完成了组织的招聘和初次配置。

二、职业适应的完成

（一）完成职业岗位的适应

一个人走上工作岗位从事某一项职业的劳动,要通过一定的试用期,对自己所任职的岗位逐步熟悉,最后达到胜任的状态。

职业适应的内容,以所在工作岗位的职务说明书或者职业环境为依据,要达到职务说明书所规定的各项内容的要求。包括:本职业岗位的工作技能、本职业所需的业务知识、一定的专业背景知识和理论（自己已掌握的知识、理论这时还要实践化,缺乏的应给予有针对性的补充）、了解和组织中的各方面工作联系、组织的各项管理制度诸多方面。职业适应最基本、最突出的体现是工作技能的熟练。

要达到上述职业适应方面内容的要求,需要通过自身的学习、模仿和工作单位对于自己的入职教育、实习安排、工作实践、"师傅"指导、上岗培训、技能训练等途径。

（二）完成组织文化的适应

文化问题涉及经济社会发展道路与模式,是当代许多学科高度关注的重大研究领域。组织文化也已成为当代管理学高度重视的问题。

一个人走上一个职业岗位,就是加入一个组织,他（她）就要受到组织的约束和指挥,得到组织的引导和塑造。每一个组织都有自己的文化,这种文化和核心是组织的价值观,其表现是组织做事的风格、模式,也大量表现在人与人的关系上。

人在一个组织中从业,必然要被组织"社会化",即被组织所认同和被组织中的成员们所

---

① [美]爱德加·薛恩. 组织心理学[M]. 北京:经济管理出版社,1987:104-107.
② [日]依田新. 青年心理学[M]. 北京:知识出版社,1981:11.

认同。要想达到个人的行为、需求、个性心理特征与组织文化的适应,就要对自己的行为和思想进行一定的调整和改造,才能达到组织的要求和期望,达到组织成员对自己的接纳。

三、心理契约的建立

所谓心理契约,是指员工个人与用人单位对双方彼此权利与义务的一种主观认同和承诺。作为组织员工的个人会认为,如果企业承诺将对自己的贡献给以某种形式的回报,那么只要自己为企业做出贡献,企业就有义务兑现自己的承诺;而企业认为,如果企业给予员工相应的报酬和发展机会,员工也就应该为企业做出贡献。[1] 员工和企业双方在这个问题上就达成了默契。虽然这种心理契约不是正式的、有形的,没有体现为文本,但它是比一般的工作合同契约更加重要的契约,因为这对双方来说都是自觉的。

在人力资源个体与用人组织之间形成心理契约的情况下,往往会出现员工对组织的认同,包括与组织在情感方面的认同、对组织依存的认同和对组织规范的认同。[2] 在现代高科技企业,员工大多数是人力资本含量高的知识型员工,他们更加注重与组织的这种心理契约。

四、职业生涯的发展

美国管理学家薛恩(E. H. Schein)综合了职业发展氛围的各种不同因素,提出了一个职业发展圆锥型趋势的三维结构理论。薛恩指出,职业生涯道路包括纵、横、向心 3 个方向。

(一)纵向发展道路

纵向发展道路即企业内职工个人职位等级的升降。在企业中,个人的职业发展绝大多数是沿着一定的等级通道发展的,也就是员工得到一系列的提升和发展。当然,只有极少数人可能提升到企业的最高职位上,实现他们最初确定的职业计划目标。

以某公司营销人员的生涯为例,这种纵向发展道路的阶梯图示见图 4-2:

总经理
副总经理
销售总监
大区市场经理
市场部经理
销售主任
销售业务员
实习销售员

图 4-2 职位阶梯

(二)横向发展道路

横向发展道路即企业中各平行部门和单位间个人职务的调动,例如由工程技术转到采购、供应、市场销售等。这种情况也称工作职务转换。

---

[1] Denise M. Rousseau. Psychological Contracts in Organizations[M]. Sage Publications,Inc,1995:5.
[2] [美]罗伯特·马希斯,约翰·杰克迅. 人力资源管理培训教程[M]. 北京:机械工业出版社,1999:41.

横向发展的道路在中层管理人员中较多采用,这有助于扩大他们的专业技术知识与丰富经历,以便将来再提升到掌管全局的全面性管理行列中。

(三) 向心发展道路

向心发展道路即由企业外围逐步向企业的核心方向发展。当发生核心方向工作变动时,员工对企业情况就会了解得更多,担负的责任也会更大,并且经常有机会参加重大问题的讨论和决策。沿着核心方向发展与沿着纵向方面发展是相关的。那些具有专业知识、信息和特长的人,易于向企业核心发展。

一个人在某个特定的职业岗位上工作,是向该等级职业的核心处发展的,这是一种水平的运动。他能够进入该等级的核心,是通过获得更多的责任和上层人物的信任而实现的。进入了核心,就意味着其职权的增长。

上述三种道路的整合,即构成人的职业生涯变动的三维结构。薛恩绘制了全面反映三维结构的模型,见图4-3。①

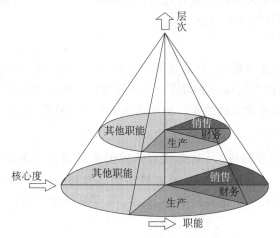

图4-3 职业生涯变动的三维结构

五、职业生涯的系留

(一) 职业生涯系留点

薛恩的职业生涯系留点理论是职业生涯发展理论中的重要内容。该理论反映了人们在有了相当丰富的工作阅历以后,真正乐于从事某种职业,并把它作为自己终身职业归宿的思想原因。或者说,某种因素把人"系"在一种职业上。在经过长期的职业实践后,人们对个人的"需要与动机"、"才能"、"价值观"有了真正的认识,即寻找到了职业方面的"自我"与适合自我的职业,这就形成人们终身所认定的、假定的再一次职业选择时最不肯舍弃的因素,即"职业生涯系留点"(career anchor)。② 我国学者又把这一理论称为"职业锚"理论,亦即人们选中了一种职业,就此"抛锚"、安身。

---

① 余凯成.人力资源开发与管理[M].北京:经济管理出版社,1997:244.
② 职业生涯系留点也被翻译为"职业锚"、"职业着眼点"。

该理论是薛恩等人对麻省理工学院的一批管理系毕业生进行了长达十几年的追踪研究,进行了大量采访、面谈和态度测量,并根据这些资料进行研究分析得出的。研究表明,这批人在毕业时所持有的就业动机与职业价值观,与十多年后的实际状况——心理需求、就业动机、职业价值观和与之相关的实际岗位都有一定的出入。职业价值观在十多年后有所变化的原因在于:大学毕业生对自己的认识和对外界的认识有盲目之处、不准确之处,在经过相当长的时间后,受到客观实践的矫正。薛恩指出,作为"自我概念"中最重要的内容,"人对自身才能的感知"是真正有了职业经历、工作体验后,才能够正确、清楚地估测出来的。

(二)管理人才系留点

薛恩把麻省理工学院管理系毕业生的系留点划分为五种类别。

1. 技术性能力

这种人的整个职业生涯核心,是追求自己擅长的技术才能和职能方面的工作能力的发挥。其价值观是愿意从事以某种特殊技能为核心的挑战性工作。这批校友最后就职的是技术性职员、职能部门领导等各种岗位。

2. 管理能力

这种人的整个职业生涯核心,是追求某一单位中的高职位。他们沿着一个单位的权力阶梯逐步攀升,直到全面执掌权力的高位。这种管理能力体现为分析问题、与人们周旋应付和在不确定情况下做出难度大的决策。他们追求的目标为总裁、常务副总裁等。

3. 创造力

这种人的整个职业生涯核心,是围绕着某种创造性努力而组织的。这种努力的结果是他们创造了新产品、新的服务业务,或者搞出什么发明,或者开拓建立了自己的某项事业。这批校友中,有的人在所奋斗的事业、创造、发明中已经成功;有的人仍然在奋斗和探索着。

4. 安全与稳定

这种人的整个职业生涯核心,是寻求一个组织机构中安稳的职位。这种职位能长期地就业、有稳定的前途,能够使个人达到一定的经济地位从而充裕地供养家庭。

5. 自主性

这种人的整个职业生涯核心,是寻求"自由"和自主地工作。具体来说,是能够自己安排时间,能够按照自己的意愿安排工作方式和生活方式。他们最可能离开常规性的公司、企业,但是其活动与工商企业活动及管理工作仍然保持着一定的联系。其职业如教师、搞咨询、写作、经营一家店铺等。

(三)其他职业生涯系留点

薛恩的上述研究结论是对名牌大学管理专业毕业生的研究,其结论的适应性有着一定的范围。鉴于社会职业的广泛性,薛恩还提出了四种不同于名牌大学管理系科毕业生的社会从业人员可能具有的职业生涯系留点。

这包括:其一,基本认同,其含义是在一些社会阶层较低的职业层面,一个人的头衔、制服和其他职务标记可以成为"自我"定义的基本根据,例如哈佛大学的校工不说自己是校工职业而强调自己"在哈佛工作"的身份;其二,服务,亦即劳务;其三,权力欲及扩展;其四,工作中的多样性追求。

本章小结

基于"人"在人力资源管理和招聘市场中的特殊地位,本章从招聘对象的素质、职业对于人的意义和职业生涯发展3个方面进行阐述。从一般的角度看,人的职业素质的结构包括能力、人格、理念方面的素质和身心健康方面的素质。职业是关系个人前途的大事,也是关系用人单位绩效的大事。美国管理学家薛恩(E. H. Schein)综合了职业发展氛围的各种不同因素,提出了一个人在组织中发展的三维结构理论。这是招聘、配置、用人时要高度重视的。

主要概念与名词

职业素质　能力素质　社会智力　能向　气质　性向　职业气质　情商　职业人格
理念因素　职业　职业生涯　心理契约

复习与思考题

1. 职业生涯的含义是什么?职业生涯的主要理论有哪些?
2. 人的职业生涯如何划分?影响因素有哪些?如何理解改革开放中的职业生涯机会与风险?
3. 工作三阶段的内容包括什么?如何在职业生涯发展中处理好这三个阶段的任务?
4. 个人职业生涯发展的关键点有哪些?你如何处理好自己的关键点?
5. 如何处理个人发展与组织目标、组织前景的关系?

情感管理有力量

浙江康恩贝集团公司下属的养颜堂制药有限公司前身是兰溪市古龙制药厂,由于产品结构不合理、销售方式落后、内部管理不善以及高比例的负债等原因,企业严重亏损。1999年5月20日,浙江康恩贝集团有限公司正式收购并控股古龙药业有限公司,并于1999年7月28日正式更名为"浙江康恩贝集团养颜堂制药有限公司",委派康恩贝制药股份公司的副总经理鲍建伟出任养颜堂总经理。

兰溪市古龙制药厂,曾经生存发发可危,员工人心涣散。随着康恩贝对古龙药厂的购并以及康恩贝中高层管理人员的进驻,两年来,养颜堂的企业面貌发生了巨大变化:过去破旧的厂房如今已变成窗明几净、绿草如茵的"养颜堂",员工的精神面貌大大好转,员工的向心力和凝聚力大大提升。养颜堂像凤凰涅槃,在经历了阵痛与垂死之后,全公司上下齐心,期待着通过GMP认证,投产新的有市场竞争力的产品,要来个一鸣惊人。

鲍建伟总经理深知,这个曾经走到生死边缘的企业,员工的人心为什么涣散,应当如何把它汇集起来。于是,他在这年的七月份写了一封致员工家属的信:"因为历史的原因,公司基础还很薄弱,目前还处于艰苦创业阶段,GMP贯穿着日常工作的方方面面,工作量大,时间紧迫,任务繁重,公司许多员工都自发地放弃双休日,连续加班加点,突击开展GMP认证准备工作。现在,这项工作正进入紧张的冲刺阶段,若有懈怠,则前功尽弃,只有鼓足勇气,才会前途光明。我们力争在今年10月份通过国家GMP认证验收,接下来的几个月,工作仍然繁重。我作为您家人的同事,这项工作的组织者,对您的理解和支持,为家人解除生活后顾之忧,以愉悦的姿态战斗在工作岗位,从而保证GMP认证工作的最后成功深表感谢。"

这封信由鲍建伟亲笔签名并逐一寄出后,在员工以及家属中的反响是很大的。一位员工家属在回信中写道:"收到他们领导致家属的一封信后,我们全家深受感动。……公司为搞好质量管理,号召全公司员工加班加点,这是员工义不容辞的责任,作为家属将全力支持管好家务,使他专心致志上班,为公司多创效益,做出自己的贡献……"

正是通过这样的"情感管理",激发了养颜堂员工的工作感情,让每一位员工都感受到自身的价值受到企业的关注。以下是我们听到的一个例子:养颜堂工程部五金配件采购员潘伟龙,过去他在人们的印象中是一个"哪有事就看不到他,哪的事做完了他就出现了"的人,在领导眼里,小潘是一个"后进"分子。但自从他被调到工程部后,却发生了一些细微的变化:连续几个月,他放弃了休息时间,主动加班加点;在采购方面,小潘主动与众多厂家联系,货比三家,严把质量关、价格关;对于专业知识不懂的地方,小潘也变得好学好问起来。由于GPM认证工作的逐渐推进和日益紧张,养颜堂每一位员工的工作节奏都普遍快了起来。工程部经理楼兴根却注意到了小潘的前后变化,他认为这个时候正是给小潘加以鼓励、帮助他提高认识的最好时机。因此,楼兴根便及时地把这一细节反馈给总经办,并在养颜堂的简报上登出一篇文章——《夸一夸工程部的小潘》。该文在员工中反响强烈,有许多部门主管主动向总经办提供素材,说:"我们这里也有许多这样的人呢!"而小潘也深切感受到公司对自己的关心,工作劲头更大了。通过这样的"情感管理",员工普遍感到自己所从事的点滴工作都是有价值的,都是在为自己和企业创造一个美好的未来。

在过去的历史上,古龙的员工曾经面临下岗、失业,企业曾经面临破产、倒闭。而两年多来,通过康恩贝人的严谨管理和对康恩贝企业文化的导入灌输,带给了员工新的希望。现阶段养颜堂的企业文化更多地体现在:"为了生存而努力工作",这种企业需要已经自觉地被员工所接受并付之于实践,这也是养颜堂的员工工作热情高涨的一个原因。

鲍建伟表示道:"养颜堂公司的历史上有我们厚重的一笔,因为,我们曾在这里挥洒过汗水,我们曾在这里并肩战斗,我们曾在这里无私奉献。康恩贝的企业文化正是蕴含着这种共同奋斗、无私奉献的团队精神。一个团队如果人心不稳,就不会形成合力来推动企业的发展。"所以,鲍建伟很注重汇聚人心,以"情感"来管理人。其实在康恩贝的历史上,这一做法沿袭已久。在销售公司,老总每年年底会给大区经理的家属写信,感谢家属们一年来对亲人的支持和理解。在集团公司,每年精英们都会相聚在一起,彼此道一声辛苦,送一份祝愿,这体现出了公司团队浓浓的亲情。康恩贝人因为长年工作在外,无法照顾家庭,所以他们在情感上特别需要家人的支持和理解。给家属写信、举办团圆会等做法让出门在外的员工和留守家中的亲人都感到一种"人情",这种企业文化与养颜堂的"情感管理"是一脉相承、同出一宗的。

讨论题：
1. 养颜堂发生奇异变化的最主要原因是什么？
2. 试阐述养颜堂的"情感管理"的心理学理论基础。
3. 列举养颜堂的"情感管理"的措施作用于人的哪些方面。
4. 上述案例对搞好招聘与配置管理工作有哪些启示？

第五章
大千世界——招聘与配置的社会环境

> 引例

他为何闪电离职

小李是一个优秀的物流管理人才,有着多家大型快速消费品企业的物流管理经验,而且业绩突出,在业内享有盛名。

A公司是一家2003年10月注册成立的快速消费品生产和销售企业。由于产品独特,一投入市场便有大批订单蜂拥而至。2004年入夏以来,随着业务量的激增,物流运转不够顺畅,物流成本不断增加,效率大打折扣,一些经销商的不满情绪渐增。在这种情况下,公司迫切需要一位优秀的物流管理人才。

此时,恰逢想换工作环境和希望接受挑战的小李前来应聘,人力资源部经理久闻小李大名,见机会难得,直接上报总裁。总裁求贤若渴,亲自上阵面试,经过交谈发现小李确实是自己梦寐以求的物流管理人才,于是当场拍板,让小李次日上班,担任物流部经理。

人力资源部经理和总裁如释重负。但是,3个星期以后,两人都意外地收到小李的辞呈。

经过多方面了解,人力资源部经理弄清了小李离职的原因:①思想活跃、喜欢创新和挑战的小李与保守稳重的直接上级——生产副总多次因意见不统一而发生冲突;②小李在A公司物流部面对一群"素质不高"的同事,经常产生一种"曲高和寡"的孤独感;③小李无法适应一个各项制度不健全、管理流程混乱的企业,认为在这样的企业自己的能力无从施展。

小李的闪电离职令人深思。究其原因,根源在于A公司的招聘失误。对这一失误的集中概括就是:公司只是急于聘到优秀的人才,而没有考虑要聘合适的人才以及怎样去聘合适的人才。

(一)从总体上说,失误在一个"急"字

A公司急于聘到能人,导致招聘过于仓促,企业与拟聘人才双方缺乏深入了解。当公司碰到优秀的物流管理人才小李时,人力资源部经理和总裁都犯了同一个错误:只看到小李的物流管理能力,而没有考察其能力在本公司到底能发挥多少作用。任何人能力的发挥都是需要条件的,A公司至少没有考虑以下问题:小李习以为常的或者说小李能承受的工作环境和氛围本公司现在是否具备,小李能适应一个刚刚成立、尚在起步中的企业吗?从小李的角度来讲,他想换工作环境和接受新的挑战,对A公司的实际情况缺乏深入了解,也没有考虑自己能否适应。

（二）招聘策略失误：人才与组织不匹配

这是造成小李闪电离职的最主要原因。A公司招聘策略上的失误集中反映在只关注人岗匹配，而没有考察人与组织的匹配问题。人岗匹配固然重要，但是对于处于初创期的A公司来说，人与组织的匹配问题更重要。而A公司不但没有在追求人与组织的高度匹配上下功夫，反而根本没有考虑这一问题。

小李离职事件给我们的最大启示就是：招聘的最大挑战不在于聘到人才，而在于聘到合适的人才，而且要合适地去招聘人才。

那么，从本例来看，你能得到什么启发呢？如何才能实现成功招聘？需要考虑哪些因素？如何做到既讲究招聘效率重视招聘质量，又能兼顾人力资源市场环境，达到良好的招聘绩效？

（资料来源：招聘案例：他为何闪电离职[EB/OL]. http://blog.sina.con.cn/dcdrcw700）

第一节 招聘与配置的体制氛围

一、资源配置的含义

资源市场配置是需要配置的经济资源通过市场的途径而实现结合、配置的。这意味着存在资源供给、需求双方见面的场所，需求者从供给者手中接受资源时要用货币衡量和交换，让渡的价格以资源本身的价值为基础，由市场上该项资源的供求数量关系决定。

人力资源的市场配置是以劳动要素生产成本（人力投资）以及企业对其劳动产出的预期为基础，以劳动要素供求关系决定的工资为条件，通过供求双方的自由选择而完成的。这里抽象掉个人求职的非经济因素。

资源配置问题是经济理论研究与现实组织管理中的重大问题，也是制约人力资源开发与管理、组织招聘的重大体制环境和最基本的制度氛围。总的来看，资源配置的模式可以分为行政配置（即计划经济）、市场配置两大类。我国改革开放后，选择的是市场配置模式。

二、人力资源市场配置分析

（一）人力资源市场配置的优点

市场经济体制是比自然经济、计划经济先进的方式，它有利于经济运行，并对资源本身的生产起到信号作用（人们要按照市场需求及发展趋势进行人力投资），而且有利于资源配置后的使用，达到较大的经济效益。

从"实现配置"的角度看，人力资源市场配置中的供方是劳动岗位上的主体即劳动者，人力资源的需方是将人、财、物三要素购买齐全、组织其进行生产的决策者，双方互相进行自由选择，能够使资源按照自身的条件被送到社会需要它的劳动岗位。这就是人力资源市场存在的意义与必然性。

进一步看，当社会经济条件发生变化时，也就是企业对人力资源的需求和个人对人力资源的供给发生变化时，市场经济体制能够顺利、快速地完成人力资源的再配置；有时人才市场、劳动市场还能作为人力资源供给的"蓄水池"。企业与个人两主体共同实现配置的方式，显然在初次就业和就业后的流动上都优于自然经济和计划经济方式。

（二）人力资源市场配置的缺陷

市场经济体制也存在一定的缺陷，就人力资源市场而言，其缺陷是：

（1）它在供求的结合上还不可能尽善尽美，供或求的信息不可能让对方全面了解，市场配置中双方都有一定的比较选择时间，这样，摩擦性失业就不可避免，而且可能数量较大。

（2）市场体制在理论上来说是给各个供方或需方以充分的选择权利，但是，人力资源供方个体之间有着差异性，年龄有老有轻、性别有男有女、学历有高有低、技能有强有弱，这样，一部分就业条件差的人就很难被需求方所吸收。在这里，市场经济天生向效率倾斜而不向平等倾斜，也就是说"效率"的取得要以"平等"的部分丧失为代价。这样，在人力资源的配置上就出现了取得经济效益而影响以致损害社会效益的可能性。

（3）从"理性经济人"行为的角度看，在市场经济体制下，用人单位对资源配置的考虑会毫不留情地把过剩劳动力暴露出来，推向社会，加入社会失业大军。这除了会造成社会问题、影响社会效益外，也在一定意义上意味着对宏观人力资源的浪费。

三、我国人力资源市场的运行

全面塑造市场经济是我国当前的重要任务，在人力资源市场方面我们需要塑造如下体制。

（一）建立人力资源市场运行规则

政府要制定市场运行的制度框架和规则，规定每个行为主体的权利和义务，确定行为主体的"可为"与"不可为"。我国的制度规定，人才交流中心是非营利的，但现在的人才机构都是营利的。应该如何确定人才交流中心和猎头公司的界限，怎么确定市场规则，这些都是需要解决的问题。

建立完善的市场运行制度，首先是确定提供市场服务的中间机构，要解决的是谁有资格进入人才中介服务市场。应当指出，市场准入有限制可能会产生"寻租"行为，如果只允许少量人才市场服务机构存在，就意味着公章本身就能卖钱；而完全自由的市场准入又可能产生监管不力的市场混乱的现象，有的沿海地区出现的经中介机构介绍工作后一些外来打工妹失踪问题就值得警惕。还要注意的是，市场准入的条件必须合理、公平和透明。

（二）对人力资源市场进行监管

市场监管包括市场规则的维护、确定人才个体与用人单位的权利、维持公共机构与私人机构的平衡、中介机构与信息机构的区别、对政府本身的监督等多方面的内容。

为了达到有效地进行市场监管，搞好信息披露非常重要。政府本身也是重要的信息的提供者，包括职业市场的信息、政府的政策信息等，也应该为人才市场的信息建设作出足够的贡献。政府应该适时披露人才市场的信息，以改善现有人才市场存在的信息不足问题。同时，公立人才市场与劳动市场机构必须拥有相当大数量的信息，以保持竞争中的优势状态，这样才能保持总体人力资源信息披露的真实性。

（三）政府直接介入人力资源市场

"人"是一种特殊的市场要素，出于帮助人、保护人和为人服务的目标，政府应当在一定程度上介入人力资源市场。按照国际惯例，政府对低层蓝领劳动者办理免费的职业介绍所。目前，我国有大量公立的人才市场服务机构和职业介绍机构，努力提高从业人员的素质，努力搞好其设施的建设，是人力资源市场更好地发挥作用的重要保障。

对于特殊群体的就业问题，也往往需要政府直接介入，例如对残疾人的就业安置。残疾人就业在世界范围内都是按照比例指标进行安置的，即一个企业有多大的规模就必须招聘多大比例数量的残疾人，不招收者就需要交纳一定的费用，政府将这些钱再用于残疾人福利等。

对残疾人安置的方式包括政府直接安置、制定法律委托相应的社会组织安置、专门的社会合作组织安置等（通过优惠政策）。比如国家组建免税的残疾人工厂，或者由街道办事处进行直接安置等。

第二节　招聘与配置的经济格局

一、供求关系类型

决定人力资源招聘与配置的基本因素是人力资源供给状况和社会需求状况的经济格局。二者的数量比例关系是造成社会就业格局的最基本成因。人力资源供求关系即劳动供给与需求关系，可以分为供过于求、供不应求和供求平衡三种基本类型。

（一）供过于求类型

供过于求类型，即人力资源的供给数量大于社会对它的需求数量。这种类型表现为一个社会的就业不足，存在着相当数量的失业人员或求业人员。这是对社会人力资源的闲置浪费。造成人力资源供过于求的原因，可能是由于资本缺乏、物质资源的供给数量不足，可能是由于人口和人力资源数量过多、增加过快，可能是由于生产停滞或者下降，也可能是由于技术进步、资本集约而排斥已经吸纳了的人力资源。总之，造成人力资源供过于求现象的原因是复杂的，解决方法也应该是多方面的。此外，它还隐性地存在于"在职失业"、"停滞性失业"、"潜在失业"等状态下。

（二）供不应求类型

供不应求类型，即人力资源供给的数量小于社会对它的需求数量。这种类型表现为一个国家或地区缺乏劳动力，结果是影响其正常的经济活动，使经济增长受到一定限制。人力资源的供不应求通常产生于生产持续发展、经济持续增长的情况下。当生产大幅度发展，而人口、人力资源增加速度却比较慢时，就可能出现人力资源供不应求的现象。需要注意的是，当某个地区、部门感到人力资源供给趋紧时，即社会的人力资源供给增加量赶不上对人力资源需求的增加量时，应该分析这种扩大的人力资源需求是否能通过各生产单位产出率的提高，或者通过"物"对"人"的替代，即提高资本-劳动的比例和采取自动化技术，来满足其中的一部分以至全部。

(三) 供求均衡类型

供求均衡类型,即人力资源供给与社会对人力资源需求达到基本一致的状态。这种平衡应当包括数量、质量、职业类别等方面的内容。人力资源供求平衡,除了宏观上的平衡,还要在结构上、微观上达到平衡。

一个社会人力资源的供求关系又表现为这个社会人力资源与物质资源两种资源供给的数量、质量、种类等方面的关系。这样,人力资源供求平衡与否,就表现为"人"的供给与"物"的供给是否平衡。在人力资源数量较少的条件下,物质资源数量相应也少,也可能达到平衡;物质资源数量较多,必然是人力资源供不应求。

从理论上说,一个国家或一个地区人力资源供求平衡的标志是:一方面,人力资源的供给能够为社会全部吸收;另一方面,社会的人力资源的需求又能全部得到满足。但是,在现实生活中,这种理想状况是罕见的。比较现实的目标是达到人力资源供求的基本平衡。

人力资源供求基本平衡的标志是:要求就业的人绝大部分都能够得到就业岗位,不存在长期的大量求业人口;同时,不存在长期大量缺乏人力的部门、行业。少量人力资源处于短期失业状态,是经济正常运行条件下不可避免的,这种现象的存在不能认为是对供求平衡状态的打破,而是供求实现结合过程中所要付出的代价。

人力资源的供求平衡是一个动态的概念,必须在国民经济的发展运动过程中加以把握。要取得未来年代人力资源的平衡,除了把握人力资源、物质资源以及社会生产总量的变动之外,还应该考虑二者比例方面的变动。

二、人力资源过剩分析

(一) 人力资源总量过剩

人力资源数量过剩分为总量过剩和结构过剩两种。总量过剩是人力资源供给数量的总额大于需求数量总额,这是一般意义上的人力资源供过于求。人力资源总量过剩,是指没有足够的岗位将其吸纳,因而必然造成一部分人力资源不能利用,形成失业问题。即使把他强行配置到劳动岗位上,也会因劳动需求不足而使人员充斥,形成在职失业。

人力资源总量过剩是许多落后国家之所以落后的主要原因之一。逐步转化和减少过剩的人力资源,也是落后国家经济得以迅速成长的关键。因此,发展经济学也就把这一问题作为主要课题。我国的下岗职工是实际上已经被用人单位排出,但仍维持劳动关系的过剩人力资源。

(二) 人力资源总量过剩的形态

在人力资源总量过剩的情况下,不同的资源个体因其自身条件和所处的环境不同,而形成下列不同状态。

(1) 被社会劳动需求所吸收的正常就业状态。

(2) 从就业岗位上被排挤、辞退或从学校毕业后尚未找到职业的青年。他们是显性的公开性失业。

(3) 一部分人处于开工不足、半日工作等状态,成为"半失业"人员。这被经济学家称为"不充分就业"(underemployment)。

（4）社会劳动需求不充分，但仍将人力资源硬性吸收进工作单位而就业，或者原正常的就业者在劳动需求数量下降时未退出结合状态。这形成人力资源在岗位上工作任务少、效率低的"潜在性失业"或"在职失业"。

（5）农民、小生产者、小零售商等在经济水平落后、经济状况不景气、就业严重困难的情况下，难于进入市场与他人竞争，只能困守在自己现有的劳动岗位上，从事极低工资的劳动。这是"隐蔽性失业"。当社会经济非常景气、人力资源需求旺盛时，他们就可能成为一支庞大的人力资源供给大军。因此，这种隐蔽性失业就成为经济波动和经济发展的"劳动力蓄水池"。尤其是农村，其储存过剩人力资源的容量很大，甚至被人称为"大海绵"。

失业，无疑是劳动要素的极大浪费。研究失业形式及原因，对于解决好就业问题和扩大社会对于人力资源的合理利用都有着重要意义。

第三节　招聘与配置的法制条件

一、劳动法

（一）劳动法的定义与作用

劳动法是指调整劳动关系以及与劳动关系密切联系的其他社会关系的法律规范的总和，它与其他法律不同的地方主要有侧重保护劳动者的权利。我国的《劳动法》是1994年颁布的，已经应用了20年，下属有若干法律、法规、制度、条例。随着经济社会的进一步发展，我国的劳动法体系还在修订完善过程中。

经济与社会生活的稳定发展离不开法制体系的支撑。人力资源市场的有序稳定运行和组织的招聘与配置工作也都离不开法律的规范和保护。就目前中国的法律来看，涉及就业和劳动、招聘与配置的法律主要有《劳动法》、《劳动合同法》、《劳动争议仲裁法》和《就业促进法》。而这四部法律也构成中国招聘与配置法制环境的基石。其他的与招聘市场和配置用人有关的主要法律还有《社会保障法》、《妇女权益保障法》、《残疾人保障法》、《职业教育法》等。

这里需要特别强调的是《劳动合同法》。在市场经济下，雇佣关系的建立是通过签订劳动合同、人事合同之类的人力资源雇用合同而形成的。按照国际惯例，这种人力资源使用合同可以是书面的，也可以不是书面的，我国的法律和制度要求劳动合同采取书面的形式。1986年国务院颁布了《关于实行劳动合同制的四项暂行规定》，1995年颁布了《中华人民共和国劳动法》，对我国劳动合同的内容、订立与管理等方面做出规定。2007年颁布、2008年开始实施的《劳动合同法》，以及进一步出台的该法《实施条例》，对劳动合同的内容与管理各环节做出了全面、细致的法律规定。

（二）劳动者的权利

我国《劳动法》规定的劳动者的基本权利主要包含以下内容。

（1）平等就业和择业权。这个权利是公民劳动权的首要条件和基本条件，是劳动者最重要的权利。它为每一个劳动者创造了就业的机会，提供了公平的就业环境。

(2) 劳动报酬权。劳动者作为劳动主体从事劳动,为社会创造财富,有权享受它带来的成果。

(3) 休息、休假权。

(4) 获得安全卫生保护权。

(5) 接受职业技能培训的权利。

(6) 享受社会保险和福利权。

(7) 提请劳动争议处理权。

(8) 法律规定的其他权利。

劳动法规定的上述基本权利构成了就业市场良性运转的法律基石。任何用人单位都必须遵守劳动法中规定的劳动者的权利,任何用人单位在招聘市场上招聘员工时都必然要想到劳动者的这些未来的权利。

(三)劳动者的义务

劳动者在享受权利的同时也必须承担相应的义务。劳动法规定劳动者的义务主要有以下几个。

(1) 完成劳动任务。完成劳动任务是劳动者享受劳动权利的先决条件。

(2) 提高职业技能。劳动者有责任接受劳动技能培训。

(3) 执行劳动安全卫生规定。

(4) 遵守劳动纪律和职业道德。

劳动者在享受权利的同时也必须履行相应的义务。如果劳动者不能完成这些义务,用人单位也有权利依法解除劳动合约。

二、就业促进法

在劳动法中有条款明确规定政府具有促进就业的职责,《就业促进法》则是我国酝酿和实行的保护社会人力资源供给的求职者和就业者的法律。具体来说,就业促进法主要是针对政府的职责做出法律上的规定,其主要内容是规范政府的行为,强化政府促进就业的工作。这对企事业单位的招聘与配置也提出了用人规范。

其主要包括如下内容。

(一)促进就业的原则方针和工作机制

坚持经济发展同扩大就业良性互动,实现社会和谐稳定;国家把扩大就业放在经济社会发展的突出位置,实施积极的就业政策,坚持劳动者自主择业、市场调节就业、政府促进就业的方针,多渠道扩大就业,逐步实现社会就业比较充分的目标;对各级人民政府和有关部门应当建立促进就业的目标责任制度以及考核、监督等作出具体规定,并对政府接受人大监督作出规定。

(二)建立政策支持体系

国家实行有利于促进就业的产业政策、经贸政策、投资政策、财政和税收政策、信贷政策等。国家实行统筹城乡和区域的就业政策,逐步建立城乡劳动者平等就业的制度,促进和引导农村劳动者有序转移就业,鼓励区域协作。

(三)规范市场秩序

县以上各级人民政府培育和完善统一、开放、竞争、有序的人才和劳动力市场,规范市场秩序,创造公平的就业环境,促进劳动者通过市场实现就业。用人单位招用人员、职业中介机构从事职业中介活动不得以民族、种族、性别、宗教信仰、年龄、身体残疾等因素歧视劳动者,农村劳动者进城就业享有与城镇劳动者平等的劳动权利。

(四)发展职业教育和培训

国家依法发展职业教育,鼓励开展职业培训;鼓励和支持各类职业院校、职业技能培训机构和用人单位依法开展就业前培训、在职职业技能培训、继续教育培训和再就业培训;逐步推行劳动预备制度,对未能继续升学的初高中毕业生实行一定期限的职业培训。

(五)就业服务和就业援助

各级政府完善公共就业服务制度,建立健全公共就业服务体系,提高公共就业服务的质量和效率;各级政府建立健全就业与再就业援助制度,将就业援助与解决就业困难人员的生产生活结合起来;各级政府加强基层就业援助服务工作,对就业困难人员实施重点帮助,提供有针对性的就业服务和公益性岗位援助。

(六)法律规定的其他内容

就业促进法明确规定了政府在招聘市场中的地位和作用,这对招聘市场的规范运行产生了积极而长远的影响。

第四节 招聘与配置的媒介组织

一、招聘中介的形式

现代社会,随着经济的发展,人们面临越来越多的选择。在就业市场上,招聘方和求职方面临的选择也日渐多元化、复杂化。招聘一方的用人单位面临成千上万的求职者,寻找职业一方的求职者也面临各式各样的单位和岗位,如何迅速、有效地实现人-职匹配不仅仅是招聘单位的渴望,也是求职者的渴求。市场经济下,有需求就有供应,因此,招聘中介也就应运而生,它们承担着沟通招聘方和应聘方的社会职责。

随着经济的进步和社会事务的增多,各种中介组织从无到有,发展迅速。中介组织,就是要为社会经济活动牵线搭桥,疏通关节,排除障碍,使之得以顺利进行,就是将供需双方的信息与选择行为集中。

在我国,各种职业中介形式众多。主要包括以下形式。

(1) 各级、各地的政府劳动部门举办的职业介绍机构;

(2) 各级、各地的政府人事部门以及科技部门举办的人才交流中心;

(3) 一些行业、部门劳动人事系统举办的技工交流、人才交流机构;

(4) 社会团体举办的职业介绍所、人才交流中心,主要有工会、妇联、青年团等;

(5) 民办、私立职业介绍所;

(6) 各个大中专院校、职业高中的毕业分配和就业指导机构、学生处学生科等;

(7) 各家报刊上的招聘、择员广告和人才、劳动力自我推荐和供给信息；

(8) 电视台、电台的"人才红娘"、"职业供求"节目；

(9) 各种人才招聘、职业介绍大会；

(10) 网上求职、电话的"就业信息台"、"人才竞价拍卖"等。

就业招聘的中介五花八门，令人目不暇接，因此并不仅仅局限于此。这些"红娘"的出现，归根结底是社会需要：一方面，众多的企业、事业单位渴求人才，需要劳动力，来发展自己的业务；另一方面，大批人才、劳动者需要求职，渴求得到合适的岗位。

二、招聘中介的主要职责

一般说来，招聘中介的主要职责包括职业介绍和相应的就业培训，后来又发展了职业指导等内容。对于政府部门的公立职业介绍中介来说，还具有发放失业救济、支持生产自救以及职业资格管理等其他就业服务功能。这里仅阐述前两个方面。

（一）职业介绍

职业介绍是各种就业中介的最基本职能。它包括发布职业需求信息，介绍用人单位和岗位，职业咨询及建议，测定职业能力及性向等。在我国，政府劳动和社会保障部门设立职业介绍所、技工交流中心、劳务市场等机构；政府人事部门以及科技部门等设立人才交流中心、人才市场等机构。这两种机构设立"门市"网点，提供就业方面的各种服务，为求职人员、转业人员寻找工作牵线搭桥，并开展人力资源与人才供求见面的各种活动（如洽谈会）。各种非官办的职业介绍活动也起着重要作用，它们占据着招聘市场中高收益的部分，弥补着政府公共职责的不足，它们的形式主要有猎头公司、劳务派遣公司、网络招聘以及传统途径招聘等。

（二）就业培训

开展就业训练是各国解决失业问题通行的作法。我国实行"先培训后就业"的政策，目前已经在全国推行劳动预备制。求职者通过就业培训和其他专业职业训练后，才具备就业资格。

为了开展就业训练，政府劳动就业机构在各地设立就业培训中心，开办短期技能训练，帮助普通中学毕业生获得就业技能与就业资格，并开展对离业人员的转业培训，为社会失业人员就业和企业富余、下岗职工就业提供就业能力的服务。目前，我国已实行对下岗职工的免费就业培训制度。

私立机构为了提高介绍的成功率，有时也为各类求职人员提供相应的培训，但是其盈利性目的相当强。

三、公立招聘中介机构

依据就业促进法，国家有义务实现充分就业的目标，因此，国家也设立了种种的就业促进机构来实现这个目标。公立就业促进机构种类繁多，本书仅仅对公立职业介绍所和人才市场进行介绍。

（一）职业介绍所

在各种职业选择的中介之中，最重要、最常见的就是职业介绍所或职业介绍中心。这里具体阐述职业介绍所的具体任务是什么,它是如何为人们服务的,从而可以判断组织在招聘时如何利用这条途径。

按照我国的规定,政府公立职业介绍所的工作职能包括以下九项。

(1) 对求职人员进行求职登记,对用人单位进行用工调查和登记;

(2) 为用人单位提供人力资源信息,推荐合格的劳动者,介绍临时性劳务人员,并对单位用工进行指导或提供咨询;

(3) 为城镇求职人员提供用工信息,进行就业指导咨询和介绍用工单位;

(4) 为进城务工的农村劳动力提供用工信息,介绍用工单位;

(5) 为城镇居民介绍家庭服务人员;

(6) 为从事职业教育和就业训练的单位提供职业需求信息,推荐需要培训的人员;

(7) 向有关决策部门提供人力资源和用工需求的信息及趋势预测,为制定就业规划和有关政策提供依据;

(8) 在劳动力供求双方经过相互选择自愿达成协议后,指导他们按照国家有关政策和规定签订劳动合同;

(9) 承办劳动部门赋予的其他工作。

从上述工作内容可以看出,公立职业介绍机构的确是一条功能全面、作用强大的入职途径,个人可以从其中广求信息、反复比较,从而选择一个满意的职业岗位。

(二) 人才市场

我国各级政府人事部门以及一些科技部门等,设立了人才市场或人才交流中心。这是面向高素质人力资源的职业介绍机构。其主要职能与工作内容为:

(1) 具有国家正规学历的大中专院校毕业生,或国家承认其学历的"五大"毕业生(即职工大学、业余大学、广播电视大学和夜大等)提供与用人单位洽商、双方相互选择的机会和服务;

(2) 为各类科技人员和其他干部层次的人员流动提供服务;

(3) 为上述流动人员保存人事档案;

(4) 为各类科技人员业余兼职、从事第二职业提供服务;

(5) 为离退休人才发挥余热提供服务;

(6) 为在人才交流中心存档的人才评定职称;

(7) 组织在人才交流中心存档的人才参加国家职业资格考试;

(8) 为在人才交流中心存档的人才办理出国、出境的手续出具相关证明;

(9) 对人才在流动中发生的争议问题,依照国家有关规定进行调解;

(10) 开展跨地区的人才交流等。

四、多种形式的招聘中介

民办招聘中介名目繁多,对应着社会上各种不同的需求。除去各种非公立的职业介绍所、人才市场外,主要的形式有猎头公司、劳务派遣公司、网络招聘等。

(一) 猎头公司

猎头公司主要为各大公司招聘高级管理人员服务。它一般掌握着众多的重要的有能力的高级管理人员的信息,同时也掌握着一定的各大公司高层管理人员的需求信息。通过它的撮合,高级管理人员在各个公司高层间实现流动。

专业化猎头公司一般为实力企业寻猎顶级人才,为优秀企业推荐百万元年薪和几十万元年薪职位的总裁、总经理、高级总监等人才。他们的活动一般能够优化重组企业环境,使优质的人力资源流向优质的企业,加速淘汰劣质企业,促进优质企业发展。此外,他们也发掘培训顶级人才,发掘未被重用的顶级人才,为其提供发展空间、实现自身价值,培训指导潜力巨大的未来顶级人才,协助他们规划职业生涯、提供培训和成长机会。

随着经济竞争、科技竞争和人才竞争的进一步加剧,众多的企事业单位对高端人才比较渴求,通过猎头渠道招聘配置人才的行动在大大增加。对于这部分内容,将在后面章节专门阐述。

(二)劳务派遣公司

劳务派遣公司是近些年社会经济专业化发展的结果,其服务对象主要为中低层次的人才。劳务派遣这种新形式使员工的使用单位和主管单位分离,"用人不管人、管人不用人",员工与劳务派遣公司建立契约关系,劳务派遣公司根据契约派出各类符合条件的员工为用工单位服务,劳务派遣公司收取派遣费用。

劳务派遣公司的主要职责有:

(1)根据用人单位的要求,办理人员招聘,包括安排面试、体检、报到。
(2)劳动合同管理。
(3)办理档案存放、转递,档案材料收集、归档等相关手续。
(4)代发工资,代扣代缴个人所得税。
(5)办理社会保险和住房公积金存储业务。
(6)为用人单位使用的外地务工人员办理进驻本地务工手续。
(7)负责对员工人事材料的建档、调档;办理政审、出具各类人事(公证)证明和挂靠集体户口、接转党员组织关系。
(8)协助用人单位调解和处理劳动争议。
(9)协助用人单位处理工伤、死亡事故。
(10)为用人单位提供国家和本市最新颁布的劳动政策、法规文件。

(三)网络招聘公司

网络招聘的对象是多元化的,既有高级管理人员招聘信息的发布,也有低层次的文秘档案管理等工作。其特点是充分利用网络低成本、信息发布快、浏览人员广泛的优点。随着网络技术的发展,网络招聘已经成为最重要的招聘形式之一。目前,我国上网总人数已经达到数亿,在网上经常查询求职招聘信息的人员在求职渠道中占有很大的份额。这说明网络招聘是互联网时代网民广泛使用的途径,这种需求当然也大大拓宽了网络招聘中介公司的发展空间。

目前,我国最著名的网络招聘公司主要有智联招聘、前程无忧、中华英才等。

随着信息化社会时代的到来,网络招聘正在迅速发展,越来越体现其生命力。这部分内容相当丰富,将在后面用专门章节进行阐述。

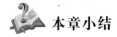**本章小结**

无论何种组织,招聘时都需要考虑招聘的环境。本章从宏观到微观,从不同的内容和角度阐述了招聘的各方面环境,依次阐述了包括决定社会根本模式和招聘与配置的大的体制选择内容。市场经济体制是比自然经济、计划经济先进的方式,它有利于经济运行,并对资源本身的生产起到信号作用(人们要按照市场需求及发展趋势进行人力投资),而且有利于资源配置后的使用,达到较大的经济效益。进而阐述了作为一种经济格局的人力资源市场供求关系问题,以及体现在国家劳动法等的招聘与配置有关法制条件。最后阐述了招聘与配置的社会中介组织条件和市场配置组织条件。

主要概念与名词

招聘与配置体制　人力资源市场配置　人力资源市场配置的优缺点　供求关系类型
供过于求　人力资源总量过剩　供不应求　劳动法　劳动者权利和义务　招聘中介
职业介绍所　人才市场　劳务派遣公司

**复习与思考题**

1. 为什么市场配置资源成为历史的发展趋势?
2. 阐述市场配置资源方式的优缺点。
3. 人力资源供求关系的类型有哪些?不同类型的供求关系对组织的招聘各有哪些影响?
4. 简述《劳动法》中规定的劳动者的权利和义务。
5. 常见的招聘的社会媒介组织有哪些?
6. 个人的素质条件和就业意向对用人单位和社会的招聘与配置有什么影响?

讨论案例

安南的"全球协议"

联合国为了应对全球化出现的有关人权、劳工标准和环境保护等方面的问题,于1999年1月在瑞士达沃斯举行了世界经济论坛,论坛上联合国秘书长安南提出了一项计划,该计划被称作"全球协议"(Global Compact)。"全球协议"要求各公司在各自具有影响的范围内,遵守、支持和施行一套在人权、劳工标准及环境方面的基本原则。这些原则共分为3个方面9个条款。

1. 人权方面
第一款:企业应该尊重和维护国际公认的各项人权。
第二款:企业绝不参与任何漠视与践踏人权的行为。
2. 劳工标准方面
第一款:企业应该维护结社自由;承认劳资集体谈判的权利。
第二款:企业彻底消除各种形式的强制劳动。

第三款：企业禁止使用童工。

第四款：企业杜绝任何在就业和职业方面的歧视行为。

3. 环境方面

第一款：企业应对环境挑战未雨绸缪。

第二款：企业应主动增加对环保所承担的责任。

第三款：企业鼓励无害环境技术的发展与推广。

对于以上述九项基本原则为主的全球协议，联合国秘书长安南说了这样一段令人深思的话："我提议汇集在达沃斯的工商界领袖们，与联合国一道就公认的价值和原则达成全球协议，给世界市场以人道的面貌。""让我们联合起市场力量和环球理念的威力，连接起私营企业的创造力和弱势人群的需求，以及我们人类未来的要求吧。"

（资料来源：联合国全球盟约［EB/OL］. http://baike.so.com/doc/7903415-8177510.html）

讨论题：

1. "全球协议"给了你什么启迪？用人单位在进行招聘时应当遵守哪些国际劳工标准和我国的劳动法？

2. 你如何看待我国出现的"民工潮"和"民工荒"问题？

3. 如果你是某公司的总裁或者人力资源总监，你如何看待上述全球协议？应当如何思考你公司的人力资源管理工作？

第二篇

员工招聘设计

第二篇

加工機械工作

第六章

工作开展第一步——总体谋划

> 引例

奉行本土化策略的柯达公司用人

柯达的外国子公司在选拔优秀人才方面,一直奉行本土化策略,注重企业文化与各国本土文化的结合。以柯达电子(上海)为例,1995年12月,公司成立之初,管理层人员中外员工的比例是6:4,到1997年上半年,公司就已经完成公司员工的本土化建设。现在柯达电子(上海)共有891名员工,除了总经理是一名外国人,其他中高级管理人员,全部都是中国人。

人才本土化包括两层含义:一是在招聘策划中倾向本土化的人员测评体系,进而用中国员工替代外国员工;二是培训自己的员工,为他们创造个人发展的环境,融入整个柯达的管理文化与企业文化中来。

柯达公司有两个员工培养计划:一个是员工发展计划,另一个是接班人计划。当新招聘的员工刚开始进入公司时,首先大力推行员工个人发展计划,柯达电子(上海)每一个员工都必须制订一个3~5年计划,首先它必须有一个目标,这个目标是员工与他的主管共同制定的。要求每个经理、主管与他的下属沟通,并帮员工制订学习计划,了解其在柯达的发展愿望与要求。然后再来分析员工要达到这个目标所欠缺的能力,最后再来确定他要达到这些能力的计划,包括培训计划、带教计划以及平时工作中一些正式的和非正式的锻炼机会,为其下一个职位做好充分的准备。在公司发展中会有很多的空缺职位,经理就可根据员工的发展计划,为员工提供锻炼的机会。

除了员工发展计划外,柯达的管理层每年都要针对每一个关键岗位,制订接班人计划,并且分别制订马上替代、1~2年替代、3~5年替代的计划,并选定了4~5个候选人,人员并不一定是柯达电子(上海)内部的员工,也有可能是从柯达外部甄选而来的。

柯达公司的员工发展计划与接班人计划这两者是缺一不可,互相支持的。员工发展计划为接班人计划提供了支持,避免了人才更替中出现断层的现象;而接班人计划则为员工发展计划提供了职位空缺;当一个员工的发展计划完成,职位得到提升后,他原来的职位又需要通过接班人计划得以补充,也就是说要想自己提升,就要找好自己的接班人。只有当这两者结合好后,才能形成一个有序的人才梯队,员工也才能得到不断的发展。

柯达公司为什么要奉行本土化的人才选拔策略?这种策略和柯达公司的人力资源规划

又有什么样的关系?柯达公司的人力资源规划中还包括哪些工作?

(资料来源:五星文库.跨国公司在中国案例精选[EB/OL].wxphp.com/wxd_168pu3euxv1ujtp7zft7_17.html)

第一节 人力资源规划

一、人力资源规划概述

(一) 人力资源规划的含义

所谓人力资源规划(human resource plan,HRP),是指一个组织科学地预测、分析其人力资源的供给和需求状况,制订必要的政策和措施以确保组织在需要的时间和需要的岗位上获得各种必需的人力资源的计划。人力资源规划具有战略性、前瞻性和目标性,也体现着组织的发展要求,其实质是组织为实现其目标而制定的一种人力资源政策。人力资源规划的特点是,把员工看作资源,并全面考虑组织的需求,根据组织战略和目标,从人力资源的获取、配置、使用、保护等各个环节上统筹考虑,因此能较好地达到组织目标。

(二) 人力资源规划的分类

人们一般按照人力资源规划的时限划分类型,但对时限有不同的看法,例如,有人认为"短期规划一般是3~6个月,中期规划为6个月至2年,长期规划则以2~5年为准";但也有人认为,人力资源的战略规划应在10年以上。因此,即使都是长期规划,则有的限定在2~5年,有的限定在10年以上。组织的性质、规模不同,确定人力资源规划的时限会有重要差别。例如上海市紧缺人才培训规划就是10年以上的规划。我们将人力资源规划分为三种类型:长期(战略)人力资源规划、中期人力资源规划和短期(战术)人力资源规划。

1. 长期人力资源规划

长期人力资源规划一般是指5~10年的人力资源规划。组织为了长远发展,特别是为了达到组织的战略目标而制定这样的人力资源规划。长期人力资源规划的制定要着眼于战略目标、宏观的影响和各种制约要素。在一个长期人力资源规划中常常包含若干个中期与短期人力资源规划。

2. 中期人力资源规划

制定2~5年的规划属于中期人力资源规划。对一个规模较小的组织来说,特别是有着较长历史的组织而言,必须与长期人力资源规划相衔接而制订中期规划,它服从于组织的中期目标。

3. 短期人力资源规划

这是指组织1年以内的人力资源规划。它是组织为了目前的发展和实现既定的目标而制定的,并且在制定过程中较多地考虑微观的影响与制约因素。

二、人力资源规划的层次

一般而言,人力资源规划包括两个层次,每个层次都为人力资源规划设定了不同的标准,这些不同的标准又反映为不同的人力资源规划活动;在每个层次上都涉及不同的人力资源管理决策。下面介绍这两个层次。

(一) 环境与组织战略层次

这一层次的人力资源规划活动主要是对环境进行考察:既要考察宏观环境,也要考察微观环境。考察宏观环境,目的在于人力资源的"输入",而考察微观环境,目的在于组织的"输出"。一个组织的人力资源决策很可能在不同长度上影响到组织在社会上的地位和声望,因为组织的人力资源管理决策可以影响到组织活动的安全性、社会关系等许多方面。组织的人力资源的变化以及由此引发的组织结构的改变等,完全可能引起组织周围的环境因素作出不同的反应,这些不同的反应对组织的发展既可以带来机会也可以带来威胁。环境层次的人力资源规划的标准可以是组织本身的信誉情况,也可以是政府对组织的机构评价以及社区对组织的态度和看法等。

人力资源规划的建立是一个与组织的整体战略相互作用的过程,并且需要按照组织的整体战略来建立标准和进行决策。这是从组织层次上考虑人力资源规划的根本原因。一般来说,"组织"当然是指整个组织,但是在一个大型组织中或者是在分权化的组织中,人力资源规划的组织层次也可以是一个部门、一个地区、一个利润中心或者一个分公司等。组织层次的人力资源规划的标准包括组织的科层结构、组织文化及利润、市场份额和产品质量等各种因素,目的是将这些因素有机地结合起来,使它们相互配合,以利于组织目标的达成。

(二) 人力资源部门层次

1. 部门工作目标的落实

这一工作实际上是把组织的整体目标落实在人力资源活动上,具体化为对人力资源部门的规划。典型的决策包括人力资源管理工作如何为组织的业务发展服务、人力资源管理将使用多少资源、重点的努力方向等。尽管组织的整体目标与人力资源具有密切的关系,但在有些情况下,即使人力资源管理是成功的,整个组织的目标却仍没能很好地实现。因此,我们也就有必要建立人力资源部门自身的工作目标。这一方面的典型活动是对人力资源部门的业务和人员编制做出战略规划。

2. 组织员工的使用

这是一个重要的接续性的环节。一旦人力资源部门层次规划制定后,接下来的工作就是考虑组织所使用的人力资源的数量及其任用的问题。因此,人们也将这一方面的规划称为任用规划,即把适当数量的适当类型的员工在合适的时间安排到合适的工作岗位上去的具体计划。任用规划需要考虑这样的问题:分析人力资源的需求、分析人力资源的供给和协调人力资源的供求缺口。这一规划所要作出的决策包括人力资源供给和需求预测、需要弥补的缺口大小等。应该指出的是,人力资源规划中的需求分析所描述的是组织未来的人力资源需求。在现代人力资源管理活动中,实际的人力资源需求预测并不是预测未来对员工实体的需要,而是预测未来对员工整体特征的需要,这取决于组织所面临的环境特点。

3. 具体的人力资源管理活动

这一方面的人力资源规划是把人力资源的使用规划具体化为特定的人力资源管理活动上,即人力资源管理日常工作上。在这个方面,规划应该为各种人力资源管理活动的继续、扩展和取消提供非常明确的指导。规划的标准包括相关的员工的数量、活动的成本、活动的结果以及收益或效用。典型的决策包括应该实施哪些具体的人力资源管理活动、每个活动的影响范围等。[①]

三、人力资源规划的内容

人力资源规划包括总体规划与业务规划两部分内容。总体规划是在对企业战略与竞争战略进行分析的基础上，提出人力资源管理工作的方向，保证人力资源工作重点与战略导向一致。业务规划是在总体规划的基础上对企业各项人力资源管理与开发工作进行具体的计划。总体规划提出工作方向与工作重点，业务规划则提出具体的实施细则。

（一）人力资源总体规划

人力资源总体规划主要是阐明在计划期内人力资源规划的总原则、总方针、总政策、实施步骤和总预算。制定总规划需要明确企业的发展战略规划、现有的人力资源总体状况、规划期可能出现的组织结构调整与技术条件改变等问题。在这个基础上明确计划期人力资源需求增减的大致数量，在供求平衡的基础上提出计划期人力资源工作的指导思想与总体目标。

（二）人力资源需求与供给分析

基于企业战略与竞争战略对企业未来的人才需求进行数量与质量的分析。进行需求分析的基础是组织结构梳理、岗位梳理与工作分析。数量分析是实现企业战略目标每个层面、每个职能、每个岗位所需人才的数量。质量分析是每个岗位需要任职者具备的知识、能力技能、经验、个性特点、需求动机等与绩效相关的素质水平的分析。供给分析是在人力资源规划中对未来外部市场与企业内部市场满足企业未来人才需求的可能性进行分析。影响外部市场供给的因素包括政治、经济、法律、文化、就业形势等宏观因素，也包含人才市场走势、学科设置、行业发展态势等中观因素，还包括竞争对手举措、企业形象塑造、企业制度体系等微观因素。内部市场是对企业内部现有员工进行盘点，从胜任与潜质的角度对现有员工进行评估，以分析未来岗位空缺能得到补充的数量。企业通过需求与供给分析来发现企业未来的人才缺口，并制订出供求平衡计划。

（三）岗位编制规划

描述企业的组织结构、岗位设置、岗位描述和岗位规范（任职资格要求）等内容。主要解决企业的定编问题。企业要根据近远期目标、劳动生产率、技术设备情况、工艺要求等状况确立相应的组织机构、岗位工作标准，进行定编定岗。同时要在需求分析与人力资源评估的基础上，对企业现有岗位进行调整规划。

（四）招聘规划

招聘规划的内容主要包括企业总体的招聘需求，不同岗位的招聘渠道分析，招聘成本控制与流程，招聘与选拔的责任界定，各类型岗位选拔流程与方法规定等。企业通过需求与供

---

① 赵涛，齐二石. 管理学[M]. 天津：天津大学出版社，2004.

给分析以及岗位编制规划等各方面的综合分析,了解企业在规划期限内需要招聘人才的方向和数量,对企业各阶段的招聘进行总体规划。

招聘规划是一个组织人力资源规划进行实质性操作的起点,也是招聘与配置工作所要完成的总体任务及具体要求。

（五）培训与开发规划

培训与开发规划是人力资源规划中的重要组成部分,是对企业员工培训与开发工作的整体规划。培训开发规划的目的是为了企业中、长期内所需弥补的职位空缺事先准备人员。在缺乏有目的、有计划的培训开发规划情况下,员工自己也会培养自己,但效果未必理想,也未必符合组织中职务的要求。当我们把培训开发规划放在人力资源规划的指导下并与晋升计划、补充规划联系在一起的时候,培训的目的就明确了,培训的效果也就明显提高了。

（六）绩效管理规划

绩效管理是人力资源管理的核心任务之一。企业战略、竞争战略与职能战略决定着每个岗位的绩效指标。战略目标的调整也会带动绩效指标的变化,绩效指标对员工的工作行为发挥导向作用。企业在不同阶段竞争战略不同、职能战略不同,相应岗位的绩效指标也不同。企业需要不断调整相关岗位的绩效指标,以保证能够引导员工的努力方向与企业战略、部门目标方向一致。

（七）薪酬福利规划

薪酬福利政策决定着企业能否留住发展所需要的人才,薪酬福利规划也是人力资源规划中的重点。包括薪酬体系内容、薪酬与薪酬调整政策、薪酬水平计划、薪酬支付时间与方式、保险与福利政策、保险与福利项目及额度、保险与福利调整计划等。

（八）人力资源预算规划

人力资源预算是数字化的计划,包括薪酬预算与人力资源管理与开发预算两个关键部分。薪酬预算包括工资预算、福利预算与奖金预算；人力资源管理与开发预算包括招聘预算、培训开发预算、咨询顾问预算、管理费用4个关键部分。薪酬预算根据企业历史营业额与薪酬支出的比例关系确定；人力资源管理与开发预算需要根据具体项目或内部规定进行测算。

四、人力资源规划的程序

人力资源规划的程序一般可分为以下几个步骤：信息的收集与整理、人力资源的需求与供给预测、人力资源净需求的确定、人力资源规划的制订、实施人力资源规划、人力资源规划评估以及人力资源规划的反馈与修正。

（一）信息的收集与整理

人力资源规划的信息包括组织内部信息和组织外部环境信息。组织内部信息主要包括企业的战略计划、战术计划、行动方案、本企业各部门的计划、人力资源现状等。组织外部环境信息主要包括宏观经济形势和行业经济形势、技术的发展情况、行业的竞争性、劳动力市场、人口和社会发展趋势、政府的有关政策等。对这些信息进行收集与整理是人力资源规划的第一步。

(二)人力资源的需求与供给预测

人力资源需求预测包括短期预测和长期预测,总量预测和各个岗位需求预测。人力资源供给预测包括组织内部供给预测和外部供给预测。将组织内部人力资源供给预测数据和组织外部人力资源供给预测数据汇总,可得出组织人力资源供给总体数据。另外,还要根据第一步中收集的信息资料对预测进行比对和调整,使之更符合客观实际。

(三)人力资源净需求的确定

在对员工未来的需求与供给预测数据的基础上,将本组织人力资源需求的预测数与在同期内组织本身可供给的人力资源预测数进行对比分析,从比较分析中可测算出各类人员的净需求数。这里所说的"净需求"既包括人员数量,又包括人员的质量、结构,即既要确定"需要多少人",又要确定"需要什么人",数量和质量要对应起来。这样就可以有针对性地进行招聘或培训,就为组织制定有关人力资源的政策和措施提供了依据。

(四)制订人力资源规划

根据组织战略目标及本组织员工的净需求量,制订人力资源规划,包括总体规划和各项业务计划。同时要注意总体规划和各项业务计划及各项业务计划之间的衔接和平衡,提出调整供给和需求的具体政策和措施。一个典型的人力资源规划应包括规划的时间段、计划达到的目标、情景分析、具体内容、制定者、制定时间。

(五)实施人力资源规划

人力资源规划的实施是人力资源规划的实际操作过程,要注意协调好各部门、各环节之间的关系,在实施过程中必须有专人负责既定方案的实施,要赋予负责人拥有保证人力资源规划方案实现的权利和资源。同时要有关于实施进展状况的定期报告,以确保规划能够与环境、组织的目标保持一致和按时完成。

(六)人力资源规划的评估与修正

在实施人力资源规划的同时,要进行定期与不定期的评估。将实施的结果与人力资源规划进行比较,通过发现规划与现实之间的差距来指导以后的人力资源规划活动。评估结果出来后,应进行及时的反馈,进而对原规划的内容进行适时的修正,使其更符合客观情况,更好地促进组织目标的实现。

第二节 岗位设置

一、岗位设置概述

(一)基本概念

所谓岗位,是指组织中为完成某项任务而设立的工作场所。岗位设置的过程就是岗位设计的过程,是根据组织目标的需要,并兼顾个人的需要,规定某个岗位的任务、责任、权利以及在组织中与其他岗位关系的过程。

岗位设置了,自然就要进行招聘和人员配置。

如前所述,招聘规划是一个组织招聘与配置工作所要完成的总体任务及具体要求,这要落实到各种不同岗位的具体需求,因此必须把某个岗位的工作内容和这个岗位对人的条件要求搞清楚。

（二）岗位的特点

岗位具有如下主要特点。

（1）岗位是以事（工作）为中心而设置的,不因人而转移。也就是说,先有岗位,后有相应的工作人员。当找不到合适的工作人员时,会出现岗位空缺现象。

（2）岗位不随人走。同一岗位在不同时间可以由不同的人担任,但工作人员的去留不影响岗位的存在。如果岗位撤销,则有关人员必须随之离去。

（3）岗位的数量是有限的,它体现为一个组织的编制,其数量取决于该组织的工作任务大小、复杂程度以及经费状况等因素。

（4）由于岗位具有专业性和层次性,因此,一般地说,各单位的绝大多数岗位都可以按照一定的标准和方法进行分类分级。

（三）岗位的分类

在提到岗位的具体设置前,需要先简单介绍一下岗位的分类。企业里有很多岗位,按照其性质的不同可以分成若干种类型：生产岗位、执行岗位、专业岗位、监督岗位、管理岗位以及决策岗位等。

1. 生产岗位

主要是指直接从事制造、安装、维护及为制造做辅助工作的岗位。生产岗位的员工主要从事企业基本的生产业务。

2. 执行岗位

主要是指从事行政或者服务性工作岗位。执行岗位的员工根据领导的安排执行自己的任务。

3. 专业岗位

主要是指从事各类专业技术工作的岗位。例如工程师、经济师、会计或者软件设计师等。

4. 监督岗位

主要是指执行监督工作的部门、科室、有关办事的岗位。例如审计部门、监察部门,或者其他受董事会或股东会委托、监督企业各项工作的人员。

5. 管理岗位

主要是指一些部门、科室的主管或者经理,以及二级单位的负责人。

6. 决策岗位

主要是指公司的高级管理层。例如企业的总裁、总经理、副总经理或分管各个业务的总监等。

二、岗位的设置原则

(一) 基本原则：因事设岗

一个组织中岗位的数量是有限的。岗位数量要根据任务的多少以及繁重程度来决定。因此,因事设岗是岗位设置的基本原则。

(二) 最低岗位数量原则

1. 最低岗位数量原则的含义

最低岗位数是指一个组织机构为了实现其独立承担的任务而必须设置的岗位数。岗位设置不要过多,也不能过少。如果岗位设置超过了最低岗位数就会造成职位虚设,机构膨胀,人浮于事;如果低于这个数量,则造成职位短缺,人手不足,影响组织目标的实现。

2. 最低岗位数量原则的实施

在设定部门的职责以后,部门人员要分担整个部门的所有责任。那么,如何划分、确定职责,来实现最低数量原则?这里介绍一种岗位责任分工的确定方法。其过程如图 6-1 所示。

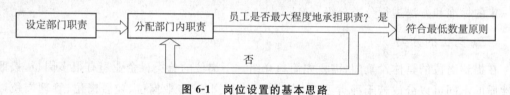

图 6-1　岗位设置的基本思路

3. 岗位间协调配合的原则

设置岗位的时候,应对其承担的责任进行划分。一般分为主责、部分和支持三类,以此来确定配合关系。主责是指某个人承担一项任务的主要责任;部分是指只负一部分责任;支持是指所承担的责任很轻,只协助他人完成某项任务。岗位之间的责任不能交叉,也不能出现空白,以避免某一责任的两个承担者都是主责,或分不清谁是主责。如果一项职能没有人承担主要责任,岗位职责就会出现空白。如果某一项工作,既有负主责的人员,又有配合的人员,还有做支持性工作的人员,就表示岗位与岗位之间配合得很好。每个人的主责、部分和支持一定要划分清楚,以此实现人员最有效的配合,进而确保组织机构的高效率和高效益。

4. 经济、科学和系统化的原则

岗位设置如果体现了经济、科学和系统化的原则,那么岗位设置对企业的经济效益应该是积极的。企业都在追求自己的经济效益,对于人工成本的控制也是企业控制成本的重要组成部分。如果岗位设置的特别多,参与这项工作的人就多,企业支付的费用就多,这不符合经济化原则。如果岗位设置过少,可能某一件事情没有人管,或者某一个岗位的员工负担特别重而产生怨气,这项工作就做不好。所以既要体现经济化原则,又要符合科学原理。企业规范化管理体系是一个大的完整的系统,岗位设置要和组织结构设计、职能分解吻合,要从系统论出发,把每一个职位放在该组织系统中,从总体上和相互联系上分析其独立存在的必要。同时,岗位设置也为岗位描述、岗位评价、薪酬福利体系设计提供支持。[①]

---

① 彭剑锋. 人力资源管理概论[M]. 上海:复旦大学出版社,2003.

三、岗位设置表的编制

岗位设置表是岗位设置工作的最后成果,是企业规范化管理的一个正式的、重要的文件。岗位设置表通常有部门职位设置表和公司岗位设置总表两种形式。

(一)部门职位设置表

按照各个部门、各个单位的职位分别做的表称为部门职位设置表。这种表主要是介绍部门内有几个岗位、工作职责等。每个部门一张表,另外,公司高层,如公司总经理、各个副总经理或者总监之间或企业下属单位,如中心或者实验室也要单独有一张表。如果是地区公司或者分公司,可能跟总公司一样要有两个层次:一个层次就是分公司的领导要有一张表;另外分公司各个部门要有一张表。表 6-1 为某公司管理部的岗位设置表。

表 6-1 管理部岗位设置表

部门名称		企业管理部	
本部门职位设置总数(个)	5	本部门总人数	5
职位名称	职位人数	主要职责分工	
部长	1	全面负责集团的发展战略研究与管理、集团规章制度管理、企业文化建设管理、合同、法律事务管理以及计算机网络和信息化管理	
企划专员	1	集团发展战略研究与管理、集团刊物的编辑等	
企管专员	1	组织规章制度的编制、上报、审批、企业文化建设管理	
网络信息专员	1	网络软硬件维护、网络信息编辑发布、筹建集团信息化管理系统、办公自动化系统管理	
合同法律专员	1	处理集团、各子公司的法律纠纷和各类经济合同管理与法律咨询,参与重大合同谈判与起草以及员工法制教育和其他法律事务	
备 注			

岗位设置表与岗位说明书不同。岗位说明书是把岗位的主要职责、部分责任、支持责任全部写清楚,岗位设置表则只写明主要职责。

(二)公司岗位设置总表

公司岗位设置总表,即把全公司的岗位统一汇编成一张大表,上面只写明岗位编号、岗位部门、岗位名称,而不必标明岗位职责。

总表包括如下 3 个栏目。

1. 岗位编号

规范化管理中,文件前面都有一个英文字母。例如岗位设置用 A,A 后面的数字表示一个部门,假如公司有 5 个部门,分别用 A-1、A-2 等表示,分别表示管理部、生产部等。如果是第一个部门的第一个岗位就叫 1001,第二个是 1002 等。这样编的好处是实现计算机化、信息化管理时更方便、快捷。

2. 岗位部门

每个企业都由若干个部门组成,不同的岗位分别隶属于各个部门。例如会计员这个岗位就隶属于财务部门。

3. 岗位名称

首先要确定称呼方法，如公司的最高领导有的称为总裁，有的则称为总经理等。各部门的领导有的叫部长，有的叫经理。部长或者经理之下有的单位叫主管，有的单位叫专员。科员里面能承担一定责任的、级别相对高一点的叫主任科员，承担一般责任的可能叫作员工管理员、培训员等。这样就把公司的所有岗位的名称统一起来，列在岗位设置表内。

四、岗位分析的方法

岗位分析的方法有很多，但是没有一种绝对正确的方法，各种方法都有其优缺点。岗位分析的目的和用途决定岗位分析的内容。因此，不同的企业所进行的岗位分析的侧重点会有所不同，相应地，所选取的分析方法也会大不相同。

岗位分析的方法依据不同的标准划分为不同的种类。下面按照基础分析和现代分析两大类来谈谈岗位分析的方法。

（一）基础分析法

基础分析方法主要包括观察法、面谈法、问卷法、工作日志法和关键事件法等。

1. 观察法

观察法是岗位分析工作人员通过对特定对象的观察，把有关工作各部门的内容、原因、方法、程序、目的等信息记录下来，最后把取得的职务信息归纳整理为适用的文字资料。这是获得岗位信息最普遍的方法之一。

（1）优点：采用此种方法可以了解广泛的信息，如工作活动内容、工作中的正式行为和非正式行为、工作人员的士气。通过观察法取得的信息比较客观和正确，但是要求观察者有足够的实际操作经验。

（2）缺点：不适用于工作循环周期很长和主要是脑力活动的工作；不能得到有关任职者资格要求的信息；不易捕捉到紧急而又偶然的工作行为。

2. 面谈法

这种方法是通过岗位分析者与工作执行者面对面的谈话来收集信息资料的方法。具体还可以分为个别面谈、集体面谈和主管人员面谈三种。个别面谈，一般是指与任职者的面谈，要求任职者描述他们做什么、怎样做以及他们完成其工作所处的条件，它倾向于聚集在工作内容和工作背景上；集体面谈法是在一群员工从事同样工作的情况下使用，通常会邀请其主管出席，如果其主管未曾出席的话，应找个别的机会将收集到的资料跟其主管谈论；主管人员面谈法是找一个或多个主管面谈，这些主管对于该工作有相当的了解，其典型作用是评审和证实任职者回答的准确性，并提供所期望的绩效水平、新工人的培训需要和工人的必要条件的进一步信息。

（1）优点：可控性。首先，在于可控性。通过提问单，可以系统地了解所关心的内容，当任职者的回答相互矛盾或不很清楚时，可以进行跟踪提问，把问题搞清楚。如果任职者对所提问题采取不合作态度，可以进行劝导或换人。其次，面谈法可以提供观察法无法获得的信息，如工作经验、任职资格等。

（2）缺点：岗位分析者对某一岗位固有的观念会影响正确的判断；任职者出于自身利益的考虑而不合作，或有意无意夸大自己所从事工作的重要性、复杂性，导致工作信息失真；打断工作执行人员的正常工作,有可能造成生产损失;在管理者和任职者相互不信任时,具有一定的危险性;岗位分析者可能会问一些含糊不清的问题,影响工作信息的收集;面谈法不能单独作为信息收集的方法,需要与其他方法一起使用。

3. 问卷法

问卷法是以调查问卷作为工具来获得资料和信息,从而完成岗位分析工作的方法。这种方法强调要设计标准的问卷以获取资料信息。

(1) 优点:成本低,工作人员比较易接受;它免去了长时间观察和访谈的麻烦,也克服了进行职务分析的工作人员水平不一的弱点;分析的结果可以用数量化的方式表式,处理结果时也便利;样本大。

(2) 缺点:花费较多的人力和物力;问题难度过大容易造成误解、工作效率低;缺少交流和沟通,质量较低。

4. 工作日志法

工作日志法是按时间顺序记录一个人在岗位上工作的过程,然后经过归纳提炼,取得所需工作信息的一种职务信息的提取方法。

(1) 优点:信息的可靠性很高,适于确定有关工作职责、工作内容、工作关系、劳动强度等方面的信息,所需费用低。

(2) 缺点:可使用范围小,只适用于工作周期短、工作状态稳定的职位,且信息整理量大,归纳工作烦琐。另外,工作执行者在填写时,往往因不认真而遗漏很多工作内容,并在一定程度上影响正常工作。若由第三者填写,人力投入量非常大,很不适应处理大量的职务。

5. 关键事件法

关键事件法是分析人员向任职者询问一些问题,以了解其对于解决关键事件所需能力、素质,还可以让任职者进行重要性评价的一种收集职务信息的方法。

(1) 优点:研究的焦点集中在职务行为上,因为行为是可观察的、可测量的。同时,通过这种职务分析可以确定行为的任何可能的利益和作用。

(2) 缺点:需要花大量时间收集并概括和分类;并不对工作提供完整的描述;难以涉及中等绩效的员工。

(二) 现代分析法

现代岗位分析方法主要包括职位分析问卷法、功能工作分析法、管理职位描述法。

1. 职位分析问卷法

职位分析问卷法(position analysis questionnaire,PAQ)是以个人特征为重点的分析方法,是1972年美国普渡大学麦考密克等人研究的成果,是一种结构化的、定量化的分析方法,共包括187项工作因素和7个与薪酬有关的问题。虽然,职位分析问卷的格式已定,但仍可以用来分析许多不同类型的工作。每个问卷包括6个部分:信息输入、脑力操作、工作产出、人际关系、工作环境、其他特征。

(1) 优点:由于同时考虑了员工与工作两个变量因素,并将各种工作所需要的基础技能与基础行为以标准化的方式罗列出来,从而为人事调查、薪酬标准制定等提供了依据。此方法还具有不需修改就可用于不同组织、不同工作的优势,使得岗位分析更加准确与合理。

(2)缺点:需要时间成本很高,非常烦琐;对问卷的填写人要求是受过专业训练的岗位分析人员,而不是任职者或上级;它的通用化或标准化的格式导致了工作特征的抽象化,所以不能描述实际工作中特定的、具体的任务活动;这种方法对于工作描述与工作设计不是理想的工具。

2. 功能工作分析法

功能工作分析法(functional job anaIysls,UA)是以工作为中心的分析方法,是美国培训与职业服务中心的研究成果。它以员工所需发挥的功能与应尽的职责为核心,列出加以收集与分析的信息类别,规定岗位分析的内容。UA 法认为所有工作都涉及工作执行者与数据、人、事三者的关系,也可以称为 DPT 法(即 Data、People、Thing),该方法通过上述发生关系时的工作行为,可以反映工作的特征、工作的目的和人员的职能。

(1)优点:提供了一种非常彻底的描述,对培训的绩效评估非常有用。

(2)缺点:UA 法由于对每项任务都要求做详细分析,因而撰写起来相当费力气和费时间,同时 UA 法并不记录有关工作背景的信息,对于员工必备条件的描述也并不理想。

3. 管理职位描述法

管理职位描述法(management position description questionnaire,MPDQ)包括 197 个用来描述管理人员工作的问题,涉及管理者关心的问题、承担的责任、受到的限制以及管理者工作所需具备的各种特征。这些问题划分为 13 个工作因素。工作分析人员按照 0~4 个等级以上述的每一个因素为基础来分析。

(1)优点:适用于不同组织内管理层次以上的职位的分析;为员工从事培训、进行薪酬管理打下了基础。

(2)缺点:耗时长,效率低;受工作技术方面的限制,灵活性差。

第三节 招聘策划

一、招聘策划初析

(一)招聘策划的含义

所谓招聘,就是通过各种信息途径,寻找和确定工作候选人,以充足的数量和质量来满足组织的人力资源需求的过程。而在招聘之前要制订详细的计划。有周密的招聘计划的制订、实施和执行,才可能使企业充满一流的雇员。这种计划在招聘开展以前会准确地描绘你怎样填补一个空缺职位。招聘的职位定义是什么,企业准备花多少时间完成整个招聘过程,新雇员的培训期需要多长时间,招聘团队如何组建,这些问题都应该有事前的计划。如果企业正有这种需要或正在迅速发展,那么就可以运用这些原则制订一个不断发展的招聘计划。这也就是我们所说的招聘策划。

(二)招聘策划的意义

人员招聘策划是人力资源规划的重要组成部分,其主要功能是通过定期的或不定期的招聘录用组织所需要的各类人才,为组织人力资源系统充实新生力量,实现企业内部人力资源的合理配置,为企业扩大生产规模和调整生产结构提供人力资源上的可靠保证,同时弥补人力资源上的不足,也为人员的招聘工作提供了客观依据、科学的规范和使用的办法,能够避免甄选录用过程中的盲目性和随意性。

在企业规划体系中,人员招聘策划与企业人力资源规划密切相关,相辅相成,人力资源招聘策划的设计与实施离不开人力资源规划。人力资源规划是以组织的战略目标和发展计划、工作任务为依据,按照预测未来的组织任务和环境对组织的要求,以及为了完成这些任务和满足这些要求而设计的提供人力资源的过程,它要求通过收集和利用信息对人力、资源活动中的资源使用进行决策。对于一个企业来说,人力资源规划的实质是根据企业经营方针,通过确定企业人力资源来实现企业的目标。而招聘策划则以企业的人力资源规划为依据,通过对招聘具体过程的策划为企业的招聘工作提供指导方针。[①]

二、招聘策划的项目

(一)组建招聘队伍

招聘是一项繁杂的工作,不可能由一两个人来完成,而必须依靠团队的力量。而且招聘者应该具有多方面的能力和良好的素质。组织对于招聘人员在个人品质与修养、专业领域与知识技能、知识面等方面都有一定的要求。

当然不可能每个招聘者都具备良好的综合素质,但他们如果能够按知识、气质、能力、性别、年龄、技能相互补充组合在一起,则可以使各个招聘者的优势互补,扬长避短,使整个招聘团队的功能最优,从而达到招聘的目的。因此,招聘团队的组建应遵循知识互补、各取所长、团结协作的原则来组建。

(二)选择招聘时间

在招聘的过程中,不仅招聘时间是制定招聘工作策划的要素之一,而且招聘成本也有很大的影响。我们都知道,如果招聘时间长,招聘成本肯定会增加。因此,为满足企业对人力资源的需求,保证新员工及时到位,就需要对招聘时间做出正确的选择。

招聘时间的策划有两个任务:一是选择招聘开始的时间,二是确定整个招聘过程的时限。

1. 选择招聘开始的时间

在人才供应高峰期到劳动力市场上招聘,可节约成本,提高招聘效率。一般来说,在每年的大学毕业生就业阶段是人才寻找就业机会的高峰。这段时间一般是每年的11月份开始,直到第二年的五六月份结束,其间除去大中专院校放假时间。在这个时期进行招聘,因为劳动力供给充分,所以可以在较大程度上雇用到素质较高的员工,同时也有利于节约招聘成本。此外,每年的七八月份因为企业年中对年度计划进行调整,同时许多员工的劳动合同一般都在这个时候到期,所以这时的人才市场相对其他时间也要火爆得多,人才市场中人才供需两旺。

[①] 谌新民.新人力资源管理[M].北京:中央编译出版社,2002.

2. 制订招聘过程时间计划

招聘过程时间就是从开始招聘准备工作到招聘结束所需要的时间,包括准备、招聘、筛选和聘用四段时间。

对招聘过程时间进行策略选择,应根据经费、预算、招聘和筛选所采用的方法等因素确定。经费预算高,可安排较多的求职者,进行精挑细选。但时间也不可过长,否则会使应聘者失去耐心而另谋他职。招聘费用低,应简化招聘程序,缩短时间。但时间安排不可太短,否则就无法保证筛选、测试的信度和效度。

(三)选择招聘地点

招聘地点的策划选择也是关系到企业能否招聘到一定质和量的员工的重要因素。选择招聘地点时应对企业所需要人员的类型、人才市场所在的地点及调节范围、招聘地点人才的分布、供求状况、招聘成本等因素加以综合分析,做到心中有数。一般招聘地点的选择规律是:

(1)在全国乃至世界范围内招聘企业的高级管理人员或专家教授;在跨地区的市场上招聘中级管理人员和技术人才;在招聘单位所在地区招聘一般工作人员和技术人员;到农村去寻找一般的对技术要求不高的劳动力。

(2)就近原则。主要原因是就近原则可以节省大笔招聘费用,试想深圳的企业到上海招聘的成本无论如何都会比在深圳本地招聘高很多。还有一个原因就是临近企业的地区的人对本地文化有较为深刻的理解,在企业的管理上有一定的优势。

(3)尽量在同一地区进行招聘。这有利于形成固定的员工供应渠道,同时也是节约招聘成本的一个有效途径,因为现有员工的无形宣传已经是企业最好的广告了。但是因为企业每年的招聘类型、数量都有所不同,所以也还要因事、因地制宜,灵活地向更好的劳动力市场开展招聘工作。

(四)制定招聘纲领

1. 招聘人数

应当指出,一个组织招聘的数量往往多于实际录用的人数。这是由于一些应聘者可能对该工作没有兴趣,也可能资格条件不够,或者两个原因兼而有之,这样,要保证岗位需求的真正落实,就要招聘一定的宽余量。但更多的是,应聘者远远超过了计划招聘的人数,这是当今就业市场供过于求的常见情况。

2. 招聘标准

招聘标准即要确定录用什么样的雇员。其内容包括年龄、性别、学历、工作经验、工作能力、个性品质等。

3. 招聘经费预算

招聘工作需要广告费、考核费、差旅费、电话费、通信费、文具费等。除此之外,参与招聘工作的有关人员的工资实际上也是招聘经费,应当计算,例如招聘工作的加班费、专项工作临时人员的工资。尽量压缩招聘的单位成本是成功的招聘所要求的。

三、招聘的程序

在确定了招聘策划的主要内容之后,接下来的工作就是制订具体的招聘行动程序和计划。在招聘策划主要内容的基础上,招聘人员还需要花费大量的精力去考虑和探讨招聘程序的具体方案细节。一般情况下,招聘的大体程序如下。

(1) 根据企业人力资源规划,确定人员的净需求量,并制定人员选拔、录用政策,在企业的中期经营规划和年度经营计划的指导下制定出不同时期不同人员的补充规划、调配计划、晋升计划。

(2) 得到职务分析报告之后,确认缺职的任职资格及招聘选拔的内容和标准。据此再确定招聘甄选的技术。

(3) 拟定具体招聘计划,上报企业领导批准。

(4) 人力资源部门开展招聘的宣传广告及其他准备工作。

(5) 审查求职申请表,进行初次筛选。

(6) 笔试和面试。有的企业只有其中一项,根据各种工作的不同性质,招聘考核也会有不同的安排。现在越来越多的企业增加了心理测试和模拟测试。

(7) 录用人员体检及背景调查。

(8) 一定时间的试用。有的公司没有试用期,直接进入下一步。

(9) 试用期结束,做出录用决策,签订劳动合同。严格按照《劳动法》的规定办事可以为双方建立法律保障,从很大程度上可消除劳务纠纷。

(10) 对招聘工作进行评估和改进。这对于企业来说是很有必要的,可以为企业下一次的招聘提供经验和教训,使企业的招聘策划工作更加完美。

本章小结

人力资源规划是指一个组织预测、分析其人力资源状况,制订必要的政策和措施以确保组织获得各种必需的人力资源的计划。本章阐述了人力资源规划的基本范畴与原则、工作步骤,以及作为规划和用人基础的岗位设置与工作分析,进而阐述了招聘策划的内容,包括组建招聘队伍、选择招聘时间和地点以及制定招聘纲领。通过本章的学习,可以使读者对招聘策划这一起点性的工作有一个全面的认识。

主要概念与名词

人力资源规划　人力资源规划程序　岗位　岗位设置原则　岗位设置表　岗位分析
定性分析法　工作日志法　定量分析法　功能工作分析法　DPT法　管理职位描述法
招聘策划　招聘程序

复习与思考题

1. 什么是人力资源规划?人力资源规划包括哪些内容?
2. 岗位设置需要遵循什么原则?
3. 简述岗位分析在企业中的作用。
4. 岗位分析的具体方法有哪些?
5. 简述招聘策划与人力资源规划的关系。
6. 试制定出一家公司的招聘策划方案。

 讨论案例

WJ 公司员工的吐故纳新

一般来说,企业的招聘工作是经常要搞的基础性工作。在常用的招聘方式中,究竟什么样的招聘方式效果更好,这不仅是人力资源部门重视的事情,也往往是经理层相当关注的事情。让我们看看 WJ 公司的招聘对此问题的"现身说法"吧。

WJ 公司创始于 1956 年,是一家有 60 年历史的从事工程机械研发、制造和销售的国有企业,总部及下属子公司员工有 5 000 多人。WJ 公司有着高品质的产品与服务,获得了全国"用户满意企业"、"用户满意产品"、"用户满意服务"等称号,在国际上也是享有盛誉的。凭借多年工程机械领域的专业经验,WJ 公司引领了国内工程机械产品技术水平提高,打造出中国工程机械行业领先品牌,不仅与中国及世界工程机械产业共同成长,还帮助国内外众多的产品用户实现自身价值。

为了公司进一步的拓展和适应外部经济形势波动变化的需要,在进入 21 世纪 10 年代之时,公司的高层进行了研究分析。就公司总体发展战略的要求而言,管理层认为,目前员工队伍方面存在不小的问题。一方面,公司人员在人员总量上明显供大于求。换而言之,公司的人员不够精干,结构有些臃肿,"闲散人员"相对过多,造成工作效率的低下。由于公司是一家传统型的大型国有企业,以往的子女顶替、人员"近亲繁殖"、结交关系网等现象不少,比较严重地影响了正常的工作关系;不少人是靠"硬关系"和上面摊派塞进来的而缺乏自律和敬业精神,公司中的人员关系较为复杂,不利于工作的正常开展和绩效提升。另一方面,公司管理和技术人员又明显不足,行业竞争日趋激烈,压力不小,公司高层们已感受到了一种强烈的危机感,如果再不对公司现在人员进行培训和结构调整,公司以往的优势地位将难以保证。研究结果是,在公司员工队伍方面近期的任务是总体"充电"、局部"换血"和重点"吸星",即进行全员培训,辞退与新招并举、使员工队伍吐故纳新和招聘技术管理骨干人才。

就此公司高层决定,首先进行裁员。将公司原来那些闲散人员全部裁掉,这样便精简了公司的人员结构,提高了办事效率。此外,那些工作业绩不好、平时表现差的员工也被裁掉。结合公司的生产、经营、技术、管理各方面工作需要,公司还对部分人员进行了岗位调整。

在裁掉不合格人员的同时,公司开始着手补充技术和管理人员,对外招聘以获得高水平的人才补充。因此,公司的此次招聘采用市场招聘的方式进行,通过外来人员的加盟来提高公司的技术创新能力和管理工作水平,这也有利于改变公司内部的工作气氛。人力资源部门对此也非常赞同。

在确定采用外部招聘方法之后,人力资源部门对外部招聘的不同渠道进行了深入地了解和分析。人力资源部门认为,技术是 WJ 公司创新的主要源泉,因此技术人员必须有非常强的专业知识和非常好的创新思维;同时,先进有效的管理对 WJ 公司的发展也是至关重要的,WJ 公司以前的管理制度相对落后,因此 WJ 公司希望引进一批有着丰富成功管理经验的管理人员,来改善公司目前的管理现状。基于公司的进一步发展的战略思考,针对技术岗位和管理岗位的不同特点,人力资源部门在与公司高层进行多次商讨之后,决定起步人力资源和人才开发规划,与强化人力资源管理结合进行基础性的职位分析,有计划的对技术人员采用校园招聘的方式不断加以补充,中层管理人员则从有实际工作经验的人中选聘。

在开始推进人力资源和人才开发规划的工作中,公司还要对组织机构进行一定的调整和对岗位责任制进一步优化。结合这种要求和全面加强人力资源科学管理的需要,WJ公司进行了各主要岗位的工作分析,完成了各工作岗位上岗标准的工作说明书和作为招聘条件依据的各岗位素质要求,进而,人力资源部拟定出了全公司的人力资源与人才招聘五年计划。

在接下来的5年间,公司人力资源部每年到有关学校去招聘三五十名大学生,这批从校园招聘来的大学生和若干提前到公司实习考察的管理培训生们,在校期间都表现优异,专业知识都很过硬,确实给公司注入了新鲜的血液。同时,人力资源部通过人才市场和猎头公司,也每年招募到了十余名优秀的中层管理人员、技术人员,这些人都有自己成功的管理经验和技术专长,他们的加入在一定程度上改变了公司员工的结构,整个公司的工作气氛和以往也有所不同了,WJ公司呈现出一派欣欣向荣的景象。

然而,好光景也伴随着新问题——部分大学生在该公司工作两三年后成了该方面的行家里手,就跳槽到高科技等热门的行业,把公司变成其他企业的"培训学校"。同时,有的中层技术人员、管理人员中也因故离开公司,另谋高就。市场经济嘛,人才竞争嘛。

面对一些外部招聘人员留不住的局面,WJ公司对企业实际情况进行了深入了解和客观分析,考虑改变招聘策略通过内部人员晋升的方式来填补空缺岗位。人力资源部门认为,公司可以考虑对那些平时业绩好、工作认真负责的一般管理人员进行提拔,以此来填补目前中层管理人员的空缺问题。此举一方面可以解决公司目前所面临的困境,另一方面也可以起到激励员工的作用,大大提高了员工的工作积极性,可谓是一举两得。对此想法WJ公司的高层表示了赞同,公司领导还提出,员工的提拔、培养要和公司的人才长期发展建设工作结合起来,实行员工职业发展规划制度。

(资料来源:本案例依据姚裕群、张琪、李宝元《人力资源开发与管理案例》一书材料修改编写,该书由湖南师范大学出版社2007年出版)

讨论题:

1. 结合WJ公司的情况,分析人力资源规划和人才开发规划的重要性,并分析人力资源规划和人才开发规划应当有哪些指导思想?

2. 工作分析对企事业单位的人力资源开发与管理有哪些作用?如何搞好?

3. 公司的招聘计划应当包含哪些内容?如何搞好?

4. 对WJ公司外部招聘的做法特点是什么?你认为有什么不妥吗?如何解决招聘效果不好的问题?

第七章

招聘基本原理——能岗匹配

引例

大象聘什么样的猫

大象新办了一家饲养场。为了防止老鼠骚扰,大象贴出广告要聘请一只能干的猫捉老鼠。来应聘的猫很多,都快把大象家的门挤破了。选哪一只呢?每只猫都很能干,它们期待的目光把大象的眼睛都刺疼了。

正在大象犹豫不决时,一只花猫挤在了大象面前,只见它从皮包里掏出一张张花花绿绿的获奖证书,全都是它在钓鱼、歌咏、滚绣球等比赛中获得的。大象一见花猫有这么多获奖证书,不禁喜出望外,它想:这真是一只难得的、多才多艺的好猫,是最出色的猫啊!大象十分高兴地拍了拍花猫的肩膀,高兴地说:"好吧,就录取你了。"

然而,才华横溢的花猫对自己的本职工作——抓老鼠这一任务却并不感兴趣。由于疏于练习,花猫的捉鼠技能日渐变得生疏,到后来竟碰到老鼠一只也捉不住。大象看到到处都是老鼠,就责备花猫说:"怎么搞的?饲养场的老鼠这么多!"花猫还有些不服气:"我一天到晚可没闲着呀,唱歌、钓鱼、滚绣球,哪样技能我不是天天练着呢!"大象更生气了:"你说你没闲着,可你捉的老鼠在哪儿呢?""捉老鼠?"花猫鼻子轻蔑地哼了一声,"那不过是普通的猫就会玩的把戏,你让我这只才华出众的猫去干,这不是大材小用吗?"

"如果不能捉老鼠,即使你的才华再超群,对我又有何用呢?我真后悔怎么会被你的一张张证书弄花了眼,而偏偏没有想到你不能胜任捉鼠这项工作。"大象回答说。

在招聘中,应聘者证书可以作为一种学习成效或能力的证明,但需考虑这些证书所代表的能力与员工的岗位职责有多大的相关性?是否是员工取得高绩效的必要能力?这就需要在实施招聘前明确:岗位到底需要什么样的人?胜任岗位的人应该具备哪些能力素质才能取得高绩效?这就是招聘中必须遵循的第一法则"能岗匹配"。心理学研究表明人与人的差异是普遍现象,表现在知识、经验、能力、性格上。优秀的面试官应根据拟应聘岗位的能力模型,对应聘者的价值观以及过去所表现出来的能力高低进行判断,预测应聘者未来在该岗位的表现,作出是否录用的决定。大象要聘请一位"能干"的猫,"能干"具体是指什么能力呢?其实就是捉老鼠的能力。所以大象首先应关注这只猫捉老鼠的本领,那些与岗位需要的核心能力无关的技能则不重要甚至可能成为在工作中取得高业绩的阻碍。

如果你是公司的招聘部经理,你如何考虑招聘的基本原则?你如何判断应聘者是否合乎组织的需要、岗位的需要?在"能岗匹配"方面,你会坚持哪些原则?

(资料来源:案例改编自李彩燕、剪冰(摘)."大象聘猫"的启示[J].新智慧:财富版,2008(11))

第一节　能岗匹配基本分析

一、能力及能力模型的概念

在管理学中,能力一词的概念源自英文 competence,又称素质、胜任力、胜任能力或胜任特征,是指驱使员工产生优秀业绩的各种特征的集合,即高绩效员工的知识、技能、个性、态度、行为等,是优秀员工与一般员工的差异所在。能力这一概念最早是由著名的组织行为研究专家麦克利兰(David McClelland)于 1973 年首次提出[1],他认为传统的智力测验、性向测验和学术测验等都不能有效地预测复杂或高层职位工作的绩效,例如,人们总是把知识和成就联系起来,把智力与发明联系起来。但现实中,有些知识测验得分很高的人,不见得能够取得与其知识水平相称的成就;智力超乎常人的人,不一定就能做出发明创造。因此,麦克利兰认为,真正影响绩效的还有更深层次的因素,他把这些因素称为"能力"(competence),并指出能力是与高绩效直接相关的知识、技能、特质和动机等。随后该概念便受到国外许多专家学者的关注,并在 20 世纪 80 年代期间成为一个前沿的管理理念。20 世纪 90 年代至今,对胜任特征的应用研究逐渐在国外风靡,成为"人力资源领域的主要革新之一"[2]。

麦克利兰最早提出能力一词时是专指个体能力(individual competence)。20 世纪 90 年代以后,能力的概念被加里·哈默尔(Hamel)和普拉哈拉德(Prahalad)引入战略管理中,从而诞生组织能力(organizational competence)这一概念。[3] 因此,管理学中的能力有个体能力和组织能力区分,一般来说,狭义的能力指个体能力。

单项能力的有机组合就构成了能力模型(competency model),它是指担任某一特定的任务角色所需要具备的胜任特征的总和,这些特征是可分级、可被测评的,通常由 4~6 项构成。建立胜任特征模型可以区分并找出导致业绩差异的关键因素,这些因素通常可用于某一特定任务角色人选的选拔、招聘以及人员培训,即基于能力模型的招聘能够最大限度地发挥人员潜在特质,提高人岗匹配度。

通常,每个能力模型都会包括 3~6 个关键能力不等。这些能力是整个企业、部门、某类岗位成功的关键能力的集中体现。整个企业各个岗位序列能力模型的集合就形成了该企业的能力体系。员工个体所具有的能力有很多,但企业所需要的不一定是员工所有的能力,企业会根据岗位的要求以及组织的环境,明确能够保证员工胜任该岗位工作、确保其发挥最大潜能的能力,并以此为标准来对员工进行挑选。

---

[1] McClelland D C. Testing for Competence Rather Than for"Intelligence"[J]. American Psychologist,1973,28(1):1214.

[2] Cellion and Holden. "The National Framework for Vocational Education and Training",in Beardwell,I and Holden,L(Eds),Human Resource Management:A Contemporary Perspective [M]. London:Pittman. 1997,345-377.

[3] Hamel G,and Prahalad C K. The Core Competence of the Corporation [J]. Harvard Business Review,1990,68(3):79-91.

在能力评估和建立能力模型的过程中,不断总结和积累出来了许多关于各种能力的信息,包括能力的命名、定义、分类、分级以及典型行为说明等内容,这便形成了能力词典(或称素质词典,Competence Dictionary)。迄今为止,在世界范围内最好的能力词典是1996年Hay-McBer公司出版的分级能力词典。收录在该词典内的通用核心能力,标准系列共有18个能力,通常被用来推导出一个人的能力模型。这18个能力分别为:成就导向、演绎思维、归纳思维、服务精神、培养人才、监控能力、灵活性、影响能力、信息收集能力、主动性、诚实正直、人际理解能力、组织意识、献身组织精神、关系建立、自信、领导能力、合作精神。

二、能岗匹配的含义

把适合的人放在适合的岗位上是招聘的首要任务,因此,能岗匹配原理是招聘的第一原则和黄金法则。它有两个方面的含义:一是指某个人的能力完全胜任该岗位的要求,即所谓人得其职;二是指岗位所要求的能力这个人完全能达到,即职得其人。人的能力与岗位要求的能力完全匹配,将使人的能力发挥到最好,岗位的任务也完成得最好。能岗匹配原理指人的能力与岗位要求的能力完成匹配,这种匹配包含着"恰好"的概念,二者的对应使人的能力发挥得最好,岗位的工作任务也完成得最好。

在招聘中实现能岗匹配的前提是对岗位要求和应聘者个人能力两方面做准确科学的认识和评价。要客观评价岗位对任职者的要求,需要用科学的方法进行岗位分析,即岗位的职责、任务、工作环境、权利义务,以及该岗位对人员知识、技能、能力、个性、内驱力、价值观等各个方面进行准确描述和界定。同时,也考察应聘者与企业的战略、价值观、文化、规范是否一致,因为只有具有与企业哲学、企业使命一致的人格特质、动机和价值观的人,也才能与企业建立起长久而稳固的心理契约关系,从而在企业逐步趋近战略目标的过程中实现自我人生价值并达成个人目标。对任职者个人能力的评价则需要借助科学的人事测评方法,包括面试、笔试、心理测试、评价中心等常用方法,这在本书第11章中有详细论述。

三、能岗匹配的基础理论

把合适的人放在合适的岗位上,这是招聘的永恒主题。要满足员工能力和岗位要求相匹配,必须首先对员工个体和岗位两方面展开了解,再用适当的方法考察二者是否匹配。关于能岗匹配这一招聘原则的支撑理论有很多,但最重要的有这样三种理论:一是冰山模型(iceberg model),该模型是前文提到的关于能力模型的进一步阐释,是对工作要求的分析和了解;二是特质理论(trait theory),它从心理学角度展开对人的个性特征的研究;三是特质—因素理论(trait-factor theory),是在结合个人特质的分析和工作需要因素的分析之上,考虑关于人和工作的匹配问题的著名职业理论。

(一) 冰山模型

麦克利兰于1973年提出了一个著名的冰山模型,用以对能力模型的形象阐释。冰山模型把个体素质形象地描述为漂浮在洋面上的冰山。所谓"冰山模型",就是将个体能力素质根据其不同表现形式划分为表面的"水面以上部分"和深藏的"水面以下部分"(见图7-1)。

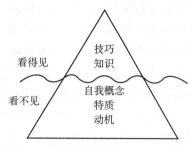

图 7-1　胜任能力的 Spencer 冰山模型

图 7-1 中,"看得见"的部分即水面以上部分,主要包括知识和技能,这是外在表现,是容易了解与测量的部分,相对而言也比较容易通过培训来改变和发展。这部分与工作所要求任职资格直接相关,是对任职者基础素质的要求,但它不能把表现优异者与表现平平者区别开来。这一部分也称为基准性素质(threshold competence)。基准性素质是容易被测量和观察的,能够在比较短的时间使用一定的手段进行测量。可以通过考察资质证书、考试、面谈、简历等具体形式来测量,因而也是容易被模仿的,也就是说,知识和技能可以通过培训、锻炼等办法来提高。

"看不见"的部分即水面以下部分。主要包括社会角色、自我概念、个性特质和动机,是人内在的、难以测量的部分。它们不太容易通过外界的影响而得到改变,却对人员的行为与表现起着关键性的作用。这部分称为鉴别性素质(differentiating competence)。它是区分绩效优异者与平平者的关键因素;职位越高,鉴别性素质的作用比例就越大。相对于知识和技能而言,鉴别性素质不容易被观察和测量,也难于改变和评价,这部分素质很难通过后天的培训得以形成。①

企业在招聘人才时,不能局限于对技能和知识的考察,而应从应聘者的求职动机、个性品质、价值观、自我认知和角色定位等方面进行综合考虑。事实上,对应聘者"水面以下部分"能力素质的考察更为重要,没有与企业要求契合一致的求职动机、品质、价值观等相关素质的支撑,再有知识和技术的人也不可能成为真正意义上的人才。相反,能力越强、知识越全面的人,如果在个性品质、个人价值观等层面与企业要求相背离,则可能对企业的危害性更大。

（二）特质理论

特质理论是现代西方人格构成的一种主要理论。这一理论认为人格由许多特质要素构成,特质是构成人格的最小单位,是激发与指导个体的各种反应的恒常的心理结构。

特质理论的最早提出者是美国心理学家高尔顿·威拉德·奥尔波特(G. W. Allport)。奥尔波特认为,人格是包括各种特质的动力组织,这些特质决定了个体适应的独特性。奥尔波特还将人格结构中的特质分为个人特质和共同特质。共同特质是指同一文化形态下群体共同具有的特质,是在共同的生活方式下形成的,并普遍存在于群体的每一成员身上;个人特质是单个个体所特有的,表现为个人不同于其他个体的人格特征。根据不同特质对个体

---

① Spencer & Spencer. Competence At Work: Models for Superior Performance[M]. New York: John Wiley & Sons, 1993.

的影响大小，个人特质还可细分为首要特质(cardinal trait)，是一个人最典型、最具概括性的特质，它支配、影响着个体所有行为；中心特质(central trait)，是构成个体独特性的几个重要特质，每个人身上有5～10个；以及次要特质(secondary trait)，即那些个体不太重要的特质，往往只有在特殊情境下才表现出来的特质。

对特质理论做出很大贡献的还有心理学家雷蒙德·卡特尔(R. B. Cattell)。他的贡献在于运用因素分析的方法把人格特质区分为表面特质和根源特质，表面特质是由一些互相联系的特性形成的；根源特质是相对稳定和持久的特性，通过因素分析可以发现根源特质是一些单一的因素，是人格的基本成分。1949年，卡特尔用因素分析法提出了16种相互独立的根源特质，并编制了《卡特尔16种人格因素测验》(16PF)。这16种人格特质是：乐群性、聪慧性、情绪稳定性、恃强性、兴奋性、有恒性、敢为性、敏感性、怀疑性、幻想性、世故性、忧虑性、激进性、独立性、自律性、紧张性。卡特尔认为在每个人身上都具备这16种特质，只是在不同人身上的表现有程度上的差异。

近30年来，研究者们在人格特质描述模式上形成了比较一致的共识，提出了人格的大五模式。1992年美国著名心理学家Costa和McCrae运用词汇统计和因素分析的方法，发现有五种特质可以涵盖人格描述的所有方面，也是人们适应社会的基本动力特征和内在核心因素。大五人格测验(general big five scale, GFFS)就是用以对这五种特质因素加以测评的著名人格测验，这五种人格特质分别是：

外倾性(extraversion)：好交际对不好交际，爱娱乐对严肃，感情丰富对含蓄；表现出热情、社交、果断、活跃、冒险、乐观等特质。

神经质或情绪稳定性(neuroticism)：烦恼对平静，不安全感对安全感，自怜对自我满意。包括焦虑、敌对、压抑、自我意识、冲动、脆弱等特质。

开放性(openness)：富于想象对务实，寻求变化对遵守惯例，自主对顺从。具有想象、审美、情感丰富、求异、创造、智慧等特质。

随和性(agreeableness)：热心对无情，信赖对怀疑，乐于助人对不合作。包括信任、利他、直率、谦虚、移情等特质。

尽责性(conscientiousness)：有序对无序，谨慎细心对粗心大意，自律对意志薄弱。包括胜任、公正、条理、尽职、成就、自律、谨慎、克制等特质。

（三）特质—因素理论

特质—因素理论是由美国职业指导专家弗兰克·帕森斯(Frank Parsons)于1909年提出，也称为"人职匹配理论"。他认为，人与职业的合理匹配在择业过程中非常重要，个人都有自己独特的人格模式，每种人格模式的个人都有其相适应的职业类型。"特质"就是指个人的人格特征，包括能力倾向、兴趣、价值观和人格等，这些都可以通过心理测量法，并辅之以观察法、访谈法、问卷法来加以测评；"因素"则是指在工作上要取得成功所必需具备的条件或资格，这可以通过工作分析而了解。

该理论的提出是基于3个假设：第一，个体在与工作相关的兴趣、需要和价值观等方面有差异；第二，工作对其任职者的要求和回报上是有区别的；第三，工作的成就感与满足感与个体特质和工作要求之间的匹配度成正比。因此，只有当个体特质与工作要求的要素合理匹配时，个体和组织的利益才能最大化。

尽管后来有不少学者批评特质—因素理论理忽视了组织变量对人职匹配的影响,也没有从动态发展的角度研究员工和组织的互动影响,但仍然改变不了该理论成为职业理论的奠基石的事实。由于该理论是第一个提出在职业决策中强调进行人与岗位匹配的理论,自20世纪初提出至今,一直受到职业决策领域研究者的追捧,在此之后也发展出大量更具体和完整的职业理论,其中最著名的是霍兰德理论(Holland's theory),也称霍兰德职业兴趣理论。在该理论中,霍兰德将人格类型划分为6种,并为每一种人格匹配了适合的职业类型。这6种人格类型分别为:

现实型:愿意使用工具从事操作性工作,动手能力强,做事手脚灵活,动作协调。偏好于具体任务,不善言辞,做事保守,较为谦虚。其不足之处是人际关系处理能力较弱。适合的职业有制图员、机械装配工、木匠、厨师、技工、修理工等。

调研型:抽象思维能力强,求知欲强,肯动脑,喜欢独立的和富有创造性的工作。知识渊博,有学识才能,不善于领导他人。考虑问题理性,做事喜欢精确,喜欢逻辑分析和推理,不断探讨未知的领域。适合的职业有科学研究人员、教师、工程师、电脑编程人员等。

艺术型:有创造力,乐于创造新颖、与众不同的成果,渴望表现自己的个性,实现自身的价值。做事理想化,追求完美,不重实际。具有一定的艺术才能和个性。善于表达、怀旧、心态较为复杂。适合的职业有演员、导演、歌唱家、作曲家、小说家、诗人、剧作家等。

社会型:喜欢与人交往、不断结交新的朋友、善言谈、愿意教导别人。关心社会问题、渴望发挥自己的社会作用。寻求广泛的人际关系,比较看重社会义务和社会道德。适合的职业有教师、教育行政人员、咨询人员、公关人员等。

企业型:追求权力、权威和物质财富,具有领导才能。喜欢竞争、敢冒风险,有野心、抱负。为人务实,习惯以利益得失、地位、金钱等来衡量做事的价值,做事有较强的目的性。适合的职业有企业经理、销售人员、政府官员、法官、律师等。

传统型:尊重权威和规章制度,喜欢按计划办事,细心、有条理,习惯接受他人的指挥和领导。喜欢关注实际和细节情况,通常较为谨慎和保守,缺乏创造性,富有自我牺牲精神。适合的职业有秘书、会计、行政助理、图书馆管理员、出纳员、打字员等。

霍兰德认为,每一特殊类型人格会对相应职业类型中的工作或学习感兴趣。如果人格类型与职业类型一致,个人才能对工作产生兴趣并体会到内在满足感;如果人格类型与职业类型相近,个人经过努力,也能适应并做好工作;但如果人格类型与职业类型相斥,个人对职业就毫无兴趣也没有能力胜任工作。至此,霍兰德提出了一套动态的人与岗位匹配的理论,并制定了两种类型的测定工具,帮助择业者进行职业决策。其一是职业选择量表(vocational preference inventory,VPI),该量表要求被试者在一系列职业中做出选择,然后根据测定结果确定个人的职业倾向领域。另一种测试是自我指导探索(self-directed search,SDS),在测试感兴趣的活动、能力和喜欢的职业的基础上,寻找比较适合自身特性的职业。

第二节 能岗匹配的原则

一、最佳匹配原则

能岗匹配原理中最核心的原则就是最佳匹配原则,是指最优的不一定是最匹配的,最匹配的才是最优选择。即职得其才,才得其职,才职匹配,效果最优。如果将个人能力与岗位和组织要求分别看成两个圆,那么能岗匹配就是两个圆的重叠部分,重叠越多证明匹配度越高。招聘人才时易犯错误之一就是盲目择优录取,认为最优秀的就是最佳任职者,完全不考虑岗位和组织的实际需求。事实上,个人能力超出岗位要求,岗位无法提供员工个人才能施展的平台和空间,员工就很难感受到工作上的成就感和满足感,这种人才高消费极易引起员工工作倦怠、积极性下降,员工离职倾向增加等问题,也是对人才不尊重的表现,"怀才不遇"不仅是人才的悲哀,而且人才闲置也造成了企业和社会的人力资源浪费。相反,若个人能力无法满足岗位和组织的要求,即便勉强上岗也无法达到预期绩效水平,企业利益必然受损,也同样不利于员工个人职业发展。

二、一致与互补原则

本章第1节中谈到的能力既包括外显的、立即可察的知识、技能,又包括隐藏的、不易察觉的社会角色、价值观念、自我概念、动机等个体特点。能力与岗位的匹配可按照能力的这种分类大致分为一致性匹配和互补性匹配。一般来说,隐藏的、不易察觉的深层能力(如动机、价值观等)需要与企业文化和氛围相一致,这称之为一致性匹配;而那些外显的、立即可察的能力(如知识、技能等)应与工作任务要求或职位的关键要求一致,即企业缺少的正是个体所拥有的,个体知识与技能能够满足企业的需要,这就是互补性匹配。招聘以一致匹配作为基础,以保证互补匹配的功效发挥。

一致性匹配与互补性匹配统一有三方面意思:第一,一致与互补同为个体能力与岗位匹配的两种形式,二者往往同时出现在能力与岗位的匹配中。第二,一致性匹配与互补性匹配不可分割,一般而言,个体价值观、动机、态度等深层特征与企业文化、价值观、目标、规范一致或相似是个体具备岗位胜任能力的基础,只有当二者一致性匹配时个体的知识技能与企业需求互补才有价值和考察的必要。那些不认可企业文化价值观的人,越有才能则对企业的潜在影响和危害越大。第三,互补性匹配与一致性匹配是一个动态的、不断完善的过程,在深层次的价值观念上,个体和企业不可能一开始便完全相符或一致,真正的认同来源于个体与企业的交互过程中,是在工作中潜移默化的结果,同样,个体能力特征也可能随企业要求而改变,个人的知识技能都是在工作中不断丰富和完善起来的。

三、动态性原则

能岗匹配是一个动态发展变化的过程,低程度的匹配可以随着个人素质的提高及岗位要求的变化逐步发展实现高程度的匹配;高程度的匹配也有可能由于岗位要求的不断提高,个人能力的绝对和相对退化而变成低程度的匹配。另外,当个人能力或岗位要求发生变化时,要适时调整人员配备,以保证合适的人工作在合适的岗位上,达到企业整体上的最佳匹配。

事实上,个人能力与岗位之间的匹配是相对的,招聘的过程就是一系列测评和比较的过程,通过应聘者具备能力与岗位胜任能力模型之间的比对,找出与胜任能力最匹配的应聘者,这样的匹配是相对最佳匹配。事实上,任何人都需要在实际工作中不断学习以提高胜任能力,当出现个体能力超出岗位所需并达到更高职业工作的能力要求,或者经一段时间工作发现确实不能胜任该工作等情况，企业则会自动对这种不匹配进行调整，即采取晋升、轮岗、换岗甚至辞退等方式以达到新一轮的能岗匹配和人与企业间的平衡。因此，能岗匹配始终处于变化和发展之中，能与岗之间的关系则经历着不匹配—匹配—新不匹配—新匹配的循环往复过程。

第三节 能力模型的构建

要在招聘中达到能岗匹配，首先需要通过组织架构分析、岗位分析等方法对岗位和组织要求进行梳理分析，其中最重要的是根据企业战略目标和文化氛围，构建出各个岗位的能力模型，即一系列对在岗位上取得优秀业绩具有决定性作用的关键能力素质要求。近年来，国外许多公司已经把能力模型作为选人、育人、用人、留人的参照标准。IBM、联合利华、AT&T等跨国公司，都相继建立了自己企业的能力模型，并在招聘等人力资源管理工作中加以应用。国内企业中，如中国石化、中国网通、李宁体育用品、深圳平安保险等企业也相继建立了本企业的能力模型并用于实践。可以说，能力模型的构建是在招聘中实现能岗匹配的先决条件。

一、前期准备

准备阶段的重点是成立专门工作小组，一般由领导小组和专家小组组成。领导小组的职责是负责能力模型建立的领导工作，审定工作计划与方案等决策性工作。领导小组中需有公司高层直接参与，获得高层领导的支持和参与是该项目成功的关键。专家小组主要包括公司人力资源部相关人员，各个部门的负责人、主管，以及技术骨干等。各部门的直接主管与高级技术人员对本岗位的职责、工作标准、岗位所需知识、能力与个性特征都非常熟悉，经必要培训能为能力模型建立提供准确和必需的信息。

此外，还要进行全员培训，工作小组成员培训的重点是使之尽快熟悉能力模型构建的理念、方法以及各种注意事项。对一般员工培训是让他们能够认识到该项工作对于企业和员工个人发展的意义和作用，明白该项工作关系到全体员工的切身利益，从而达到使多数员工主动、积极参与、配合评价工作的目的。动员培训的形式可采取召开组织的动员大会，采用专家讲授与示范、员工提问相结合的方式。

二、收集信息

首先要详细分析公司的战略方向、文化价值取向、业务流程、组织构架以及岗位设置，在此基础上，将与企业发展相适应的员工特点作为高绩效指标。可采用专家小组讨论法，就各个岗位的任务、责任、绩效标准以及期望优秀员工表现的行为和特点进行讨论并得出结论。其次是鉴别出业绩优秀的员工，采用工作分析、查阅资料、实地考察等方法提炼出鉴别绩效优秀的员工与绩效一般的员工的标准。根据岗位要求，在从事该岗位工作的员工中，分别对绩效优秀和绩效普通的员工进行调查。

行为事件访谈法（behavior event interview，BEI），又称BEI法，是构建能力模型中最重要的方法之一。它采用一系列精心设计的开放式问题，收集被访者在代表性事件中的具体行为和心理活动的详细信息。具体做法是让被访谈者找出和描述他们在工作中最成功和最不成功的三件事,然后详细地报告当时发生了什么。具体包括:这个情境是怎样引起的?牵涉到哪些人?被访谈者当时是怎么想的,感觉如何?在当时的情境中想完成什么,实际上又做了些什么?结果如何?结束时让被访者自己总结事件成功或不成功的原因,最后对访谈内容进行内容分析,来确定访谈者所表现出来的能力特征。

除此之外,还可采用专家研讨法、资料分析法、问卷调查法和观察法等方法获得能力模型的数据。后面几种方法与BEI法相比操作便捷、程序相对简化,但无法深入了解如态度、思维方式等隐性信息,因此一般应以行为事件访谈法为主,辅以其他方法对所需信息进行收集。

三、设计企业能力词典

信息收集完毕后,要对信息进行整理,将收集来的资料进行归类,分析出各个岗位绩优者和绩差者在处理关键事件时的思想行为等方面的差异,识别导致其行为及其结果的关键能力特征。

构建企业能力词典要特别注意结合企业战略方向和文化的分析,对直接导致优秀绩效的、符合企业发展需要的能力素质进行定义,列出能力词典的基本素质与能力要素。按照不同维度加以分类整理,提炼出企业核心能力素质要项和各类专业能力素质要项,同时对每个要素的高分行为特征和低分行为特征进行分析和描述,即划分出能力的等级和层次级别。初步形成能力词典应包括特定的能力要项、单项能力定义、级别划分以及各个等级特点的描述,并附以详细解释和取自行为事件访谈资料的标识示例。

四、建立岗位能力模型

建立岗位能力模型不是简单地将企业能力词典里的各项能力照抄照搬,而应在明确企业内部业务流程基础之上,结合岗位自身及其业务上下游关键岗位,将企业能力词典的各项能力进行具体分解,并加上岗位所需的专项能力要求。

由于进行能力素质评价针对的是企业每个岗位任职者的能力素质,因此在设计企业能力素质项目的基础上,必须考虑每个岗位对任职者的实际等级要求。各个岗位的能力素质等级要求,一般可以岗位职责为基准,由该岗位工作的相关者,其中包括其上级、下级及平级相关者,组成评估小组来进行具体评估确定。

五、能力模型的评估与修正

在形成各个岗位能力模型初稿之后,应对其进行能力评估和修正。一般由专家小组以及熟悉各个岗位的员工代表进行讨论和审定。讨论内容包括能力模型中各能力要素之间是否有重叠、遗漏,逻辑关系和层次是否分明,各要素界定是否准确、分级是否合理等。根据综合讨论结果对能力模型进行能力修订,能够减少主观误差,确保其完整性和科学性。

能力模型建立后,要与人力资源管理的各项工作进行衔接,并通过沟通、交流和培训等方式,向各个层级的员工宣传、推广,打消员工的顾虑,获得理解和认同,以保证实施的效果。同时,及时取得反馈,对发现的问题作必要的改进。模型投入使用后,仍需定期评估和适时修订,使之能够动态地体现出企业战略变化及岗位需求的诉求。

本章小结

本章主要介绍了招聘的第一原则——能岗匹配原则。首先对能力及能力模型概念的起源和内涵进行了阐述,并介绍了与能岗匹配直接相关的3个理论。在此基础上,论述了实现能岗匹配的最佳匹配原则、一致与互补统一原则,以及动态性原则。最后,还介绍了构建能力模型的基本程序以及常用方法。

主要概念与名词

能力 能力模型 冰山模型 能岗匹配 能岗匹配原则 能力模型构建

复习与思考题

1. 为什么能岗匹配原则是招聘中的第一原则?
2. 能力与知识、技能、价值观之间的关系是什么?
3. 什么叫能力模型?它在招聘中有什么作用?
4. 实施能岗匹配需满足哪些原则?
5. 构建能力模型的基本步骤是什么?
6. 试对一个中层管理岗位职务的能力模型进行设计。

讨论案例

佳力博物流公司的整体能力体系

佳力博物流公司(Galiber Logistics)是一家位于俄亥俄州哈德逊市的物流企业,该公司为整个供应链的各个环节的物流运输提供服务。佳力博物流公司组建于1989年,虽然公司创建的历史不长,但是已经赢得了"富有活力、发展迅速"的美誉。就像今天的许多企业一样,佳力博公司的未来受制于企业聘用优秀员工的能力。因此,管理人员开始反思:"是什么使得员工在这一行业中具有强大的竞争能力?佳力博公司怎样才能找到这些能力,并对这些能力进行开发和回报呢?"

这一项目的第一步就是要以能力为基础确定企业人员的招聘流程,尤其要关注那些关键职位的人员招聘和甄选。为了能更好地完成这一工作,佳力博公司组建了一支由企业领导团队组成的核心人物小组,该小组的核心任务就是帮助企业确定人员甄选标准。最后,他们确定了适用于整个企业的六大关键能力。这些能力要项反映了佳力博公司希望招聘那些具有客户导向、团队导向、系统导向的员工的甄选标准。这些能力要项是:

(1) 沟通(communication):能够与顾客进行交谈,能够当众发表演说,能够耐心地倾听他人说话,能够通过口头演说对他人产生影响;能够花费大量的时间撰写文字材料,对材料进行修改;能够对工作情况做出清楚的记录;能够阅读各种参考资料。

(2) 培养下属(development of subordinates):能够为下属提供富有挑战性的工作,能够为其提供富有建设性的反馈意见,能够为其提供认可、报偿;帮助他人认真地改正错误,指出工作中的绩效盲点,实施员工开发计划,确保跨部门的培训,促进员工提升。

(3) 系统和流程导向(system and process orientation)：能够运用系统思维预测工作的后果并阻止问题的发生；积极遵守各种书面和非书面的规章制度；灵活运用各种详细记录的操作规程或以前确立的技术标准，遵守操作标准从而确保系统能够顺畅运行，并维持系统性能的稳定。

(4) 顾客导向(customer orientation)：确保客户知道自己能够得到什么，让顾客了解各种必要的信息；预测顾客的长期需求；想方设法满足顾客复杂的需求；能够很快地从失败的服务中重振精神，让客户感觉到自己受到了重视，并力求使提供的服务超出顾客的期望，在工作群体中营造以顾客为导向的团队氛围。

(5) 合作伙伴关系(partmership)：能够与顾客结成战略合作关系；掌握和处理顾客在时间、政策、决策制定人员等方面出现的细微变化；对顾客的要求做出及时回应并赢得他们的信任；在一个角色模糊的环境中找准自己的位置，在合作伙伴关系的范围之内提供服务，在满足客户需要的同时满足企业的需要。

(6) 团队导向(team orientation)：能够以高昂的士气和对团队目标高度忠诚的精神风貌与他人密切共事；与团队成员进行合作，公平分担团队工作。

然后，这些组织层面的能力要素被整合到一个更大的包括个体层面的能力要素的系统当中，根据这一系统面试主考官可以设计出与工作相关的面试问题。这些面试问题不仅反映了更广泛意义上的工作环境的要求，而且体现了具体职务的工作内容，现在佳力博公司正准备对现有的所有职位进行分析，力争找到每一个职务的关键能力要素。目前，公司正在讨论是否将以能力为基础的甄选系统放到公司的局域网上去。

"我们看到，佳力博公司早先开发出来的能力要素每天都在更新，这就体现了这些能力要素确实能够反映佳力博公司经营成功的关键。"行为技术专家特蕾西·特德斯可(Tracy Tedesco)说道。

还有许多工作等着去做。"我们已经规划好了能够对员工的整个生命周期产生影响的人力资源开发活动，从他们被招聘到企业开始。"公司人力资源部的副总裁帕特里克·曼里恩(Patrick Manion)说道，"我们希望把这些能力要素与所有的人力资源管理系统，以及支持人力资源管理活动的各项技术联系起来。"

(资料来源：案例改编自保罗·格林. 基于能力的人力资源管理[M]. 北京：高等教育出版社，2004)

讨论题：

1. 简要阐述制定整体能力体系对佳力博物流公司的人力资源管理所起到的作用。
2. 佳力博物流公司在制定六大关键能力时特别注意了哪些问题？
3. 六大关键能力应该如何应用到佳力博物流公司的面试中？

第八章

渠道、流程与方法——制订招聘方案

> **引例**

索尼CEO的招聘质疑

人力资源的获取对于一个企业来说是一项至关重要的工作。上到公司CEO、总经理，下到一般职员，任何员工的招聘和选用都必须从企业的整体利益出发，制订详细的招聘计划和实施细则。

公司最高层人员的招聘关系着企业的生死存亡。索尼一直是日本企业的一个神话，但是由于索尼公司的主要业务部门——电子产品部两年因决策失误连续出现赤字，严重影响公司的整体业绩。公司希望通过高层领导班子调整，对企业进行进一步的整顿改革，重振昔日"电子王国"的雄风。于是索尼公司在2004年3月7日举行的临时董事会会议决定由斯特林格取代出井伸之担任该公司新的首席执行官。

这是索尼公司首次由外国人出任公司最高负责人。对于斯特林格担任索尼首席执行官，是有很多质疑的，而且反对的声音也很强烈。那么，索尼公司是怎样选择斯特林格这个外国人作为首席执行官的？该公司采用的是什么样的招聘方案呢？如果让你担任索尼公司首席执行官的招聘工作负责人，应当怎样设计这一工作？

(资料来源:本文根据乐绍延《索尼公司更换首席执行官．首次由外国人出任掌门》一文等材料编写，新华网，xinhuanet.com)

第一节 确定招聘渠道

企业选择的招聘信息发布渠道及方式将决定什么样的人能了解到这些信息，从而直接影响应聘者的数量和素质。因此，企业应在合理的成本范围内，保证足够的高素质求职者来源。

时下通行的做法是从外部招聘，也有用人单位采用内部选拔的途径，究竟哪种方法更好，要视用人单位的实际情况而定。

招聘什么样的人员选择什么样的招聘渠道，不同的人才猎取的方式也不一样，要下对药才行。一个组织在进行招聘活动的时候，是采取外部招聘还是内部发掘，取决于多种因素，主要有招聘职位的要求、组织的文化、外部的资源状况等。

一、外部招聘渠道的安排

外部招聘亦称社会招聘,它往往是在内部招聘不能满足企业需要,特别是在企业处于初创期、快速成长期,或者企业因产业结构调整而需要大批中高层技术或管理人员或者想获得能够提供新思想的并具有不同背景的员工时,将视线转向社会这个广阔的人力资源市场,选用外部招聘渠道来吸引所需人员。

外部招募的方式多种多样,每种方式各有优势和劣势,企业应结合自己的具体情况选择一种或多种方式组合来获取一般人员。例如:公司需要初级技工,职业技术学校可提供这类人员;企业在招募大量基础员工时,应届毕业生是最好的选择,尽管他们没有工作经验,但是具备一定的专业知识,而且综合素质较高,很快能够进入角色。当企业需要已经积累了一些工作经验、同时职位较低的员工时,招聘会是一个不错的选择。招聘会通常是定期举办,召开频率较大,能为企业及时补充一般人员。[①]

常见的外部招聘渠道有以下几种。

(一)员工引荐

将有关工作空缺的信息告诉本单位的现有人员,请他们向企业或组织推荐潜在的组织外部的申请人。一些组织还提供少量报酬以激励雇员推荐合适的申请人。这种方式的好处在于被引荐来的求职者通过引荐者能更加了解公司和应聘的职位,因而流动率也相对低。不足之处是以后容易形成复杂的人际关系。

通过雇员推荐招聘人才,有以下优点。

(1)比起刊登广告、通过人才中介公司等征才渠道,雇员推荐招聘成本比较低。

(2)当雇员推荐求职者时,对方通常都已得知公司的情形,并且已经准备好转换工作,公司可以尽快面试或雇用,缩短了招聘时间。

(3)雇员一般不会推荐不适合或不可靠的应征者,因此成为替公司筛选人才的过滤网。通过员工找到求职者,一般比通过广告吸引的求职者的素质高。

(4)由于被介绍者已对工作及企业的性质有相当的了解,工作时可以减少因生疏而带来的不安和恐惧感,从而可降低辞职率。

(二)求职者自荐

求职者自荐的基本都是随机出现的求职者:找上门来的,打电话来的和写信来的。自行找来的和打电话来的往往是一般的求职者,写信来的常常是专业技术人员。在这些不请自来的求职者中,有时候会有比较出色的员工。然而,许多企业往往不认真对待这些求职者,找来的人往往在接待处就被告知没有空缺。即使让他填了申请表,也很快就束之高阁,不会有面试者与他们交谈。打电话来的往往被告知要亲自来求职,或是说没有空缺,那些不请自来的简历,企业也只是粗略地看一下,有时会写封感谢信,但更多的时候是什么也不写,从此就没有任何下文了。

为这些求职者建立一个简单的督导系统,则会产生很好的效果,人力资源部的接待人员

---

① 姚裕群. 人力资源管理[M]. 北京:中国人民大学出版社,2004.

有最新的职位空缺信息和简单的岗位说明书,只要有找来的,就告诉求职者这些信息,如果求职者对某一岗位有兴趣,就要告诉面试者,如果没有时间马上面谈,就要安排求职者以后的面谈时间。

打电话来的也要得到类似的对待,接待员要核实职位空缺,并告诉面试者。面试者往往即刻就会有一个简单的电话交谈,建立最初的印象,然后再约定以后的时间安排。

阅读简历时心中要装着空缺清单,通过电话或信件再建立进一步的联系。当有难招聘的岗位而又必须满足岗位要求时,这三个招募来源尤为重要。

(三)校园招聘

校园招募是招募初级专业人员的一个重要途径。它具有独到的优势:其一,大中专院校是以系或专业为单位的,很容易找到某个特定领域的专门人才;其二,刚毕业的学生思维很活跃,没有受到固定模式的禁锢,以创新为主导的企业对优秀的毕业生非常青睐,例如,通用电气、西门子、太阳微系统公司等;其三,校园招募的效率高、成本低。当然,从校园招募人员也有不足之处,例如,刚毕业的学生没有社会工作经验,需要支付大量的培训成本,发生跳槽的可能性也最大。

(四)招聘机构招聘

通过人才中介机构进行招聘主要可分为两类:一类是劳动力市场、职业介绍所和人才市场;另一类则是各种猎头公司。前者服务的对象比较大众化,企业一般在劳动力市场上招聘"蓝领"工人,而在人才市场上招聘"白领"工人;猎头公司则是专门招聘高中级人才的。

人才中介机构的作用是帮助雇主选拔人才,节省雇主的时间,特别是在企业没有设立人事部门或者需要立即填补空缺时可以借助人才中介机构。企业是否需要选择人才中介机构来进行相关的招聘工作,需要视具体情况而定。

一般而言,在下列几种情况下,适合采用人才机构的方式:用人单位根据过去的经验发现难以吸引到足够数量的合格申请人;用人单位只需要招聘很小数量的员工,或者是要为新的工作岗位招聘人力,专门设计和实施一个详尽的招聘方案得不偿失;用人企业给予填充某一关键岗位的空缺;用人单位试图招聘到那些现在正在就业的员工,尤其是劳动力市场供给紧张的情况下更是如此;用人企业在目标劳动力市场上缺乏招聘经验时;企业中没有自己的人力资源部门,因而不能较快进行人员的招聘和筛选工作;企业中虽然有自己的人力资源管理部门或专责人员,但是由于种种原因不能从事人员的招聘和筛选工作。

就业服务机构作为一种专业的中介机构,拥有比单个企业更多的人力资料,而且招聘和筛选的方法也比较科学,效率较高,可以为企业节省时间。此外,就业机构作为第三方,能够坚持公事公办,公开考核,择优录取,公正地为企业选择人才。但是,正是因为就业服务机构并不是企业本身,因此在进行筛选的时候可能会使较差的求职者通过初选阶段而直接被送到负责雇用他们的企业主管人员那里,监督人员有可能不作过多的选择就相信就业服务机构的挑选,最终雇用了不合格的人,而且企业必须支付中介费,从而增加招聘费用。因此,在招聘普通员工时利用这些服务机构效果会比较好,而招聘高级或专门技术人员则效果不佳。

猎头公司是一种与职业介绍机构类似的中介组织,由于其特殊的运作方式和特殊的服务对象,而被作为单独一种招聘方式。它主要适用于招聘那些工作经验比较丰富、在行业中和相应职位上比较难得的高级人才和尖端人才。其优点是可节省招聘和选拔专门人才的时间和精力;缺点是招聘成本较高。

(五) 传统媒体广告

通过传统媒体发布招募广告,是一种最为普遍的招募方式。用人单位可以在当地发行量大的报纸上、电视或广播上发布招聘广告。这种方式覆盖面广,但这种方式效率往往比较低。媒体的选择要慎重,电视广告和广播广告的费用相差悬殊,而且人们对媒体偏好也不同。

(六) 网络招聘

在互联网迅速发展的今天,越来越多的人选择网络招聘。网络为应聘者和用人单位提供了一个双向选择的平台。很多招聘的门户网站已经成为了庞大的人才库。企业通过这些网站发布对人员的需求后,将会收到申请某一职位的个人简历。企业只需将这些个人简历下载打印即可,非常方便、快捷。这种形式一般在常年招聘较多的单位采纳。但是,这种渠道不能控制应聘者的质量和数量,包括各种垃圾邮件、病毒邮件等会加大招聘工作的压力,在信息化不充分的地区效果差。

1. 网络招聘的优势

网络招聘的优势,体现在为求职者和用人单位双方提供了更加便捷的互动交流平台。对于求职者来说,网络求职以下四方面的优势是其他求职方式难以企及的。

(1) 容量大,更新快;
(2) 突破时空限制;
(3) 成本低廉;
(4) 机会找上门。

对用人单位来说,网络招聘的优势也十分明显。如,发布的招聘信息可以让不同地域的更多求职者阅读,从而提高了找到理想人才的命中率;接收在线简历,可以更方便地对简历进行保存、分类,建立企业的人才数据库;在网站上发布的招聘信息不受篇幅限制,企业可以提供除职位以外的企业介绍、发展历程等丰富内容。

2. 网络招聘的不足

任何事物总是有利有弊。网络招聘的劣势更多地来自互联网平台的先天之痛。网络招聘的不足主要有以下几点。

(1) 信息难辨真伪;
(2) 信息过时;
(3) 简历过多不受重视;
(4) 个人信息有泄露之忧。

很多求职者在网上输入个人信息时,心里难免有这样的担心:个人信息是否会被泄露,从而被他人所用? 这种担心并非空穴来风。一般来说,招聘网站不会泄露求职者简历,但也不能避免有人将公开的求职者个人信息挪作他用。

用人单位这一方同样有困扰。比如,招聘信息发布后,回收的简历不是太多就是太少,太多了人员纷杂,给简历筛选带来压力;太少了则不能提供企业实际需要的人才。在上述质疑声中,网络招聘仍未完全摆脱信任危机。

3. 网络招聘的方式

(1) 企业网站的宣传。企业在建设自己的网站时,应该考虑将企业人才需求信息作为网站的一个常设栏目。为了吸引更多的应聘者,除了必要的岗位信息以外,还应重点介绍一些企业的用人政策和文化信息。

由于企业网站招聘宣传是网站的一个必要内容,所以不必支付额外的招聘费用,成本低是网站招聘的最大优点。但是,由于其是企业网站,访问人数有很大的限制。

(2) 招聘网站的宣传。招聘网站就是专业从事招聘服务的网站。由于其定位明晰,加之宣传力度大,求职人员会经常访问招聘网站。招聘网站一般都拥有自己的职位信息库。依托广泛的服务网站和先进的技术保障,信息求职及企业信息可以涉及信息技术、电子、金融、化工、物流、广告等各种行业。

客户可以自己在线发布招聘信息,也可以将信息提供给网站,由网站代为发布,还可以在招聘网站中发布列名广告。招聘网站还可以根据企业的形象专门设计相关招聘页面,同时放置企业其他人事相关信息,还可以让客户使用网络化招聘管理系统。

二、组织内部的人才发掘

内部招聘是指通过内部人员的岗位平级调整或晋升而满足组织对人力资源的需求。内部招募有以下优点。

(1) 可以更准确判断员工的能力;
(2) 降低招募风险和成本;
(3) 可调动员工积极性;
(4) 提高忠诚度;
(5) 成功概率高。

所以,内部招聘成为一种既经济又快速的人力资源补充方式。

当然,内部招聘也有一些缺点。

(1) 内部招聘选择范围有限,可能没有合适的人选,在组织处于快速发展期尤其如此;
(2) 外部招聘不仅选择范围广,而且输入的新鲜血液有助于增加组织的活力;
(3) 在某种程度上,外部招募还有利于平息和缓和内部竞争者之间的紧张关系;
(4) 内部招聘易出现思维和行为定势,缺乏创新,从而使组织丧失活力,容易导致内部纷争或"近亲繁殖"现象。

(一) 利用信息管理系统

内部招聘的一种方法是利用信息管理系统中公司人员技术档案中的信息,这些信息可以帮助招聘人员确定是否有合适的人选,然后,招聘人员可以与他们接触以了解他们是否想提出申请。这种方法可以确保岗位空缺引起所有的资格申请人的注意。

利用管理信息系统进行的内部招聘有以下几种。

1. 与部门内部员工沟通

当企业中有些比较重要的岗位需要招聘人员时,让企业内部符合条件的员工从一个较低层级的岗位晋升到一个渐高层级的岗位的过程就是内部提升。

内部提升的主要优点是：有利于激励员工奋发向上，较易融入企业文化。主要缺点是：企业自我封闭，不易吸收优秀人才，可能使企业缺少活力，从而阻碍企业的发展壮大。要实现内部提升，应注意以下几个前提。

(1) 组织雇用的人员必须有发展的潜力；
(2) 他们应该认同企业的价值观；
(3) 组织的职业设计相当明确并充满层次；
(4) 组织必须建立完善的培训体系，以提升组织雇员的潜力；
(5) 组织的提升制度必须透明化；
(6) 唯才是用。

2. 与其他部门沟通

通过部门间的交流，了解其他部门是否有员工对本部门的工作感兴趣，以备一旦有岗位空缺，可以有针对性地选择补缺人员。内部调用应遵循以下原则。

(1) 尽可能事前征得被调用者的同意；
(2) 调用后更有利于工作；
(3) 取长补短。

3. 返聘

返聘即组织将解雇、提前退休、已退休或下岗待业的员工再召回来工作。这些人大多熟悉组织工作，无须过多地培训且往往十分珍惜再次就业的机会。

利用信息管理系统的优点是可以在整个组织内发掘合适的候选人，同时技术档案可以作为人力资源信息系统的一部分。如果经过适当的准备，并且技术档案包含的信息比较全面，采用这种方法比较经济和省时。

4. 与人力资源部沟通

人力资源部控制着内部招聘的全过程，并对招聘进度了如指掌。一旦本部门出现人事变动，应能及时与人力资源部门进行沟通，以促进内部招聘的顺利进行。例如，面对本部门出现的岗位空缺能及时报人力资源部并获得候选人名单。还可以就招募的对象和渠道与人力资源部进行沟通，提出建议。

（二）主管推荐

当一个工作岗位出现空缺时，也可由主管推荐。佐特立与万纳斯于1998年进行的分析研究显示：通过内部推荐和返聘等内部渠道所获得的雇员在组织的任期更长，绩效表现也更好。主管推荐多表现为企业内部选拔和调动等。

（三）张榜招标

在我国很多企业中，内部选拔的方法是经常使用的。当一个岗位需要招聘人员时，管理人员首先想到的是内部选拔能否解决问题。布告招标是组织内部选拔的普通方法，现在已开始采用多种方法发布招聘信息，比如利用与管理信息系统相结合的方法。采取布告招标时允许雇员有一定的时间去"投标"，即内部竞争。

布告招标有利于发挥组织中现有人员的工作积极性，激励士气，鼓励员工在机构中建功立业且内部竞岗选拔费用低廉,手续简便,人员熟悉,因此当招聘少数人员时常常采用此方法,而且效果也不错。

但是当企业内部员工人数不够或没有合适人选时,就应该采取其他的形式进行招聘。

第二节 设计招聘流程

一、基本框架

在组织进行人员配置的过程中,通过一系列的选拔手段淘汰不合格的求职者并识别和吸引具备一定素质的求职者,根据工作岗位的需求,做出聘用决策。招聘工作一般遵循以下程序,如图 8-1 所示。

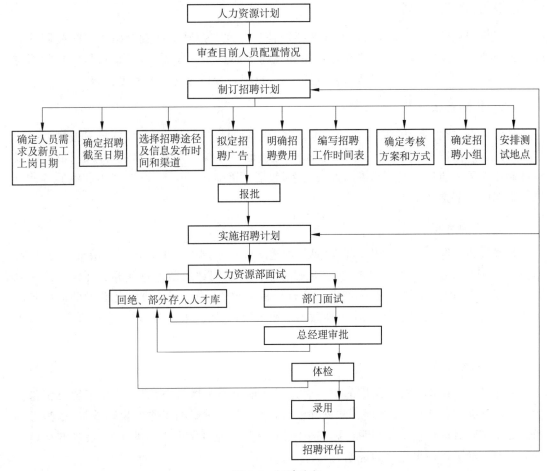

图 8-1 招聘流程

二、具体环节

(一)制订招聘计划

组织的人力资源部门在展开实际招聘活动之前,必须做出识别和吸引求职者的具体实施计划并解决一系列的具体问题。招聘计划的主要内容有：确定人员需求及新员工的上岗日期、确定招聘截至日期、选择招聘途径及信息发布时间和渠道、编制岗位说明和任职资格、确定淘汰比率、拟定招聘广告、明确招聘费用、编写招聘工作时间表、确定考核方案和方式、确定招聘小组、安排测试地点等。

（二）报批招聘计划

招聘计划的内容制订完毕后还需提交公司董事会或总经理进行审批，批准后才能进行招聘信息的发布，招聘活动才能继续进行。如果待招聘人员在人员预算范围之内，一般审批程序会进行得比较快；如果待招聘人员超出人员预算，公司高层管理人员就需要对招聘的必要性进行审核和论证。确认招聘要求后，获得审批的招聘计划书会直接发送回人力资源部，由人力资源部门的工作人员正式开始获取应聘者的活动。

（三）实施招聘计划

一旦决定招聘人员，就应该迅速发布招聘信息。发布招聘信息就是向尽可能应聘的人群传递企业将要招聘的信息。这直接关系到招聘的质量。一般而言，发布招聘信息的面越广，接收到该信息的人越多，应聘的人也就越多，招聘到合适人选的概率也就越大。

（四）招聘选拔环节

通常来说，招聘活动中应聘者的数量会多于空缺职位的数量，因此就需要对应聘者进行选拔，即使有时应聘者人数少于所要聘用的人数，也要对候选人的职位适合度进行评价，以保证聘用人员的质量。人员选拔的方法很多，包括简历筛选、笔试、面试、能力和测验等。可以根据实际需要选择使用。

（五）录用决策

在经过初步筛选、面试、测评等程序后，便进入人员录用的重要程序——做出录用决策。当招聘测评结束后，人力资源部门就应开始组织人力对测评成绩进行计算和评定。这一阶段的主要任务是对应聘者个人信息进行综合分析与评价，确定每位进入此阶段的应聘者的素质与能力特点，参照既定的工作标准做出录用决策，录用决策由参与招聘过程的主要管理人员共同做出。

（六）体检和录用

对于已基本确定被公司录用的应聘者还需参加全面身体检查，通过体检了解员工身体的一般状况和特别情况，如是否有传染性疾病，是否有严重影响工作的生理缺陷、酗酒等问题。如果应聘者的体检结果证明会影响未来的工作，企业可做出拒绝的决定，在通知应聘者的同时对拒绝理由做出充分的说明。

（七）招聘评估

评估是招聘过程中不可缺少的重要部分，这关系到招聘的效率问题，一般包括招聘成效评估、录用人员评估、招聘人员的工作评估和招聘活动总结等。[1]

---

[1] 萧鸣政. 人员测评与选拔[M]. 上海：复旦大学出版社，2006.

第三节　选择招聘方法

目前比较流行的招聘方法主要是心理测验法、面试法、评价中心法、胜任特征模型选拔法四种方法。

一、心理测验法

心理测验法是根据已标准化的实验工具如量表，引发和刺激被测试者的反应，所引发的反应结果由被测试者自己或他人记录，然后通过一定的方法进行处理，予以量化，描绘行为的轨迹，并对其结果进行分析。这种方法的最大特点是对被测试者的心理现象或心理品质进行定量分析，具有很强的科学性，而且随着计算机技术的发展和广泛应用，心理测验领域已出现了明显的计算机化的趋势，如在机上施测、自动计分、测试结果分析和解释等。心理测试主要包括以下几种形式：智力测验、个性测验、心理健康测验、职业能力测验、职业兴趣测验、创造力测验。

二、面试法

面试作为招聘工作中选拔人员非常重要的工作，在现代企业管理中的应用越来越广。这是因为，在各种测评方法中，面试所具有的考察的直观性、内容的灵活性、信息的复合性和交流的直接互动性等优点，使得考官能够直观、灵活地考察应聘者的多种能力和素质，同时，还可以直接考察应聘者的个性、动机、仪表、谈吐及行为，有助于对应聘者做出比较全面和真实的评价，为企业招聘到真正需要的优秀人才，这是其他测评方法所无法比拟的。

下面是面试中应把握的关键技术。

1. **面试考官的素质要求及其组成**

面试考官的选择是影响面试成功的关键因素，因为面试考官的工作能力、性格特征及其各方面素质将直接影响面试的质量与效果。合格的面试考官必须具备的素质与特征可以归纳为以下几点：①必须具备良好的个人品格和修养；②应具备相关的专业知识和丰富的社会工作经验；③能有效地面对各种应聘者，熟练地运用各种面试技巧，控制好面试的整个过程；④能公正、客观地评价应聘者，不应以个人的好恶或应聘者的外表、性格、习惯、家庭背景等主观因素而影响评价的结果；⑤了解组织状况、职位要求并掌握相关的人员测评技术。

2. **面试问题的设计技巧**

面试考官应依据工作说明书、工作规范，对工作岗位的职责和任职资格条件进行了解，分析岗位要求应聘者所需的主要能力和素质，再根据这些要素设计相关的面试问题，以此来考核应聘者是否具备岗位所要求的能力和素质。此外，设计的基本面试问题需具备开放引发性，这样不仅能够为应聘者提供充分展示自己才能、表达自己见解的机会，面试考官也能对应聘者的各项能力和素质有更深一层次的了解，使不同应聘者的水平差异显现出来。

3. **面试提问的艺术**

（1）掌握面试的提问策略。面试考官要做到很好地控制面试节奏，引导好整个面试进程,应清楚面试的提问并不是要难倒、问倒应聘者,而是要开放性地引导应聘者通过回答问题来充分展示他们的才华、个性优势,显现他们独特的思想和见解。

(2) 注意面试的提问方式。考官要获得关于应聘者的不同方面的情况,如能力与其行为特征、心理特点等,由于测评的内容是多方面的,这就要求考官要根据测评内容的不同采取相应的提问方式。面试中常用的提问方式有开放式提问、连串式提问、假设式提问、压迫式提问和行为描述性提问等。

三、评价中心法

评价中心的方法是一种综合性的方法,它使用各种不同的技术对许多心理维度进行评定;它是一种为组织判断和预测那些与组织的工作绩效目标相关联的个体行为,以评价求职者操作能力及管理素质为中心,所进行的一种标准化活动程序,是一种比较全面的测评方法。它的最突出特点就是情景模拟性,所以它的核心部分就是情景模拟测评。

情景模拟测评主要有以下几种形式:公文篮测验、小组讨论(包括无领导小组讨论和有领导小组讨论)、即席发言、角色扮演、管理游戏、小组任务(包括无领导小组任务和有领导小组任务)、书面案例分析、事实判断、面谈模拟、与人谈话等。到目前为止,除公文篮测验和无领导小组讨论略有研究外,其他形式的研究甚少。

从实际的使用频率看,使用频率较高(>50%)的有公文篮测验、案例分析及无领导小组讨论;而其他形式的技术使用频率并不高,一些形式,如角色扮演、小组任务等甚至都没有实际的调查数据。评价中心方法的效度一般是较高的,但此种技术费用太大,测评过程耗时较长,所以它的应用并非十分广泛,它更适合于高层管理者的选拔。

四、胜任模型选拔法

20世纪中后期,哈佛大学戴维·麦克米兰(David McClelland)教授的研究成果使人们看到现代人力资源管理理论新的曙光,为企业人力资源管理的实践提供了一个全新的视角和一种更有利的工具,即对人员进行全面系统的研究,从外显特征到内隐特征综合评价的胜任特征分析法。这种方法不仅能够满足现代人力资源管理的要求,构建起某种岗位的胜任特征模型(competency model),对于人员担任某种工作所应具备的胜任特征及其组合结构有明确的说明;也能成为从外显到内隐特征进行人员素质测评的重要尺度和依据,从而为实现人力资源的合理配置提供了科学的前提。

胜任特征的基本内容包括以下几个层面:知识、技能、社会角色、自我认知、特质、动机等。胜任特征模型在人力资源管理活动中起着基础性的、决定性的作用。它分别为企业的工作分析、人员招聘选拔、人员考核、人员培训以及人员激励提供了强有力的依据,它是现代人力资源管理的新基点。后三方面这里不赘述,仅介绍前两个方面。

(一) 工作分析

传统的工作岗位分析较为注重工作的组成要素,而基于胜任特征的分析则研究工作绩效优异的员工,突出与优异表现相关联的特征及行为,结合这些人的特征和行为定义这一工作岗位的职责内容,它具有更强的工作绩效预测性,能够更有效地为选拔、培训员工以及为员工的职业生涯规划、奖励、薪酬设计提供参考标准。

（二）人员招聘选拔

基于胜任特征的选拔正是要帮助企业找到具有核心动机和特质的员工，既可避免由于人员挑选失误所带来的不良影响，也可减少企业的培训支出。尤其是为工作要求较为复杂的岗位挑选候选人，如挑选高层技术人员或高层管理人员，在应聘者基本条件相似的情况下，胜任特征模型在预测优秀绩效方面的重要性远比与任务相关的技能、智力或学业等级分数等显得更为重要。

本章小结

本章详细介绍了招聘方案的设计内容，包括招聘渠道的设计、招聘流程的设计和招聘方法的设计。招聘渠道包括内部招聘和外部招聘，两种招聘渠道都有很多不同的形式，各自都有优缺点。招聘流程设计对于招聘的成败非常重要，一个成功的招聘必定有一个内容完整的招聘流程，因此应把流程执行好。同时介绍了招聘的常用方法。好的招聘方法可为选拔应聘者的职业性向、发展前途及潜力提供有效和准确的依据。通过对本章的学习，可使读者清楚地了解，并在一定程度上掌握企业招聘的具体环节与方法。

主要概念与名词

招聘渠道　外部招聘渠道　内部招聘　招聘流程　招聘方法　评价中心法
胜任模型选拔法

复习与思考题

1. 员工招聘的途径有哪些？分别包括哪几种？
2. 阐述内部招聘和外部招聘的优缺点，并进行比较。
3. 招聘的一般流程是什么？
4. 什么是心理测验？主要有哪几种方法？
5. 企业在招聘中常用的几种心理测验是什么？

讨论案例

宝洁公司的校园招聘流程

世界五百强的宝洁公司有着优秀的管理制度和巨大的发展空间，因而成为大学生向往的公司。而同时宝洁完善的选拔制度也得到商界人士的首肯。它的招聘流程如下：

（1）前期的广告宣传；
（2）邀请大学生参加招聘会；
（3）网上申请；
（4）笔试。笔试主要包括3部分：解难能力测试、英文测试和专业技能测试。
解难能力测试是宝洁对人才素质考察最基本的一关。
整套题主要考核申请者以下素质：自信心、效率、思维灵活、承压能力、迅速进入状态、成功率。

(5) 面试。宝洁的面试分两轮,第一轮为初试。宝洁的面试过程主要可以分为 4 大部分。面试中的核心部分是第二部分。一般面试人会按照既定的 8 个问题提问,要求每一位应试者能够对他们所提出的问题做出一个实例的分析,而实例必须是过去亲自经历过的。

宝洁的面试评价体系。宝洁公司在中国高校招聘采用的面试评价测试方法主要是经历背景面谈法,即根据一些既定考察方面和问题来收集应聘者所提供的事例,从而来考核该应聘者的综合素质和能力。

宝洁的面试由 8 个核心问题组成。

根据这 8 个问题,面试时每一位面试官当场在各自的"面试评估表"上打分。具体项目评分包括说服力/毅力评分、组织/计划能力评分、群体合作能力评分等项目评分。

(6) 公司发出录用通知书给本人及学校。通常,宝洁公司在校园的招聘时间大约持续两周,而从应聘者参加校园招聘会到最后被通知录用大约 1 个月。

(资料来源:姚裕群,刘家珉. 就业市场与招聘[M]. 长沙:湖南师范大学出版社,2007:150-152.)

讨论题:

1. 你觉得宝洁公司的校园招聘有哪些值得称道的地方?
2. 对于宝洁公司的校园招聘,你觉得值得商榷的地方是什么?
3. 校园招聘员工有什么优缺点?
4. 你认为宝洁公司校园招聘的测试方法如何?

第九章
借助科学工具——招聘中的测评

> 引例

搞编程还是做营销

某跨国 IT 公司广州分部的 HR 经理李莉前段时间有点烦心。根据公司用人需求,去年从一家知名大学招聘了一名优秀的软件工程专业毕业生小刘,小刘在软件技术方面具有深厚的理论基础,并具有一定的实习实践经验。公司把其安排在软件开发工程师职位上,为了让其迅速掌握本公司的技术特点和需求,公司派小刘到总部进行了为期 3 个月的专业技术培训。培训期满后小刘正式上岗,并参与了项目开发工作。

但小刘工作两个月后,李经理就接到小刘所在部门的投诉,说小刘表现并不尽如人意,不能很好地完成分配给他的工作,影响了项目开发进度,项目经理要求重新招聘技术人员。李莉左右为难。小刘是根据项目用人要求,经过严格选拔招聘进来的,他应聘时所表现出来的技能和专业知识,完全符合项目的用人标准,且拥有一定的工作实践经验,并通过了招聘时设置的一系列笔试、面试程序。如果辞退小刘重新招人,不仅浪费大量的时间和招聘成本,还损失了培训成本。此时,小刘自己也表达了对目前工作状况的不满,认为自己不能适应软件开发工作,既浪费自己的时间,也影响项目的推进,因此期望能够调到销售部。

经过与 HR 部门的同事商量,李莉决定请本地的人才测评中心对小刘进行测评,根据评估报告再另行安排。

测评中心应用了人格测评工具对小刘进行了测评。测评报告显示,小刘为外向型性格,对周围的人和事具有很大的兴趣,喜欢与人倾诉、交流沟通,社交能力强,容易相处,符合社会型素质模型相关的特征。而项目开发工程师所要求的研究型人才,其特征是"思维谨慎严密,善于观察、思考、分析、推理,喜欢独立工作,专注的研究习惯和对未知问题的探索精神"等,小刘并不符合。在与测评专家的交流中,小刘也承认,他在办公室里经常"坐不住"。同时报告也显示他在组织协调、沟通、影响力方面确实有过人之处。测评中心专家指出,如果让小刘从事产品销售工作也许更能发挥他的长处。

答案有了。于是,对小刘的测评报告分别提交给技术开发部门和销售部门,经过会同协商,权衡利弊,决定将小刘安排到销售部门,并安排指导老师对他进行专门培训。不久后,小刘就在新的工作岗位上做出了较好的成绩,与部门同事之间的配合相当顺畅。他自己也坦陈,现在的工作比以前从事软件开发工作更愉快也更有成就感。李经理当然也不再为此烦恼了。

(资料来源:案例改编自 http://bbs.yuloo.com/viewthread.php?tid=537891&extra=page%3D1&page=1)

第一节 人力资源测评原理

一、人力资源测评的概念

(一)人力资源测评的定义

人力资源测评也称人才测评、人事测评,是指以现代心理学、管理学、行为科学等理论为基础,通过心理测量、面试、情景模拟等多种手段、方法对人力资源个体的品德、智力、技能、知识、经验等素质进行测量、评价的活动过程。人力资源测评的目的在于帮助企业经营者准确了解员工的能力和心理素质,在市场竞争中,提高企业员工的能力,使企业人力资源合理配置,促进企业快速、稳定、健康发展;帮助在职员工或求职应聘人员全面了解自我、认识自我、发现和确定自己的成功商数,争取达到某种社会地位的能力和程度,掌握自我心理素质、能力倾向,适应职业的方向和发展目标,为测评者在转向、进修、择业中提供定位的评价报告。人力资源测评活动由两部分组成:一是采用科学的方法,收集测评对象在相关活动领域中的表征信息;二是采用科学的方法对其素质水平做出量值与价值判断。前一部分主要是"测"的工作,后一部分则主要是"评"的工作。

(二)人力资源测评溯源与沿革

北宋大文学家苏轼曾写道:"人难知也,江海不足以喻其深,山谷不足以配其险,浮云不足以比其变。"现实之中,在遇到的形形色色的人中,我们所能够了解的大多仅是他们的表象,而对于其内在实质往往难以准确获悉。有的人夸夸其谈,其实难副;有的人低调内敛,但技艺精湛。人之难知,加大了人力资源选拔的难度。而在企业之中,如何更深入地了解一个人,为特定的岗位选择合适的人,是人力资源管理所要解决的一个关键问题。有一个谚语说道:"虽然你可以教会一只火鸡爬上树,但更简单的是找来一只松鼠。"人力资源测评就是帮助我们达到这个目的的一种技术手段,可以帮助我们从众多"火鸡"中找到"松鼠"。

早在我国古代,众多关于"知人"方面的著述,提供了近似于现代人力资源测评的思想。如《庄子·列御寇》中提出了9种知人之法:"故君子远使之而观其忠,近使之而观其敬,烦使之而观其能,卒然问焉而观其知,急与之期而观其信,委之以财而观其仁,告之以危而观其节,醉之以酒而观其则,杂之以处而观其色。九征至,不肖人得矣。"庄子认为,只要掌握这9种知人之法,通过考察人的忠实、恭敬、能力、智力、信用、贪心、气节、遵守规矩和是否好色等诸多方面,就可以洞察人们心灵的秘密,分辨出好人、坏人。诸葛亮《心书》中《知人性》篇也提出了7种知人的方法:"问之以是非,而观其志;穷之以辞辩,而观其变;咨之以计谋,而观其识;告之以祸乱,而观其勇;醉之以酒,而观其性;临之以利,而观其廉;期之以事,而观其信。"强调借助于语言或一定的情景刺激考察被测对象的心理和行为,以测量人的素质。我国古代积累的丰富的人力资源测评思想,总体上说以经验性的定性测评为主,并未形成系统的测评技术。

现代意义上的人力资源测评技术,起源于西方工业革命的发展。正是由于工业革命推动了西方社会生产方式的深层次变革,使得人才在组织竞争中的重要性日趋增长。因而通过选拔优秀、合适的人才,提高组织竞争力,为人力资源测评技术的发展提供了重要的现实社会需求。1879年,德国心理学家威廉·冯特(Wilhelm Wundt)建立了世界上第一个心理实验室,从事对个体行为差异的研究。1905年,法国心理学家比奈(Binet)研制出了著名的比奈-西蒙智力量表,开创了现代人力资源测评的先河。其后,心理测验演变为心理评价,为学生升学、就业、人才选拔、晋升和培训等提供指导和服务。20世纪下半叶以来,西方人力资源测评思想迅速发展,开发了名目繁多、内容丰富的测评技术,并得到了广泛的应用,人力资源测评技术逐渐成为企业选人用人的重要辅助工具。例如在英国,85%的公司使用心理测验招募新人,在职经理也常被要求进行心理测试,结果表明,经过测试选拔的管理人员比仅凭主管人员判断而提拔的管理人员,其成功率要高到两倍到三倍。

二、人力资源测评的地位

用人单位处于不同序列、不同等级的职位对任职者的素质要求是不一样的,这就是"适人适位"或"人岗匹配"。在人力资源开发与管理中,"适人适位"和"有的放矢"只能建立在对人力资源素质的有效测评的基础之上。人力资源测评在人力资源开发与管理中的基础地位有以下几个方面。

(一)为人力资源获取提供依据

根据职位与素质相匹配的原理,企业在人力资源的获取时必须明确以下两点:①招聘职位对任职者的素质要求;②招募对象是否具有该职位所要求的基本素质。这两方面都需要人力资源测评发挥作用,提供依据。

就前一方面而言,除了做好工作分析以外,还需要对该职位的现有任职者进行测评,以确定工作分析所确定的该职位的素质要求是否正确、合理。就后一方面而言,人力资源测评的意义是显而易见的,尽管求职者可能会在测评过程中进行伪装,但这是需要在测评中防范的问题,而不是要不要进行测评的问题。

(二)为人力资源使用提供指导

企业在获取人力资源后,须按照"人岗匹配"的原则使用人力资源。由于人力资源在获取过程中的测评一般是在较短的时间内完成的,其准确性不可能达到百分之百;而人力资源在使用过程中,其素质也会发生变化。因此,人力资源测评不可能一劳永逸,而需要在对人力资源的使用过程中作进一步的测评。

人力资源使用过程中的测评具有以下几方面的作用。

1. 为职位升降提供指导

在人力资源个体的职位升降上,单凭业绩水平来决定是不科学的,必须同时参照素质水平。例如,在管理人员的提升中存在着彼得原理(The Peter principle)的现象,即在一个组织中提拔管理人员时,往往会因其在现任的岗位上有一定的业绩而忽视其对新的岗位的胜任力,而将其提拔到与其能力不相适应的高职位上。

从逻辑上看,人力资源个体的业绩水平与素质水平之间应存在强正相关关系,但也有相关度不高,甚至背离的现象。因此,在个体的职位升降上,必须综合考虑素质水平与业绩水平两方面的因素。就管理人员而言,业绩水平高而素质水平不高的不得提升;业绩水平不佳,但素质水平高的管理人员不能简单地降级,要深入分析原因;业绩水平与素质水平俱佳的管理人员应该得到提升,而业绩水平与素质水平都差的管理人员则须降职或免职。

2. 为岗位竞争提供参照

为激活企业人力资源,竞争上岗制度势在必行。当企业内部形成一个公平合理的岗位竞争环境时,企业人力资源的使用效率将极大地提高。为做到岗位竞争的公平、公正,一是要对各岗位的任职资格进行严格、科学的设定;二是要对各竞争者的素质及绩效水平进行客观的测评及评价。要实行竞争上岗制度,激活企业人力资源,人力资源测评必不可少;否则,竞争上岗制度就有可能流于形式。

3. 为员工制定职业发展规划提供参考

对自己有一个客观、正确的评价是企业员工制定职业生涯发展规划的基础。人力资源测评可以帮助企业员工正确地认识自己。相关的测评技术,比如语言运用能力测验、数字计算能力测验、逻辑推理能力测验、16PF 人格测验、机械推理能力测验、资料分析能力测验、空间关系能力测验、个性品质测验、YG 性格测验、气质测验、知觉速度与准确性测验、职业技能测试等都可以使员工更好地了解自己,找准职业方向,制定合理、可行的职业生涯发展规划。

(三) 为人力资源开发提供方向

人力资源开发是企业提高人力资源整体质量和竞争力的重要环节。比如,随着企业生存环境的更趋复杂多变以及企业间相互竞争的加剧,企业管理人员的开发越来越受到企业的重视。在美国,每年有 100 多万名管理人员参加开发活动,20 世纪 80 年代企业管理人员的开发投资达 100 多亿美元,目前上升到 450 多亿美元[①]。从整体上看,企业人力资源开发活动的效率是不理想的。许多公司的培训和开发实践并没有给受训者或公司带来任何真正的好处,有近一半公司的培训成本被浪费掉了。原因虽是多方面的,但不注重人力资源测评是一个重要因素,大多数开发活动在事先以及事后都没有相应的测评。缺乏在事前的测评,开发活动就不能做到"有的放矢";缺乏在事后的测评,开发活动就得不到有效的反馈,得不到改进。因此,为提高企业人力资源开发活动的效率,必须重视人力资源测评工作。

总之,人力资源测评在人力资源开发与管理中起着重要的基础作用。没有对人力资源个体素质的测评,在人力资源的使用和开发过程中要做到"适人适位"和"对症下药"是根本不可能的。

三、人力资源测评原则

(一) 整体性原则

人是一种复杂的客体,人的素质则是一个由许多方面构成的内容非常丰富、结构相当复

---

① Alma M. McCarth, Thomas N. Garavan. Developing self-awareness in the managerial career development process: the value of 360-degree feedback and the MBTI[J]. Journal of European Industrial Training,1999(9):437-445.

杂的客体。因此，对人的素质测试必须有整体性，要从全局出发，并分析清楚素质的结构，把握主要方面，又不遗漏虽然相对次要但在生涯的设计和调整中仍然发挥着相当影响的方面。

（二）目标性原则

素质测试是对人的素质所进行的了解和把握，这种测试从属于一定的目的，是基于个人或者用人单位的实际需要。对于个人而言，有选择所学习专业、设计人生道路、选择工作岗位、考虑职业变动的需要；对于用人单位而言，有安排培训计划、选择提拔目标、招聘择员等需要。因此，素质测试要根据目标，即根据具体的测试需要确定测试的具体项目，再据此选择合适的测试工具和方法。

（三）鉴别性原则

测试是要观测一个人的具体情况，因此必须达到较好的测试鉴别性。从心理测量学的角度看，鉴别性好，就是要达到比较高的信度与效度。高的信度是指测试结果真实、可信，即可靠性高，能够正确地反映被测试的客体；高的效度是指测试结果区分度高、准确性高，能够很好地反映出被测试的客体与一般客体、其他客体的差异。要达到满意的鉴别性，需要依靠测试工具的可靠和测试方法的科学。

（四）预测性原则

通过测试，除了能正确地反映被测试者的现行状况外，还应当能够对其素质（总体和某些主要方面）的发展做出判断，从而为个人的职业生涯设计与调整和用人单位的人力资源管理活动服务。

（五）易行性原则

科学不是越复杂越好，而是越简单、越明了越好。素质测试是为了人们能够观察、分析人，好的测试恰恰是应用比较简便易行的工具和方法，而得到正确、满意的测试结果。

四、人力资源测评类别

这里从心理测量学的角度对人力资源素质测试进行划分。

（一）从测试材料的角度划分

从测试材料的角度，可以分为文字测试和非文字测试。

文字测试所使用的测试材料是文字，被测试者用文字、语言或者数字回答。文字测试主要采取测试量表的形式。这是一种相对简便易行的测试方法。

非文字测试所使用的测试材料是图片、实物、工具、模型、器械等。非文字测试在实施上往往受到测试材料尤其是专门工具、器械的限制。

（二）从测试对象范围的角度划分

从测试对象范围的角度，可以分为个体测试、团体测试和自我测试（简称"自测"）。

个体测试是一个主持人对于一个被测者进行测试。其测试比较精细，但所花费的时间与成本均比较大。它适用于心理咨询、选聘人员、职业指导和心理治疗等领域。

团体测试是一个主持人对于一批被测者进行测试。其优点是测试的范围可以很大，例如一个班 50 个学生。它可以用于大面积的职业指导、人员筛选以及人文科学的研究。

自我测试是个人使用现成的测试方法,对自己进行一定的心理测试。自测方法的优点是,方法简便易行,测试者的目的明确、态度认真;其缺点是,一般人的心理学知识不足,由于自测量表鱼龙混杂,测试者难于选择,且只能依赖测试材料所提供的结果,对测试结果难以进行准确的解释分析和更深入的把握。

(三) 从被测试者特点的角度划分

从被测试者特点的角度,可以按年龄分为婴幼儿测试、青少年测试、成年人测试、老年人测试,也可以按人的身份分为在校学生测试、求职人员测试、在业人员测试。

(四) 其他划分

测试方法还有谈话法、(活动)观察法、作品分析法、行为分析法等。

第二节 人力资源测评方法

一、测验法

(一) 测验法及其分类

所谓测验,是对行为样本的客观和标准化的测量。通俗地讲,是指通过观察人的少数有代表性的行为,对于贯穿在人的活动中的心理或其他方面的特征,依据确定的原则进行推论和数量化分析的科学手段。

测验,在人力资源开发与管理中通常指心理测验。按照心理测验中所测量的目标,心理测验可分为五类:①智力测验,测验、试被试者的一般能力水平(即 G 因素)。②特殊能力测验,测验、试被试者具有的某种特殊才能(即 S 因素),以及了解其具有的有潜力的发展方向。③成就测验,测验、试被试者经过某种努力所达到的水平。知识即人在某领域的成就的反映,因而知识测验也可以纳入心理测验的内容。④技能测验,即对被试者熟练从事某种活动的能力的测试。⑤人格测验,测验、试被试者的情绪、兴趣、态度等个性心理特征。

上述类别中的智力测验、特殊能力测验统称为能力测验,从组织实际应用的角度看,技能与之类似,也可以归入能力的范畴。因此可将心理测验分为能力测验、成就测验和人格测验三大类。在组织中测评人力资源时,最普遍运用的测验方法即知识测验和能力测验;另外,对一些人员也可采用人格测验方法。在社会职业大量分化、各种职业能力的差别越来越大的情况下,职业能力测验也成为组织测评人员的重要方法。

(二) 心理测验的要求

1. 合理选择样本

心理测验以行为样本为基础。样本可以是一套试卷,也可以是精心设计的一个情景等。样本设计必须保证能测出被试者之间的差异性。比如,知识测验的试卷设计要求被试者的成绩呈正态分布,否则,该试卷(样本)的设计就是不合理的。

2. 过程标准化

心理测验在测验编制、实施、计分和测验分数解释等方面要保证一致性,亦即要保证对于所有的被试者来说测验的条件都相同。这样,不同的被试者结果才具有可比性。常模是比较测验分数的标准。常模的可靠性取决于其赖于建立的样本的大小及群体特征,样本没有足够的数量以及样本的群体特征与被试群体的特征差异大,样本的可靠性都会降低。

3. 测验的客观性

它是指心理测验要剔除主试者的主观影响。一是在测验的编制上要能在反映出被试的一般水平的基础上充分体现个体间的差距,标准过高或过低都不可取;二是在测验的过程中要避免主试的主观影响,要将被试放在平等的地位进行比较。

4. 测验的信度

信度是指测验分数的一致性和稳定性,亦即可靠性程度。测验的信度可以通过再测信度、复本信度、一致性信度等来反映。[①] 再测信度是指个人在同一测验下数次测验结果的一致程度。当然,绝对的一致是没有的,只要达到一定的相关程度即可认为可信。复本信度是指相似的测验所反映出的结果的一致性。一致性信度是指相同素质测评项目分数间的一致性程度。如果按逻辑被试在第一个项目上得分高,那么在第二、第三个项目上也应较高,在第一个项目上得分低,那么在第二、第三个项目上也应较低,如果测验结果确实如此,那么,该测验的可信度就较高。

5. 测验的效度

效度是指测评结果对所测素质反映的真实程度。具体表现在三个方面:一是实际上测试的内容与想要测试的内容是否一致,亦即想要测试的素质内容与实际所测的素质内容是否一致;二是根据样本所推测出来的素质水平是否真正反映了被试素质的实际水平;三是测试结果与某种相关标准的一致性,比如对道德水平的测试,测试中表现好,工作中是否也表现好。

(三) 知识测验

知识测验是在组织中应用极为普遍的测验,最常用的形式是笔试。例如,用于对操作工人应知应会的测验、对员工培训后的测验等。知识测验一般包括记忆、理解及应用三个方面的内容。

1. 记忆

企业中的成员,无论是操作工人、技术人员还是管理人员,都需要有大量的与工作相关的知识记忆。对于操作工人来说,需要记忆的有操作规程、设备性能、安全条例、工作纪律等;对于技术人员,则有本专业基础知识、发展动态等;对于企业管理人员来说,则有管理理论知识,本企业的基本经济指标、技术指标,企业生存环境的基本概况等。总的来说,企业的人力资源的总体素质是与企业员工的知识量直接相关的。因此,企业有必要对员工的知识记忆进行测验。

2. 理解

记忆是理解的基础,理解是应用的桥梁。在现实中知识没有得到很好的理解仍是一个值得关注的现象。就企业管理人员培训而言,其基本内容往往是相关的理论知识,有研究表

---

① 萧鸣政. 人员测评理论与方法[M]. 北京:中国劳动出版社,1997:196-200.

明,管理人员对理论知识的理解仍是不充分的。① 对知识的理解:一是对知识点本身的理解;二是对知识系统的理解,亦即融会贯通;三是迁移理解,亦即知识在材料内容不同、关系结构不同的情境中的理解。

3. 应用

知识应用是运用理论知识解决现实问题的活动。在应用层次上测试知识水平,一是看是否具有自觉地运用理论知识的意识;二是看能否分辨具体问题,灵活地运用知识,而不是机械地套用;三是看能否掌握理论的实质,创造性地发挥。

企业对员工知识水平的测验应形成一种制度,每年至少进行一次。每年测验内容的侧重点可根据具体情况而定。对于企业管理人员培训而言,现实中的知识测验存在形式化的弊端,这与企业管理人员开发的目标是不相合的。

(四)能力测验

1. 智力测验

近百年来,智力的概念一直困扰着学术界。1921 年,美国《教育心理学杂志》公开号召解决这一难题,请 17 位知名心理学家专门讨论这一难题,结果还是众说纷纭。1987 年,美国《智力》杂志社又召集 24 位著名专家,对智力问题进行了第二次大讨论,仍未达成统一意见。② 英国心理学家阜南(P. E. Vernon)强调智力的一般因素,其智力模型为树状结构:最高的层次为一般的认知因素,称为 G 因素;处于第二层次的为两个主要的群因素——言语-教育因素和操作-技术-空间因素;在两大群因素之下,又可划分为若干小群因素。③ 另外还有二因素论(一般因素 G 与特殊因素 S)、多因素论、立体模式等不同见解。

现有的智力测验一般是对认知能力的测验。企业招聘中最常用的智力测验有以下几种:

(1)奥斯特的心理能力自我测验。该测验以集体的方式进行,所花的时间短,适用于筛选不需要很高智力的职位的应聘者。

(2)韦斯曼人员分类测验。该测验也是一种集体测验,时间 30 分钟左右。测验包含语言部分及数字部分,并提供了推销员、生产监工等的常模。

(3)韦克斯勒成人智力测验。该测验主要用于高级人员的挑选工作,包括语文与作业两个量表,共有测验题 311 个,费时较长。

(4)桑斯通(L. Thurstone)个别智力测验。桑斯通认为,智力存在言语理解、言语流畅性、归纳推理、空间知觉、数字、记忆和知觉速度七种互不相关的因素,并对每种因素都设计了测验。④

(5)瑞文推理测验。《高级瑞文推理测验》是广泛使用的非文字性能力测验,可用于个别及团队测试。

如前所述,20 世纪 90 年代以来情绪智力颇受学术界及社会的关注,但到目前为止,情绪智力还是一个有较大争议的概念,也没有公认的量表。

---

① Graeme Currie, Roger Darby. Competence-based management development: rhetoric and reality[J]. Journal of European Industrial Training, 1995(5):11-18.
② 杨晓岚,路红. 智力:已知的和未知的[J]. 广州师院学报(社科版),2000(9):53-57.
③ 彭聘龄. 普通心理学[M]. 北京:北京师范大学出版社,1988:544.
④ 彭聘龄. 普通心理学[M]. 北京:北京师范大学出版社,1988:545.

2. 能力倾向测验

在人力资源测评中,能力倾向测验的应用较为广泛。能力倾向与智力不同,后者是一般能力,前者是个体在某一方面所表现出来的潜在能力或特殊能力。能力倾向测验也不同于成就测验,前者测评的是某种潜在的能力,后者测评的是经过开发的结果。

普通能力倾向成套测验(GATB),最初由美国劳工部职业安全局从1934年起,用了10多年时间研制而成,是许多职业群同时检测各自的不适合者的一种成套试验。这套测验在许多国家得到广泛应用。它由15种分测验构成,如工具匹配、名词比较、计算、组装、分解等。其他能力倾向测验有文书倾向测验、运动技能倾向测验、机械倾向测验、音乐能力测验等。

(五)人格测验

人格测验是对人的兴趣态度、价值观、情绪、气质、性格等方面的测验。应用人格测验的目的是为了考察人格特点与工作行为之间的关系。不同的职位对人格的要求有一定的差异,进行人格测验有利于企业提高人力资源的获取、使用及开发效率。人格测验的方法有问卷调查量表法、投射法、情景测验法。

卡特尔16因素(16PF)问卷法是最常用的方法。该问卷有187个问题,每一种因素有10~13个测试的问题,每个问题后附有a、b、c三个选项。卡特尔16PF有着较高的信度与效度,国内外均有在人力资源测评方面的运用,例如国外学者通过16PF来测试管理人员的情绪智力。

二、面试法

(一)面试的概念

面试是人力资源测评中一种最常用的方法,有着其他方法不可替代的特点,在某些情况下,它甚至是必不可少的。什么是面试,较为常见的看法有:面试就是面谈;面试就是口试;面试是对被试的基本品质进行综合直观的测定,并直接进入被试者间的横向比较的过程等。综合以上各种观点,可以认为面试是以面对面的交谈及观察为主要形式对被试者的有关素质进行测评的一种测评方式。

(二)面试的内容及类型

面试主要是了解被试以下方面的素质内容:仪表风度、知识的深度与广度、实践经验与专业特长、工作态度与求职动机、事业的进取心、反应能力与应变能力、兴趣爱好、自我调控能力、口头表达能力等。

面试的基本类型有:非定向面试,指谈话没有固定的形式,可以自由地展开;结构化面试,指问话主要是按事先设计的标准形式进行,也可以补充问题;压力面试,指给被试施加一定的负面压力,以观察其承受能力;系列式面试,指由多个主试提问,各主试独立评价;集体面试,指面试小组对几位被试同时进行面试;等等。

(三)面试的作用

1. 直接评定

人的某些素质要素是无法通过笔试形式来测验的,比如仪表、口头表达能力水平、反应的敏捷性等。这些素质要素的测评只能通过面试来完成，由多个主试者进行评分，基本上可以保证测评结果的可用性。

2. 验证及弥补

由于在笔试中可能存在伪装的可能，此时必须通过面试来进行验证。比如一个情绪不稳定的人可能在有关测验中通过伪装而得到情绪稳定的结果。另外，被试也可能因为身体健康、临场发挥欠佳等原因在笔试中表现不佳，面试能进行一定程度的弥补。

3. 推测

人的意志力的强弱、人生态度、是否爱思考问题等心理特征在笔试中一般是无法测验的。虽然面试也不可能直接评定，但可以进行大致的推测，推测结果可以在招聘人员的试用期中进一步验证。另外，面试还可以对被试的心智模式进行推测，尝试对被试的素质水平进行深层次的判断。

4. 高级人才的聘用

对于高级人才的选聘，笔试可能是无效的，一般应采用专访的形式，该形式也是面试的一种。比如，对企业高级管理人员的选用应通过深入的交谈，了解其管理思想、管理作风以及对本企业下一步发展的具体思路等方面来进行。

三、评价中心法

（一）评价中心的含义

评价中心是指采用多种方法对管理人员的素质进行测评的一系列活动。评价中心是一种测评方式，是一种程序，而不是一个单位，也不是一个地方。评价过程中针对特定的目的与标准采用测验、情景模拟测评、面试等多种评价技术在集中的几天时间内对管理人员的各种能力进行评价。

也有观点认为评价中心既是一种评价活动，也是一种开发活动。客观地看，可以认为素质评价是素质开发活动的重要组成部分，评价具有开发功能。但评价中心毕竟是以素质评价为直接目的的，而不是以素质开发为目的。因此，将评价中心定义为评价活动是合理的，将其定义为评价与开发活动则会引起概念上的含混。

（二）评价中心的特点

（1）评价技术的多样性。评价中心往往采用问卷、量表、测验、投射、面试、小组讨论、公文处理、角色扮演等多种测评技术对管理人员的素质进行评价，而不是仅仅采用一种技术进行评价。

（2）评价中心对管理人员的评价是在团体中进行的，由多个评价人员对一组管理人员同时进行评价。这与管理工作的性质是相近的，管理工作总是通过人与人之间的相互作用来完成的。每个小组的人员一般为6~12人。

（3）对管理人员从多个方面进行评价。评价的素质项目一般有领导能力、决策水平、人际关系能力、合作意识、创新意识、灵活性、现实性、动机和智力等。

（4）评价程序的标准化。评价内容、测评方式以及评价标准等都是以工作分析为基础而精心设计的，具有一致性。评价活动中每个小组成员都有平等的竞争机会。

(5) 时间较长，费用较高。一般来说，评价中心需要 3~6 天时间才能完成对管理人员的评价。评价时间长，评价费用也相对较高。但评价结果的质量也相对较高，具有较高的信度与效度。

（三）评价中心的主要评价方法

1. 心理测验

主要包括智力测验、人格测验、各种操作能力和能力倾向测验。测试者在对测验结果进行解释时应注意常模与被试情况之间的差异性，因为有些常模的建立时间较长，并且不是针对管理人员的。管理人员作为一个特殊的群体，其心理特征与一般社会大众的心理特征具有一定的差异。

2. 公文处理

公文处理是以书面材料的形式提供给被试若干需要解决的问题以及相关的背景资料，让其在较短的时间内进行处理，以考察其分析问题及解决问题的能力的一种评价方法。公文处理的方法可以有效地测试被试利用信息的能力、系统思维的能力以及决策能力，具有较高的信度及效度。

3. 小组讨论

小组讨论的方法是给被测试的小组一个待解决的问题，由他们展开讨论以解决问题，评价者则通过对该过程的观察来对被试的人际能力，在群体里分析、解决问题的能力以及领导方式等进行评价。小组讨论有多种形式，如无领导小组讨论、有领导小组讨论、不指定角色小组讨论、指定角色小组讨论等。

4. 管理游戏

管理游戏是指设计一定的情景，分给被试小组一定的任务由他们共同完成，如购买、搬运等，或者在几个小组之间进行模拟竞争以评价被试的合作精神、领导能力、计划能力、决策能力等多种能力的一种评价方法。管理游戏一般具有较强的趣味性，但设计的工作量大。管理游戏一般具有较好的信度及效度。

5. 角色扮演

角色扮演是在一个精心设计的管理情景中，让被试者扮演其中的角色以评价其胜任能力的模拟活动。要提高评价的准确性，管理情景的设计是关键，情景中的人际矛盾与冲突必须具有一定的复杂程度，使得被试只能按其习惯方式行为，降低伪装的可能性。

除以上各种方法外，评价中心还采用面试、笔试、案例分析、演讲等其他方法。

四、其他方法

人力资源测评方法除以上几种方法外，在企业中应用较多的还有观察评定法、申请表法、民意测验法、履历分析法等。

（一）观察评定法

观察评定法是借助一定的量表，在观察的基础上对人的素质进行评价的一种测评活动。观察评定具有以下几种基本类型：日常观察评定、现场观察评定和间接观察评定等。其优点是客观、方便；缺点是可控性差，观察结果难以记录及处理。

（二）申请表法

申请表法是通过对求职者在申请表上所提供的信息进行分析，对其素质进行判断、预测的一种测评方法。申请表法是素质测评中最常用的方法之一。对于求职量特别大的企业来说，该方法可以提高筛选的效率。

（三）民意测验法

民意测验对敬业精神、合作意识、工作态度、领导方式等素质项目的测评具有较好的效果。主要原因是上述素质要素在其他测评方法中被试者易于伪装，民意测验法则能有效地消除伪装的影响。

（四）履历分析法

履历分析法是指根据档案记载的事实，了解一个人的成长历程和工作业绩，从而对其素质状况进行推测的一种评价方法。该方法可靠性高，成本低，但也存在档案记载不详而无法全面深入了解的弊端。

第三节　人力资源测评流程

人力资源测评过程包括明确测评目的、确定测评内容、设计测评指标体系、选择测评方法、测评过程管理等方面的内容。

一、明确测评目的

确定测评目的是设计测评方案的前提及基础。一般来看，人力资源测评有以下三个方面的目的：①作为人力资源获取的依据；②明确培训需求，检验培训效果；③为人力资源的使用提供参考。就某一具体的测评项目而言，还需结合现实，将测评目的细化，明确测评应该达到怎样的效果。比如，就人力资源获取而言，需要明确测评结果在招聘决策中占多大的比重，测评在招聘的哪些环节发挥作用，发挥什么样的作用，测评应该具有多大的信度及效度等。

根据冰山理论，个体素质可分为可见的"水上部分"和深藏的"水下部分"。其中，"水上部分"包括基本知识、基本技能，是人力资源测评中人们一般比较重视的方面；而"水下部分"包括社会角色、自我概念、特质和动机，这部分处于冰山的最下层，在短时期内是比较难以进行有效测评的。由于企业人力资源测评是一个长期的过程，因此，企业应有目的通过一系列的测评来了解中高级管理人员、中高级技术人员以及关键员工的素质的"水下部分"，为他们的任用、开发提供可靠的依据。这也即是说，企业应对人力资源的测评制定长期目标，并尝试测评核心员工的"水下部分"的素质。

二、确定测评内容

测评内容即需要测评的素质要素。测评内容要根据测评的目的而定，应尽最大努力使之具体明确,切忌抽象、空洞。测评内容只有明确、具体,才易于理解及掌握,才有可能付诸实施。在需要测评的素质要素的确定过程中,应认真分析被测评群体的特点,针对他们的素质差异选择评价项目。以下是各类人员测评的重点内容。

(一)技术人员测评内容

对于科技工作人员来说,测评内容的重点是:
(1) 智力水平,尤其是思维能力;
(2) 创造力;
(3) 与自己专业有关的特殊能力,例如工程师应测试机械设计能力;
(4) 成就动机、意志、毅力等。

(二)管理人员测评内容

管理工作人员可以分为政府行政人员——国家公务员、企业事业单位的管理人员和"自己做老板"几种。对于管理工作人员来说,测评内容的重点是:
(1) 智力水平;
(2) 语言能力;
(3) 责任心、意志;
(4) 人际关系能力;
(5) 个人修养、包容力;
(6) 竞争素质;
(7) 健康状况等。

(三)生产人员测评内容

对于生产性人员来说,测评内容的重点是:
(1) 与工作内容密切相关的智力因素,如观察力、注意力;
(2) 与工作内容密切相关的特殊技能,如操作能力、空间想象能力;
(3) 责任感;
(4) 工作之中的交往沟通能力;
(5) 身体素质等。

(四)服务人员测评内容

对于服务性人员来说,测评内容的重点是:
(1) 与工作内容密切相关的智力因素,如观察力、注意力;
(2) 与工作内容密切相关的特殊技能,如语言能力、操作能力;
(3) 责任感、个人修养;
(4) 人际交往、沟通能力;
(5) 职业道德等。

(五)毕业生选拔测评内容

对于将要毕业的在校学生测试,根据所在学校、专业的不同而不同。对于在校学生而言,测评中一般更加侧重的内容是:

(1) 职业适应性及特殊才能方向；
(2) 职业兴趣方向；
(3) 价值观和成就动机；
(4) 人际交往能力、处事能力；
(5) 责任感与职业道德；
(6) 自信心、进取心、意志等；
(7) 一般心理健康的内容，如情绪稳定性、情感问题、应付挫折的能力等。

三、设计测评指标体系

一般而言，素质测评需要针对每一素质要素编制评价指标，进而形成评价的指标体系，并给出评定标准。评价指标体系的科学与否，对测评的信度及效度具有重要影响。评价标准的确定应力求客观、明确。对每一评价等级应有相对清晰的评价标准，不同的评价等级之间应能明确地区分开来。若只是给出评价等级，如仅设立优、良、中、差、不合格 5 个等级，而没有明确的数量标准，或相应的代表性的行为的描述，这样的评价效果肯定是不好的。

如果是知识测验，则需精心组织命题，并给出评分标准。命题者对测评的目的及要求应有充分的认识，对知识本身也要有全面的理解。命题应遵循以下原则：①代表性原则，指题量（即样本）要具有代表性，能代表知识总体；②难易适度原则，过于简单及复杂都不易区分被测评者间的差异；③表述简明原则，指试题本身及答题指导语简明；④迁移原则，指试题中对知识的迁移的考察应占有较大的比重，注重学以致用。

四、选择测评方法

选择测评方法是指对素质要素的测评方法进行比较、选择。某一素质要素可能有数种测评方法，这就需要对各种方法进行深入分析、比较，认真选择。在选择测评方法时切忌简单化或复杂化。比如，对心理健康水平的测评，可采用量表进行测试，也可采用面试的方法。倘若心理健康水平的测试是针对企业管理人员的，面试的方法可能就过于简单；若是针对一般员工的招募，采用量表进行测试则可能过于复杂。对某些素质要素的测评可能要选择多个评价主体，比如对人的能力、工作态度等的测评就需要由上级、同事、下级等多个评价主体来进行评价。此时，应注意各个评价主体的权重的分配。另外，要注意在其他企业或地方成功的测评方法在本企业、本地区不一定是有效的，在引入新的方法时要对其进行验证，以确定其适用性。

五、测评过程管理

过程管理是指测评全过程的组织，包括测评由哪个部门负责，具体的项目由谁负责，过程中由谁进行协调，主试的选择与培训，表格设计，时间安排，数据传递、处理程序等方面的内容。过程管理对提高测评工作的效率具有重要作用，测评的组织者应对测评的每一个环节、每一个方面都精心设计，认真组织实施。

测评的设计者及组织者应对各类人员的素质构成以及各素质要素间的相互关系有深入的研究及认识，否则，测试过程将是低效率的。比如，对于企业管理人员，人们可以轻松地列举出十多种素质，但这些要素中，哪些是核心要素，各要素间的相互关系如何，哪些是名不同而实质上高度相关的要素？这些都要进行深入地研究分析。测评的设计者及组织者应注重对人员素质理论以及素质测评理论、技术的研究，成为这方面的专家，以便充分发挥人力资源测评的功能。

现实中，人力资源测评工作存在着流于形式的弊端，比如，培训结束后的知识测验往往缺乏严肃性，有些企业针对企业管理人员引入心理测验，但对心理测验的目的及作用又缺乏正确的认识及恰当的解释，导致大量的企业管理人员不配合。鉴于人力资源测评在人力资源开发与管理中的重要性，企业应加强对人力资源测评工作的认识，加强对人力资源测评过程的组织与管理，以充分发挥人力资源测评的积极作用。

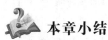
本章小结

本章主要介绍了人力资源测评的原理、方法及过程。文中对人力资源测评的概念和演变作了简单介绍，论述了人力资源测评在人力资源获取、开发和使用中的重要地位，分析了人力资源测评的整体性、目标性、鉴别性等原则，并对人力资源素质测试的类别进行了划分。进而，重点论述了人力资源测评的方法，包括心理测验法、面试法、评价中心等方法；阐述了人力资源测评过程的各个环节和过程管理的内容。

主要概念与名词

人力资源测评　心理测验　　信度　效度　知识测验　技能测验　智力测验
能力倾向测验法　知识测验　人格测验　面试法　评价中心法　人力资源测评流程

复习与思考题

1. 为什么说人力资源测评是人力资源开发与管理的重要基础工作？怎样发挥人力资源测评的基础作用？
2. 人力资源测评应坚持什么原则？
3. 什么是心理测验？心理测验的要求有哪些？
4. 什么是效度及信度？它们之间的差别是什么？在心理测验过程中为什么要进行效度及信度的分析？
5. 在人力资源测评方法的选择方面有什么原则？
6. 人力资源测评过程有哪些内容？怎样提高人力资源测评过程的效率？
7. 什么是评价中心？它有哪些作用？
8. 如何避免人力资源测评工作流于形式？
9. 如何对管理人员进行测评？

讨论案例

Y 研究院招聘中的测评

从事 IT 行业的 Y 研究院拟从高校毕业生中招聘软件工程师，为了获得合适的人才，委托一家咨询公司对应聘者进行了素质测评。其测评过程如下：

第一步是确定测评维度。咨询公司与研究院主管人员讨论后得出需要评价的4个主要维度：学习能力、创新能力、自我驱动能力、合作能力。其原因在于，IT业很多技术需要不断跟进世界新技术发展潮流，很多知识在课堂上学不到，因此需要应聘人具备很强的学习能力，即掌握新知识和新技能的能力。目前企业的竞争越来越激烈，能够不断开发出适合市场需求的新产品和新的服务，才是企业竞争制胜的关键，创新能力就成了对研发人员测评的重点。现代研发工作特别需要团队合作精神，一个人单打独斗很难快速开发出新产品，因此，合作能力就成了另外一个测评的重点。在现代企业里，强调的是以人为本，自我激励，那些需要别人督促的人显然会落后于竞争对手的速度和创造能力，所以，这次测评特别提出了自我驱动这个维度的评价。

第二步是选择和开发测评工具并实施测评。在招聘测评过程中，首先由技术专家进行技术面试，过关者由咨询公司工作人员进行综合能力测评。综合能力测评主要运用了三类测评工具：心理测验、半结构化面试和管理游戏测验法，每类工具针对不同的测评维度。在以上几个维度中，最难测评的当属创新能力了，目前测评创新能力的工具效度和信度普遍偏低。由于创新能力的高低与开放性思维、直觉思维、独立性、灵活性等素质特征有直接的关系，咨询专家在面试和管理游戏测验中设计了专门用来考察这些素质特征的问题来测评创新能力。学习能力的测评相对比较简单，采用了国际上通行的非文字逻辑推理能力测验。自我驱动在个性心理测验中和半结构化面试中能够得到比较准确的测验。合作能力的测评主要运用了管理游戏模拟工作情景的测验方式，让4～8个人组成一个小组来共同解决一个问题，从活动中来观察应聘者的合作能力等综合素质。

第三步是形成测评报告。最终形成的测评报告从个性等综合能力上对应聘者进行了评价，包括合作能力、学习能力、创新能力和自我驱动性等方面的描述，定性、定量地阐释了应聘者和软件工程师这个岗位的匹配程度。由于它特别关注非技术素质，在两个应聘者技术背景相差很小的情况下，可以在非技术层面做出明确的区分。

(资料来源：案例改编自田效军.A研究院招聘工作中的测评方式[J].人才瞭望,2003(2):20)

讨论题：

1. 该测评中综合运用的测评方法分别可以测评哪些素质？
2. 该招聘测评是否能够提供可靠的评价依据？为什么？
3. 基于各种测评方法的功用和特点，对Y研究院要测评软件工程师的素质维度和使用测评方法做出进一步的评价。
4. 从人力资源测评的维度、工具、过程等方面入手，谈谈本次测评是否能够客观反映应聘者与企业招聘岗位的匹配性。

第三篇

员工招聘实施

第三章

第十章

招聘遴选的操作——甄选

引例

筛选什么和怎么筛选

一、宝洁公司的面试过程

宝洁公司的面试分为初试和复试两轮。其具体面试过程可分为以下4大部分。

第一,相互介绍并创造轻松交流气氛,为面试的实质阶段进行铺垫。

第二,交流信息。这是面试中的核心部分。一般面试人会按照既定的8个问题提问,要求每一位应试者能够对他们所提出的问题做出一个实例的分析,而实例必须是过去亲自经历过的。这8个题由宝洁公司的高级人力资源专家设计,无论你如实或者编造回答,都能反映你某一方面的能力。宝洁希望得到每个问题回答的细节,高度的细节要求让个别应聘者感到不能适应,没有丰富实践经验的应聘者很难很好地回答这些问题。

第三,讨论的问题逐步减少或合适的时间一到,面试就引向结尾。这时面试官会给应聘者一定时间,由应聘者向主考人员提几个自己关心的问题。

第四,面试评价。面试结束后,面试人立即整理记录,根据求职者回答问题的情况及总体印象作评定。

二、宝洁公司的面试评价体系

宝洁公司在中国高校招聘采用的面试评价测试方法主要是经历背景面谈法,即根据一些既定考察方面和问题来收集应聘者所提供的事例,从而来考核该应聘者的综合素质和能力。

宝洁的面试由8个核心问题组成:

(1) 请你举一个具体的例子,说明你是如何设定一个目标然后达到它。

(2) 请举例说明你在一项团队活动中如何采取主动性,并且起到领导者的作用,最终获得你所希望的结果。

(3) 请你描述一种情形,在这种情形中你必须去寻找相关的信息,发现关键的问题并且自己决定依照一些步骤来获得期望的结果。

(4) 请你举一个例子说明你是怎样通过事实来履行你对他人的承诺的。

(5) 请你举一个例子,说明在完成一项重要任务时,你是怎样和他人进行有效合作的。

(6) 请你举一个例子,说明你的一个有创意的建议曾经对一项计划的成功起到了重要的作用。

(7) 请你举一个具体的例子，说明你是怎样对你所处的环境进行评估，并且能将注意力集中于最重要的事情上以便获得你所期望的结果。

(8) 请你举一个具体的例子，说明你是怎样学习一门技术并且怎样将它用于实际工作中。

根据以上几个问题，面试时每一位面试官当场在各自的"面试评估表"上打分。打分分为3等：1等（能力不足，不符合职位要求；缺乏技巧，能力及知识），2等（普通至超乎一般水准；符合职位要求；技巧、能力及知识水平良好），3等（杰出应聘者，超乎职位要求；技巧、能力及知识水平出众）。具体项目评分包括说服力/毅力评分、组织/计划能力评分、群体合作能力评分等项目评分。在"面试评估表"的最后一页有一项"是否推荐栏"，有3个结论供面试官选择：拒绝、待选、接纳。在宝洁公司的招聘体制下，聘用一个人，须经过所有的面试经理一致通过方可。若是几位面试经理一起面试应聘人，在集体讨论之后，最后的评估多采取一票否决制。任何一位面试官如果选择了"拒绝"，该生都将从面试程序中被淘汰。

（资料来源：宝洁招聘：宝洁的招聘流程和面试题[EB/OL]. 管理资源吧，www.glzy8.com/fanwen/alx19526.html）

第一节　筛选申请表与简历

一、筛选申请表

(一) 申请表的特点

申请表是由招聘单位设计，包含了职位所需基本的信息，并用标准化的格式表示出来的一种初级筛选表。其目的是筛选出那些背景和潜质与职务规范所需的条件相当的候选人，并从合格的应聘者中选出参加后续选拔的人员。申请表的设计主要是依据职务说明书来制作。一般包括以下内容：个人基本情况、求职岗位情况、工作经历和经验、教育与培训情况、生活和家庭情况、其他。应当指出，应聘申请表中不应含有歧视性项目和可能涉及个人隐私等敏感性内容。此外，还应符合国家有关的政策法规。

一般来说，使用申请表对招聘配置工作具有以下作用。

1. 节省时间

经过精心设计、合理使用的申请表可以使选择过程节省很多时间，加快预选的速度，是较快、较公正准确地获取与候选人有关资料的最好办法。

2. 准确地了解应聘者的信息

相对于简历而言，申请表可能更可靠，因为申请表是单位决定填写哪些信息，并且所有应聘者都要按表中所列项目提供相应的信息，因此可以使招聘单位比较准确地了解到候选人的历史资料，其中包括教育、工作经历以及个人爱好一类的信息。

3. 提供后续选择的参考

申请表有助于在面试前设计具体的或有针对性的问题，有助于在面试过程中作交叉参考，看看有无矛盾之处。

申请表的最大优点是结构完整且直截了当。填写这种表格对申请人也比较方便。申请表要求申请人提供公司所需的全部信息(可减少遗漏),也不留更多的空白使申请人填入公司不必要知道的信息。正是这些原因,使招聘人便于根据申请表做出评估。如果有许许多多的申请人需要筛选一遍,申请表的这一特性就显得特别重要。另外,申请表这种比较狭窄的格式限制了创造性,这对招聘某些工作岗位来说,是一个缺点。此外,制定和分发申请表也需费用,增加了成本,这是另一个缺点。

(二)申请表的设计

因为申请表所反映的资料对招聘单位的面试评定以及应聘者的能力、资历的判断都有极其重要的作用,所以申请表的设计一定要科学、认真,以便能全面反映所需要的有关信息。好的应聘申请表可以帮助单位减少招聘成本,提高招聘效率,尽快找到理想的人选,所以申请表的设计十分关键。

实际上,不同单位在招聘中使用的申请表的项目是不同的,而且不同职位因为职位说明书的差异,反映在申请表的内容设计上也是不同的。大多数单位基本上都不只使用一种申请表。如在技术人员和管理人员的招聘申请表的设计上,所关注的项目是有差异的;再如,对应届毕业生和非应届生在招聘申请表的设计上也有很大差异。

但不管何种形式的申请表,一般来说都应反映以下一些信息:应聘者个人基本信息、受教育情况、过去的工作经验及业绩、能力特长、兴趣等。另外,设计申请表时要符合当地有关法律和政策的要求,只能要求申请人填写与工作有关的情况。它包括如下内容。

1. 个人基本情况

年龄、性别、身体状况、婚姻状况、政治面貌、联系方式等。

2. 求职岗位情况

应聘岗位、求职要求(收入待遇、时间、住房)等。

3. 工作经历和经验

以前的工作单位、职务、时间、工资、离职原因、证明人等。

4. 教育与培训情况

学历、所获得的学位、接受的培训等。

5. 生活和家庭情况

家庭成员姓名、关系、个性、态度。

6. 其他

获奖情况、能力证明、未来目标等。

以上所列信息,可能会因单位不同而不同,甚至在同一组织内部,不同部门的申请表上也会不同。应首先要求应聘者保证所填内容都是真实的,否则被取消候选人资格。

在设计申请表时,还应注意以下问题:内容的设计要根据工作说明书来确定,考虑本企业的目标以及欲招聘的职位,按不同职位要求、不同应聘者的层次分别进行设计;设计时要注意有关法律和政策,不要将国家规定不允许的内容列入表格内;应考虑申请表的存储、检索等问题,尤其是在计算机管理系统中;审查已有的申请表,确保申请表可以提供企业为填补职位空缺而需要从申请人那里了解的情况。

(三)申请表的筛选

对应聘申请表的初审及评价是甄选的重要组成部分。初审的目的是迅速地从应聘者信息库中排除明显不合格者,以挑选出符合招聘条件、有希望被聘用的应聘者。因申请表和简历的筛选过程并未与应聘者有直接接触,所以评价标准往往以招聘条件的硬性指标为主,如经验、学历、年龄等。

对申请表的筛选应注意以下几点。

1. 判断应聘者的态度

要筛选出那些应聘不认真、填写不完整和字迹难以辨认的材料。为应聘不认真的应聘者安排面试会降低招聘效率。

2. 关注与职业相关的问题

在审查申请表时,要估计背景材料的可信程度,要注意应聘者以往经历中所任的职务、职能、知识与应聘岗位之间的关系。分析应聘者过去的经历与现在申请的工作是否相符、经常变换工作是否有充分理由。在筛选时要注意分析其离职的原因、求职的动机,对那些频繁离职人员应加以关注。

3. 发现可疑之处,在面试时可作为重点提问内容

如对照求职岗位与原工作岗位的差异,注意高职低就、高薪低就的应聘者。

很多材料都会或多或少地存在着内容上的虚假,在筛选材料时,就应该表明这些质疑点,在面试时作为重点提问内容之一加以询问。为了提高应聘者材料的可信度,必要时应检验应聘者的各类证明身份及能力的证件。

认真审阅申请表,将那些明显不适合这个岗位的人挑出来。根据工作说明和人员招聘条件对剩下的申请人排队,参考下列标准对每一位申请人进行评估:①不够最起码的标准;②符合标准;③符合或超出标准。

(四)合格申请表的比较

对所有的申请人进行认真的甄别和排队之后,就可以将结果引入下面的比较模型进行比较了,如表 10-1 所示。

表 10-1 申请人条件比较表

申请人	身体情况			教育训练			知识经验			特长才能			性格特征			专业特长		
	1	2	3	1	2	3	1	2	3	1	2	3	1	2	3	1	2	3
1.			√		√		√				√			√				√
2.																		
3.																		
4.																		
5.																		
6.																		
7.																		
8.																		
9.																		

通过比较模型进行比较之后,就可以相对容易地进入候选人分类阶段:一部分选定为继续测验对象;一部分列入后备名单;还有一部分准备向他们发回绝信。

二、筛选个人简历

个别应聘者可能会在工作简历中隐瞒不好的方面,夸大自己的成绩。例如编造以往的薪资、职位头衔、技能水平和工作业绩,虚构教育背景、隐瞒处分甚至犯罪记录。企业对个人简历的内容和风格缺少控制,预选起来就要花费相当多的时间和精力;而且只注重个人简历的表面文字是有风险的。

尽管有些个人简历前后矛盾,言过其实,但还是可以提供一些与应聘者有关的额外信息。个人简历能够给申请人较大的自由,能够表现申请人的创造性和书面表达能力。在个人简历中,申请人会强调他自己认为重要的部分,会无意提到其他一些有用的信息,从中招聘者可以获取自己想要的信息,并进行相应的筛选。

下面介绍筛选个人简历的要点。

(一)分析简历结构

简历的结构在很大程度上反映了应聘者的组织能力和沟通能力。合理结构的简历都比较简练,一般不超过两页。应聘者为了强调自己近期工作,通常在制作简历时,对其教育背景和工作经历都采取从现在到过去的时间排列方式。

(二)重点看客观内容

如个人信息、受教育经历、工作经历和个人成绩。看应聘者的专业资格和经历是否与空缺职位相关并符合要求。如工作的要求是什么、工作成功的必要条件是什么等关键信息。此外,也要考虑过去的工作岗位离现在多久,以及和这次申请的岗位的相似程度。例如要招聘计算机人才,那么求职者最好是有相关工作经验或最起码具备相关专业学位,有这方面的知识储备。

(三)审查简历的逻辑性

要注意简历的描述是否有条理,是否符合逻辑。如应聘者曾在著名单位从事过高级职位,而应聘的却是个普通职位,应引起注意。又如,学历中称自己在好多领域取得了什么成绩和证书,而经历中缺乏这样的条件和机会,就要引起重视。

(四)对简历的整体印象

不要想当然或匆忙地做出结论,不能以偏概全,主观臆断。求职者为了得到求职单位的面谈,篡改简历、编造信息已经成为一种普遍现象。要标出简历中不可信的地方,以及感兴趣的地方,以便面试时询问。

三、跟踪应聘者的信息

招聘者应妥善保留应聘者的基本信息及联系方式并做好备份。从企业长期发展的角度来看,招揽到最适合的人才对企业的发展至关重要。随着外部环境及企业内部自身的发展,企业的组织结构也需要随时调整以适应变化,有些应聘者可能企业当前没有适合他的岗位,但日后他可能是公司某一职位的最佳人选。这样，跟踪应聘者的信息，才能更便捷地为企业找到合适的人才，促进企业的发展。

另外，由于个人简历不如申请表那么严密，因此有必要打电话去收集一些附加的信息。跟踪电话有以下4个目的。

（一）工作实际情况预先介绍

招聘人员可以在电话里更详细地介绍该工作岗位和招聘公司的情况，可以看出应聘者是否对这个岗位仍有兴趣，但是在介绍时，不可说明希望求职者具备什么特点和才能。

（二）补充空缺信息

打电话可以附带收集到关于求职者过去的职责和成绩的信息。例如，求职者一年以内跳槽两次，原因是什么？求职者有半年的工作间断，这半年他究竟干了什么？是休假还是上学？

（三）审定资格

招聘人员可以提一些经过选择的标准化试题，了解求职者的动机和其他一些重要的才能。并利用所进行的才能分析的结果，认真构想电话面试时应提到的问题。

（四）回答问题

招聘人员可以给应聘者一个提问的机会，可以提有关公司以及所提供工作岗位方面的问题。这时，动机特别强烈的和有才能的应聘者总能提出许多好的问题。

第二节　测评结果评估

整个招聘过程的最后一个步骤就是评估招聘的效果。对招聘效果进行评估，可以帮助企业发现招聘过程中存在的问题，对招聘计划以及招聘方法和来源进行优化，提高以后招聘的效果。本节阐述的是对招聘中的素质测评的可靠性、有效性评估。

一、素质测评结果的可靠性

在员工的甄选聘用的过程中，会对应聘者进行不同的素质测评，通过测评来确定聘用人选。那么，如何对产品的可靠性进行评估？这就要进行信度评估。

（一）测评信度的概念

所谓信度是指人员测评与选拔结果的准确性或一致性程度。

信度是用来检验人员测评与选拔质量的重要指标，从测评与选拔指标体系的制定，到测评与选拔的整个实施过程，始终都要考虑可靠性即测评与选拔的信度问题。

（二）信度的分类

按照衡量测评信度程度的方法的不同，可分为再测信度、复本信度、内在一致性信度、评分者信度等。

1. 再测信度

再测信度指以同样的测评与选拔工具，按照同样的方法，对于相同的对象再次进行测评与选拔，所得先后结果间的一致性程度。实质上这是一种跨时间的一致性。我们在两个不同的时间点对同一个人实施同一测试，然后考察头一次测试所得到的分数与第二次同样的测试所得到的分数之间的相关性。如果两次测试分数之间的相关度很低，那么就说明该测试工具不具有一致性——因而是不可靠的，其测试结果自然也不可靠。

2. 复本信度

复本信度指测评与选拔结果与另一个测评与选拔结果的一致性程度。所谓等值，是指在测评内容、效度、要求、形式上都与原测评一样。复本信度是一种跨维度、跨形式的一致性，用等值系数来揭示两次测评与选拔结果的一致性程度。如果两个复本测评相距一段时间分两次实施，则在鉴定复本信度的同时还可鉴定再测信度，可见它的应用范围的广泛。鉴定复本的信度，首先是要编制等值的复本。编制严格平行的复本难度较大，这也是制约复本信度的主要因素。此外，复本信度虽能较好地克服再测信度的练习、记忆效应，但原测评中的一些技能技巧也会产生迁移效应。

3. 内在一致性信度

内在一致性信度指所测素质相同的各测评项目分数间的一致性程度。若被测在第一个项目的分数高于他人，在第二个项目的分数还高于他人，在第三个项目的分数仍高于他人等且这些测评项目所测评的是同一素质，那么可以认为测评的结果较可靠。内在一致性信度是通过分析同一测评中各测评项目之间的一致性来分析测评信度，它实质上是一种跨测评项目的一致性。再测信度与复本信度都需要组织两次测评，而内在一致性信度只要进行一次测评，增加了人员测评的可操作性，同时也为实际工作带来了极大的方便。

4. 评分者信度

评分者信度指多个测评者对同一组被测样组进行评分的一致性程度。测评者及其测评的无关差异越小，测评与选拔的结果就越可靠。评分者的知识水平、对测评标准的把握、因心理效应而产生的各种心理误差等，都会使不同的评分者对同一被测的评分产生差异，评分者信度就是用来分析这种差异程度的指标，它实质上是一种跨测评者的一致性。一般通过肯德尔和谐系数来衡量评分者信度的大小。

总之，要注意选择合适的信度评估方法，尽量减少或避免信度影响因素，以保证评估结果准确。

二、素质测评结果的有效性

测评的有效性即测评效度是人员测评与选拔质量检验的另一个重要问题。

（一）测评效度的概念

所谓测评效度，是指测评结果对所测素质反映的真实程度。进一步来说，"效度"的概念包含以下的含义。

(1) 效度是个相对的概念。任何一个人员测评方案都是为特定的目的而设计的,不存在一种对任何目的都有效的测评方案。

(2) 效度是个程度的概念。任何一种素质测评的效度都不是"全有"或"全无",只是程度上的差别而已。

(3) 效度是测评误差的综合反映。效度是测评的随机误差与系统误差的综合反映。测评过程中只要存在误差,必定影响到测评效度。

(二) 效度的分类

效度的分类有多种。目前较常见的是将它分为三类:从内容性质方面分析的内容效度、从同构程度方面分析的结构效度、从效标相关性方面分析的关联效度。

1. 内容效度分析

所谓内容效度,指实际测评到的内容与期望测评到的内容的一致性程度。当实际测评到的内容与事先所想测评的内容越保持一致时,说明测评结果的内容效度越高,测评结果越有效。

评估内容效度主要是通过专家的判断来进行。将内容效度加以量化的方法之一是利用内容效度比率(CVR)来测定内容效度的高低程度。其具体方法是:将某种工作的专家都召集在一起,让他们对每一项测试进行审查,然后根据每一测试所测出的技能或知识对于工作是否必要来对测试进行分类。

内容效度比率公式如下:

$$CVR=(n-N/2)/(N/2)$$

式中:CVR——内容效度比率;

n——将项目评为"必要"的人数;

N——参加评价的总人数。

CVR 的值从 -1 到 1,当 CVR 为 -1 时,表示所有的专家都认为测评项目内容不当,此时内容效度最低;当 CVR 为 1 时,表示所有的专家都认为测评项目内容较好地表现了测量内容范畴,此时内容效度最高;CVR 的取值越高,说明内容效度越高。

2. 结构效度分析

所谓结构效度,就是实际所测评的结果与所想测评素质的同构程度。结构效度的高低往往与分析效度的人对素质结构的理解把握有直接关系。结构效度的分析鉴定通常会受到主观因素的影响。重要的是如何采取有力措施,把这种影响控制到最低。

结构效度的分析鉴定,通常按下列步骤进行:

① 给所测评的素质的结构模式下一操作化定义。

结构效度考评的是抽象素质测评的有效性问题,首先应对抽象素质的结构模式下一具体操作化定义,应抓住所测素质的本质特征,确立一个可感觉与可操作的结构模式,由这种具体的结构模式作为抽象观念建构的替代物。这种替代物的内容应该是人们实际能够看到、听到或感觉到的东西。素质测评的目标体系实际上就是所测素质的一个行为建构模型,它由项目、指标、权重、标度等组成。这种模型的建构,很大程度上取决于所测素质本身的特征及其抽象程度。

② 根据事实资料评判结构效度。

结构效度的分析鉴定,一般采用时政法。即找到足够的事实证据,证明测评结果的结构模型是所测素质结构的一个很好的替代物。收集事实资料是重要和关键的。接下来的评判有定性分析和定量分析,具体方法有排除法、咨询法、逻辑分析法、多元分析法。

3. 关联效度分析

关联效度的分析是通过效度系数进行的。所谓效度系数,是指测评结果与标准结果的相关系数。相关系数越高,表明关联效度越高。同时效度是以两种测评结果的相关系数来估计;对于预测效度,因效标的结果是后来获得,因此预测效度的鉴定要在测评结束一段时间后才能进行。

第三节 甄选面试

面试是一种最重要、最常用的人员甄选方法,其目的是为了使组织通过面对面的交流找到最合适的人选,同时也为了使应聘者通过求职过程的真实体验找到最理想的职位。

一、甄选面试基本分析

从广义上讲,甄选面试是面试者(考官)与应聘者(考生)直接对话、交流或者置应聘者于某种特定的情景中进行观察,从而完成对其职位要求的素质、能力和资格进行测评的一种方法。

甄选面试有五大要素:应聘者、面试考官、面试内容、面试程序、面试结果。甄选面试绝不是招聘者与求职者坐在一起进行简单的一问一答,而是一种真实的、面对面的双向考察和交流,并进一步双向选择的过程。其实,甄选面试是一种主观性的甄选方法,其可靠性或效度可能会很低,甚至还可能会形成偏见(主观性偏见)。图 10-1 是影响面试效果的因素。

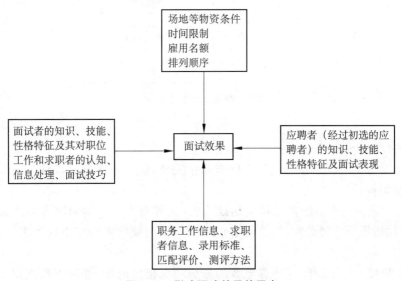

图 10-1 影响面试效果的因素

二、甄选面试的内容

从理论上讲,面试可以测评应聘者的任何素质,但由于人员甄选方法都有其长处和短处,扬长避短综合运用,则事半功倍,否则就很可能事倍功半。因此,在人员甄选面试中,我们并不是以面试去测评一个人的所有素质,而是有选择地通过面试来测评其最重要的内容。

一般来说,面试甄选的主要项目与内容如下(见图10-2)。

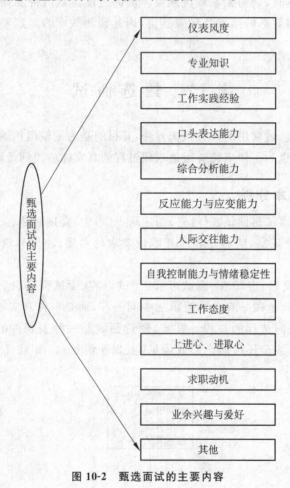

图 10-2　甄选面试的主要内容

三、甄选面试的过程

面试甄选的考察过程是在连续的提问对话中完成,该过程具有阶段性。一般把面试分为以下5个连续阶段。

(1)预备阶段。这个阶段多以社交话题为主,主要是为了帮助应聘者消除紧张戒备心理,建立起面试阶段所需要的和谐、宽松、友善的气氛,当应聘者情绪平稳下来后,就可以进入第二阶段。

(2)引入阶段。这个阶段围绕应聘者的履历情况提出问题,逐步引出面试正题。在这个阶段,要给应聘者一个真正的发言机会,同时面试考官对应聘者进行实质性的评价。

（3）正题阶段。这是面试的实质性阶段,面试考官通过广泛的话题从不同侧面了解应聘者的心理特点、工作动机、能力、素质等,评价内容基本上是"面试评价表"中所列的各项要素。

（4）变换阶段。这是面试的尾声阶段,这时面试的主要问题已经谈过了,面试考官可以提一些更尖锐、更敏感的问题,以便能更深入地了解应聘者,但要注意尊重应聘者的人格和隐私权。

（5）结束阶段。在这个阶段,应给应聘者留下自由提问的时间,结束要自然,不要让应聘者感到很突然,留下疑惑。

面试的各阶段是一个有机连续的过程,面试考官要熟练掌握面试技巧,使面试过程既具有连续性又能显现出阶段性,保证面试过程的顺利进行。面试结束后,面试考官应对面试过程作简要的回顾,检查和完善面试记录,进行面试评价,初步决定下一轮选拔的候选人名单,递交面试评估表,让评估班子对面试结果进行讨论。

第四节 聘用决策

一、聘用决策的原则

（一）用人惟才原则

现代企业经营日益复杂,对各种人才的要求也日益提高,只有用人惟才,才能维持企业的长期可持续发展。与人才的亲疏关系不应是用人的标准。现代管理区别于传统管理的特征之一就在于能否领导一群原本并无联系的人,朝着一个共同的目标挺进。亲而德才兼备,这不现实,也没必要。

（二）能力重于学历原则

能力比学历更重要。现在许多企业招聘大多要求学士、硕士学位。应该说这本身是一个社会进步。但是必须清楚的是,看重学历,并不是看重学历本身,而是其背后的学识和涵养,这才是重视学历的初衷。

学历只是证明能力的一种工具,而且也只是众多工具之一,它所包括的内容并不全面。学历既不是能力的充分条件,也不是能力的必要条件,而只是一个相关条件。必须综合运用背景分析、经验判断、面试考核等多种手段来对人才的能力、品质、性情、学识等诸多方面做出全面而深刻的评价。

（三）高级人才内部选拔优先原则

公司的人才来源不外乎内部培养选拔和外部选聘两个途径。但是任何一个公司,当面临内部职位空缺时,都必须决定这两者中何者处于优先地位。显而易见,一个组织内部有可用、可提拔的人才时,当然是要先从内部选用的。支持外部选聘优先的理由主要是,外部人员能为公司带来新思想,能为公司注入新的活力。但事实上,公司招聘人才主要是因为他能满足职位的需要,而基本不是因为他能带来新观念。

（四）注重发挥人才长处原则

企业聘用一个人才是因为他能做什么，而不是不能做什么，所重视的是他能出什么成果，而不是他有什么特点。优秀的领导者总是以"员工能干什么"为出发点，注重发挥人才的长处，而不是克服其短处。

每个人都有缺点，但是组织却可以通过有效的人员"优点搭配"而使之相对完满起来。

二、聘用决策的步骤

（一）审定各维度的重要性

管理者在评量应聘者之前，首先要考虑一下，工作岗位的工作表现维度是否可以按重要性分类，有些维度是否比其他的更重要。我们引用接待员的工作分析做例子来说明。

工作岗位：接待员。

工作表现维度：按照公司规定办事；能迅速及有效地解答来电问题，而非因语言或其他原因延误了来电的传达；热情地接待访客并了解其来访目的，而不会让不速之客骚扰同事；有礼貌及清楚地使来访及来电者明白事情的进展情况，而非半途而废及冷漠地拖延工作；主动工作及令客人感到满意，而非在工作上犯错及拖延工作进度。

若管理者认为，上述五项工作表现维度的重要性不相伯仲，他便不需要为它们定优先次序，可以使用没有加权的应聘者评量表，每一项目的分值都会得到均等重视。

若管理者认为，有些工作表现维度较其他的更重要，他便需要先为它们定优先次序。在招聘面谈进行之前，管理者应为每一名应聘者准备一份评量表，而且在事前填上工作表现维度，定下不同的重要性及分配管理者认为合适的权重，才开始进行招聘。

（二）记录应聘者的回答

管理者在准备了评量应聘者的表格之后，他便可以开始进行招聘面谈，用预先编排妥当的行为描述式问题，来查询应聘者在各个工作表现维度内的经历，从而取得有效的资料，预测应聘者在未来工作上的可能表现。

应聘面谈记录与一般记录的要求不同，管理者不能写下主观及概括性的词语，也不应将应聘者所说的话用自己的文字来描述，而是用逐字记录方式来写，若管理者真的不能记下应聘者所说的每一句话，他也需要记录下那些与工作表现维度有关的回答中涉及行为的部分。

（三）填写面试记录表和应聘者评分表

招聘面谈结束，管理者有礼貌地将应聘者送走后，便即时根据面谈记录，来填写面试记录表和应聘者评分表，在每一项工作表现维度上评分。表格如下（见表10-2和表10-3）。

1. 面试记录表格式

表10-2　面试记录表格

项　目		极不合适	不合适	合适	非常合适	评分者意见
个人行为项目	仪表态度					
	动机意愿					

续表

项	目	极不合适	不合适	合适	非常合适	评分者意见
个人行为项目	情绪管理					
	团队合作					
	积极主动					
	忠诚度					
	沟通能力					
	其他					
专业特殊项目	专业知识					
	特殊技能					
	工作经验					
	公司所需专长					
	其他					
备	注					
总	评	□可试用		□保留		□不适用

2. 应聘者评分表

表 10-3　应聘者评分表

姓名：_____　　　　　　　　　　　毕业于：_____学校（中职、高专或大学）
住址：_____
面试日期：_____　　　　　　　　　　面试人：_____

项目	1	2	3	4	5	得分
仪容	非常不整洁	不太注重穿着及外表	整洁	对于个人细节非常注重；极度注重穿着及修边幅	极度注重穿着及修边幅	
态度	极紧张、局促不安	呆板、不自在、惴惴不安	没有不寻常的紧张、颇自在	一点儿也不紧张、很机灵	非常冷静	
表达能力	不清晰、不合逻辑、说话不经大脑	说话不切题、没有条理、不擅长表达思想	可清楚表达思维、说话有内容	具有说服力、构想非常合逻辑	具有超水准的能力，可正确表达中心思想	
自信心	害羞、胆怯、畏缩	柔顺、不爱争辩	有自信、率真	具有自信	具有不寻常的自信	
主动积极	没有野心、被动	安于现状、不求上进	有野心、愿意工作	渴望成功与成长、设定未来努力的目标	野心勃勃，对未来已有妥善规划	
学历经历	学历、经历皆不适合工作所需	学历、经历略差	好的学历、经历也不错	学历、经历超出一般水准	学历、经历非常好	

评语：_____
面试人的评分：_____
面试人签字：_____　　　　　　　　　　　　　　　　日期：_____

　　管理者在评量一名应聘者时，尽量不要翻阅其他应聘者的评分表。他应根据原先订下的工作要求来评分，而非尝试在这个步骤中作招聘决定。管理者在评分时，应参考面谈者的记录，重温应聘者的回答重点，留意与该工作表现维度有关的问题，然后写下评分。
　　在评分过程中，管理者要极力避免主观因素的影响，切勿以印象及个人喜好作为准则。

一个有根据的评分,不但可以让管理者在日后翻看评分表时有参考价值,而且还可将评分表提供给其他管理者,让他们看看那些工作表现的得分,是否适合其他工作岗位的需要。

(四)检查评分与记录

管理者在完成所有的招聘面谈后,便差不多也填妥了所有的应聘者评分表,完成了评分工作。这时,他应该取出记录来核对一遍,看看不同的应聘者是否有相同的回答。若有类似的答案出现,管理者还要进一步检查评分表,看看他是否给予相同的评分。

相同的行为表现,应该给予相同的评分。此外,管理者还要从评分表中将一些关键性工作表现维度的评分检查一下,比较高分者与低分者的答案,重新看看他们的行为表现是否与评分匹配。

(五)做出聘用决定

招聘面谈的最后一个步骤是将评量表的评分加起来,然后将应聘者按分数高低排列出来,这样,管理者只需按着名单,招聘最高得分的应聘者。

本章小结

员工选择决策是管理者相当困难也是最重要的决策之一。为了降低员工选择决策时的错误率,借助科学的人事测量和评价技术甄选员工是人力资源管理工作势在必行的。本章阐述了有效筛选申请表和简历的方法、正确进行测评甄选和面试甄选的方法,并对如何做出正确的聘用决策也做出了详细的阐述。

主要概念与名词

申请表　申请表筛选　简历　简历筛选　信度　信度分类　效度　效度分类
内容效度　比率公式　面试筛选　聘用决策　聘用决策原则　聘用决策步骤

复习与思考题

1. 申请表有什么特点?筛选申请表有哪些方法?
2. 筛选个人简历的要点有哪些?
3. 面试的优缺点是什么?
4. 如何评估面试的结果?
5. 如何做好聘用决策?
6. 设计一个面试记录表格和应征者评估表来评估一个面试过程。
7. 以某个企业或其他组织为对象,通过评量,为企业做出最后的招聘决策。

丰田的全面招聘体系

丰田公司著名的"看板生产系统"和"全面质量管理"体系名扬天下,但是其行之有效的

"全面招聘体系"却鲜为人知。正如许多日本公司一样,丰田公司会花费大量的人力、物力来寻求企业需要的人才,用精挑细选来形容一点儿也不过分。

下面介绍"全面招聘体系"的具体内容。

丰田公司全面招聘体系的目的就是招聘最优秀的、有责任感的员工,为此公司做出了极大的努力。丰田公司全面招聘体系大体上可以分成六大阶段,前五个阶段招聘大约要持续5～6天。

第一阶段丰田公司通常会委托专业的职业招聘机构进行初步的筛选。应聘人员一般会观看丰田公司的工作环境和工作内容的录像资料,同时了解丰田公司的全面招聘体系,随后填写工作申请表。1个小时的录像可以使应聘人员对丰田公司的具体工作情况有个概括了解,初步感受工作岗位的要求,同时也是应聘人员自我评估和选择的过程,许多应聘人员会知难而退。专业招聘机构也会根据应聘人员的工作申请表和具体的能力和经验作初步筛选。

第二阶段是评估员工的技术知识和工作潜能。通常会要求员工进行基本能力和职业态度心理测试,评估员工解决问题的能力、学习能力和潜能以及职业兴趣爱好。如果是技术岗位工作的应聘人员,更加需要进行6个小时的现场实际机器和工具操作测试。通过1～2阶段的应聘者的有关资料会转入丰田公司。

第三阶段丰田公司接手有关的招聘工作。本阶段主要是评价员工的人际关系能力和决策能力。应聘人员在公司的评估中心参加一个4小时的小组讨论,讨论的过程由丰田公司的招聘专家即时观察评估,比较典型的小组讨论可能是应聘人员组成一个小组,讨论未来几年汽车的主要特征是什么。通过实际问题的解决可以考察应聘者的洞察力、灵活性和创造力。同样在第三阶段应聘者需要参加5个小时的实际汽车生产线的模拟操作。在模拟过程中,应聘人员需要组成项目小组,负担起计划和管理的职能,比如如何生产一种零配件,人员分工、材料采购、资金运用、计划管理、生产过程等一系列生产考虑因素的有效运用。

第四阶段应聘人员需要参加一个1小时的集体面试,分别向丰田的招聘专家谈论自己取得过的成就,这样可以使丰田的招聘专家更加全面地了解应聘人员的兴趣和爱好,他们以什么为荣,什么样的事业才能使应聘员工兴奋,以便更好地做出工作岗位安排和职业生涯计划。在此阶段也可以进一步了解员工的小组互动能力。

通过以上4个阶段,员工基本上被丰田公司录用,但是员工需要参加第五阶段一个25小时的全面身体检查。了解员工的身体状况和特别情况,如酗酒、药物滥用问题。

之后是第六阶段。被录用的新员工需要接受6个月的工作表现和发展潜能评估,以接受公司在监控、观察、督导等方面严密的关注和培训。

丰田的全面招聘体系使我们理解了如何把招聘工作与未来员工的工作表现紧密结合起来。从全面招聘体系中可以看出,首先,丰田公司招聘的是具有良好人际关系的员工,因为公司非常注重团队精神。其次,丰田公司生产体系的中心点就是品质,因此需要员工对于高品质的工作进行承诺。最后,公司强调工作的持续改善,这也是为什么丰田公司需要招收聪明和有过良好教育的员工。基本能力和职业态度心理测试以及解决问题能力模拟测试都有助于良好的员工队伍形成。正如丰田公司的高层经理所说:受过良好教育的员工必然会在模拟考核中取得优异成绩。

(资料来源:姚裕群,刘家珉.就业市场与招聘[J].长沙:湖南师范大学出版社,2007:186-187)

讨论题:
1. 试评价丰田全面招聘体系的内容。
2. 试比较分析丰田与宝洁的招聘过程。
3. 假如你是丰田的招聘者,你会对招聘体系作何改进?

第十一章

最关键的环节——招聘考试

> 引例

看看警官的招聘面试

某市公安局面向社会公开招聘公安干警,经拟定具体招聘计划后,上报有关部门批准,审查《应聘申请表》,进行初次筛选。笔试考核后进行面试。

面试包括目测、口试和技能测试三项。主考官按照排列顺序呼叫考生的名字,对于叫三声不到者,作弃权论。弃权原因是缺席考生"无组织无纪律,未在指定的时间地点报到"。

第一技能测试是目测。在目测时,考官十分重视考生的仪表风度,对身高、体形、外貌、气质、衣着、举止、精神状态等都不放松,碰到留长发、胡子的男生,戴耳环、项链、穿高跟鞋的女生,衣冠不整站姿、坐态不好的考生,考官微微一笑地说:"你的面试结束了,请你叫下一位考生进来!"因为,公安干警要求仪表端正、衣着整洁、举止文明,这样才能成为做事有规律、注意自我约束、责任心强的人,也才有希望培养成为优秀的公安干警。

目测合格后,开始口试。主考官提出的问题不多,譬如说:"请介绍一下你和你的家庭情况"、"谈谈你的学习、工作经历好吗?"、"你想找份什么样的工作?"等。这是与应聘考生面对面地观察、交谈的双向交流,是在精心设计的特定场景进行的,能够通过谈话观察其基本素质和能力状况。

经过主考官面试初试,合格的考生坐到了主考官的长桌旁进行技能测试,4个人一组,每位考生的面前各摆了一副六角珠跳棋。主考官出题由考生们操作。

例如,"把红色珠子放进蓝色格子里;把蓝色珠子放进黄格子里;把黄色珠子放进红色格子里",连续说两遍,说声"开始"就用跑表计时,要求放完30颗不同颜色的珠子并以时间计分,越快越好。反应敏捷的考生,很快就将三种珠子放在规定颜色的格子里面。有的考生虽放完了,但没有按规定的颜色放,所以是不合格的。

第二个技能测试是拼图,让考生们看两分钟后把图拆成若干块,乱放成一堆,然后计时拼图,若2分20秒内拼不成原图形为不合格。

就这么两项简单的技能测试,又淘汰了一部分考生。最后录用了14名男生,8名女生。以上两个技能测试的确有明显的职业特点。从这个简单的技能测试中可让考生们体验到以下几点:一是沉着冷静,克服紧张心理和手忙脚乱的现象;二是注意平常生活经验的积累;三是充分发挥自己的想象力和创造力。

通过本案例,你觉得面试的过程应当有哪些?面试主要有哪些方法?

(资料来源:姚裕群,刘家珉,原喜泽. 招聘与配置[M]. 大连:东北财经大学出版社,2012)

第一节 招聘笔试

一、笔试概述

(一)笔试的定义

笔试是在一定的场合下,人们对考卷上的问题进行填答,参加人员竞争性选拔的方式。笔试在招聘工作中大量应用,它在考察应聘者知识掌握程度和知识运用能力方面发挥着非常重要的作用。

笔试的优点在于花费时间少、效率高、成本低,对报考者的知识、技术、能力的考察信度和效度较高,成绩评价比较客观。但是笔试也有缺点,主要表现在不能全面直接地考察求职者的工作态度、品德修养以及其他一些隐性能力。因此,对招聘人员的考察,往往还需要面试、操作考试等方式与途径来进一步丰富、具体、深化,以达到比较全面把握的程度。

(二)笔试的特点

笔试作为人员甄选方式的初步筛选或补充的方法,其特点主要表现在以下几个方面。

1. 客观性

笔试的试题一般都是具有明确答案的客观试题,在不出现舞弊的情况下能够客观地通过得分反映应试者的知识水平。即使有一些用来考察知识运用能力的主观性试题,如公文写作等,考试组织者往往也会事先设定一定的评判标准。

2. 公平性

同样的试题、同样的标准,由考试成绩来决定胜败。对于竞争者来说,笔试是一种相对公平的竞争方式。

3. 权威性

尽管考试的科目和试题都直接体现着用人单位的意图,而且不同单位的考察重点可能会相差很大,但是,对于参加用人单位招聘的竞争者来说,用人单位的试卷设定了一定的考核标准,就具有一定范围内的权威性。

4. 筛选性

笔试主要适用于应试人数较多、需要考核的知识面较广或需要重点考核文字能力的情况,一些专业技术要求很强和对录用人员素质要求很高的单位经常采用这种方式,对众多的应试者进行必要的筛选,选拔一部分优秀者进入后面的考察环节。如国家和一些地方政府的公务员招录、教师招考等都把笔试作为首要的环节。

二、笔试的分类与方法

笔试的方法很多,根据一些招聘单位的经验和做法,比较常见的有知识测试法、素质测试法、能力测试法和综合测试法等。

（一）知识测试法

知识测试法主要是通过笔试的形式了解应试者对用人单位要求的某些方面知识的掌握程度。如银行业要求的应试者对金融、银行、会计、保险等知识，IT业对应试者计算机软硬件、语言、编程等方面的基础知识，司法机关对应试者法律知识及实务的知识水平测试等。这种考试主要是检验应聘者担任某一职务时，是否能达到所要求的专业知识水平和相关的实际能力。如用人单位常常可以通过大学生的成绩单了解其在校学习成绩。但对一些专业性要求比较高的用人单位，需要通过笔试对求职者进行文化专业知识水平的考核。

在知识测试中，在试卷中常见到的题型包括以下几种。

(1) 填空题。即在相关知识点表述中空缺一些内容，要求应试者补充完整，考查应试者对重要知识点的掌握情况。

(2) 判断题。即要求应试者对知识点表述判断正误的方法，因为概率为50%，所以相对于填空题容易一些。

(3) 选择题。可以有单选题，也可以有多选题。即对知识点进行若干容易混淆的表述，要求应试者做出正确的选择。

(4) 问答题。常见的形式是简答题，一般是要求考生对提出的问题所包含的知识点作出全面、准确的回答。

用人单位使用这些方式对应试者进行测试时，出于了解应试者知识掌握程度的需要，题目设计往往表现出问题明确、出题量大、涉及面广、知识点多、难度适当等特点。

（二）能力测试法

能力测试法主要通过笔试的方式反映应试者在某些方面所具备的相应能力。如果说知识测验法是封闭性考试或识别性考试方法的话，那么能力测试法则是开放性考试或知识运用性考试方法。

作文法、论文法和上机操作等是能力测试法经常使用的方式。作文法包括公文写作、命题写作、素材作文、情景作文等，从内容方面考查立意和取材；从形式方面考查段落结构、词句、文字、书写、标点符号等，能够客观地反映应试者的文字表达能力、逻辑思维能力等。论文法主要包括调研报告、事故分析报告、学术研究报告等，这种测试远比简单知识和素质测验题更能判断一个人的能力和水平。随着计算机技术的进步，上机操作也成为一种笔试的方法和进行其他测试的手段，它能够反映应试者的计算机知识水平和使用能力及其他一些相关方面的能力等。由于应试者个体的差异性，使得能力测试法存在一定的缺点，表现为测试结果评判难以制定出切实的标准答案，容易掺入主观因素。

能力测试中通常进行文件筐测验，又称公文处理测验。它是对实际工作中管理人员掌握和分析资料、处理各种信息以及做出决策的工作活动的一种抽象和集中。该测验在假定的情景下实施。该情景模拟一种假设环境，如单位、机关所发生的实际业务、管理环境。提供给受测者的信息如函电、报告、声明、请示及有关材料等文件，内容涉及人事、资金、财务、市场信息、政府的法令、工作程序等多种材料，这些材料放在公文筐里。测验要求受测者以管理者的身份，模拟真实生活中的情景和想法，在规定的条件和限定时间（通常为1～3小时）内对各类公文进行现场处理。评委通过对受测者处理文件过程中的行为表现和书面答案,评价其计划、授权、组织、预测、决策和沟通的能力。该测验通常用于管理人员的选拔。测验一般只给日历、背景介绍、测验指示和纸笔,考生在没有旁人协助的情况下回复函电,拟写指示,作出决定,以及安排会议。评分除了看书面结果外,还要求考生对其问题处理方式做出解释,根据其思维过程予以评分。文件筐测验具有考查内容范围广、表面效度高的特点,因而非常受欢迎,使用频率居各种情景模拟测验之首。

国家和地方公务员考试中的《申论》也是一种采取笔试途径的能力测验,这里不赘述。

(三) 素质测试法

素质测试法主要是通过笔试的方式了解应试者的心理、智商、生理等方面的状况。这方面的测试,招聘单位往往借助事先编制好的标准化量表或问卷要求应试者在规定时间内完成,根据完成的数量和质量来判断应试者的智力、态度、动机、兴趣及个性差异等。内容一般包括人格测试、心理健康状况测试、气质测试、智力测试、兴趣测试、人际关系测试、专业素质测试以及心理适应测试等。

(四) 综合测试法

综合测试法是对上面几种笔试方法的综合运用,由于其对应试者知识水平、综合素质和能力的全面考察,使得这种方式的运用更加广泛。后文的行政职业能力测验和申论的内容都属于这种笔试方法,并且运用在公务员考试中。

公务员考试是指中央和地方国家公务员管理机关根据统一标准,按照公开考试、择优录用的程序任用国家公务员的形式,主要考查应试者的知识水平、理论水平、写作能力和思维能力。用人单位采用笔试方式时,可能只进行单一的专业考试,而公务员录用考试则是专业考试、心理素质和智商测试、命题写作测试等的综合应用。

三、行政职业能力测验

(一) 行政职业能力测验的含义

行政职业能力测验(administrative aptitude test,AAT)是专门用于测查与行政职业上的成功有关的一系列心理潜能的一种标准化考试,它是由原国家人事部考试录用司组织有关专家编制的、主要用于国家行政机关招考工作人员的一种考试。这一测验既不同于一般的智力测验,也不同于行政职业通用基础知识或具体专业知识技能的测验,其功能主要是通过测量一系列心理潜能,进而预测考生在行政职业领域内的多种职位上取得成功的可能性。

在近年的国家公务员录用考试中,行政职业能力测验占有越来越大的比重,其成绩优劣已直接关系到考生能否顺利通过公务员录用考试。由于其具有测试内容的基础性、测试方法的标准化、测试结果的准确性和使用范围的广泛性等特点,行政职业能力测验不仅被国家和地方的事业单位招聘考试所录用,而且早就成为许多大公司,包括许多世界500强大公司招聘人员所使用的方法。

(二) 行政职业能力测验的内容

行政职业能力测验所要考核的是与行政管理工作密切相关的潜在的基本能力,这些能力决定了行政职业能力测验的内容。

我国实行的国家公务员录用考试,确定了在职业能力方面,根据国家和地方的政府机关行政工作的要求,设立了常识、言语能力(包括言语理解与表达)、数学运算、判断推理、资料分析等最基础的素质能力科目或项目。只有当这些基本能力达到一定程度,并得到一定知识经验的配合后,才能形成综合判断、决策、领导、组织管理等较高层次的行政工作职业能力。在这些较高层次的行政职业能力中,有一部分可以通过客观性的笔试来考查(其他的可以通过面试等途径来考查)。此外,考试内容设计上还充分考虑到要适应大规模选拔性考试的操作。

基于这些认识,原国家人事部考试录用司选择了上述能力要素中最基本、最主要的和便于实际测查的言语理解与表达、数量关系、判断推理、常识判断、资料分析五大部分。这五种能力只体现了对国家公务员的最低限度的要求,并不代表行政机关职业能力的所有方面,因此,能通过测验只是说明应试者具备了做好行政工作的必要条件,而不是充分条件。

表 11-1 概括了近年行政职业能力测验的试卷结构、各部分分配的题量与时间以及各部分测量的目标。

表 11-1　2015 年国家《行政职业能力测验》(副省级)的内容结构

部分	内容	题量(道)	所测试的具体内容
一	常识判断	20	主要查查的内容涵盖法律、政治、经济、管理、历史、自然、科技等方面,侧重考查应试者知识面和基本知识的了解掌握程度。 题型均为词或句子的四选一题
二	言语理解与表达	40	主要考查应试者语言文字理解与运用能力。它包括根据材料查找主要信息及重要细节;正确理解阅读材料中指定词语、语句的准确含义;概括归纳阅读材料的中心、主旨;判断新组成的语句与阅读材料原意是否一致;根据上下文合理推断阅读材料中的隐含信息;判断作者的态度、意图、倾向、目的;准确、得体地遣词用字等。 题型包括词语选择题、段落阅读题和语句排列题
三	数量关系	10	主要测查应试者理解、把握和解决数量关系问题的技能。涉及行程、工程、比例、人数、面积、经济利润、时间、几何基本知识等。 题型均为应用题式的数学运算题
四	判断推理	40	主要测查应试者对各种事物关系的分析推理能力,涉及对图形、词语概念、事物关系和文字材料的理解、比较、组合、演绎和归纳等。 题型包括图形推理与分类、定义判断、逻辑判断和类比推理四种类型,各为 10 道
五	资料分析	20	主要测查应试者通过对相关资料的理解、把握和分析的能力,重点考查搜寻信息的能力。 共分为 4 组,每组 5 个问题。题目形式有图形资料题、表格资料题、文字资料题和两种形式结合的混合资料题。在 4 组阅读资料中,有两篇是对混合型资料的考查
合计		130	

从内容结构上来看,行政职业能力测验有测验面宽、量大、题型稳定的特点。经过改进与完善,目前该测验的这五个相对独立的分测验共包含 130 道题,测试内容以文字、图形、数表三种形式出现,一律采用四选一的客观性试题形式。

从作答要求上来看,行政职业能力测验与现行标准化考试的作答方式相似,但是,作对公务员最低要求的考试,为了保证选择到合适的人才,也有其严格要求。首先,行政职业能力测验有严格的时限要求,应试者在120分钟内不仅要阅读大量的材料,还需要回答130道试题,每一道题的平均阅读加作答的时间不到1分钟。在规定时间内应试者回答不完卷子的全部试题是常有的现象,时间很紧。其次,行政职业能力测验的作答要求思维反应敏捷,读完题目内容就应准确领会题意,并立即做出选择判断。

(三)行政职业能力测验的实际运用

我国是20世纪80年代末就开始组织专家研发行政职业能力测验,1989年在公务员制度试点的国家统计局等六部门的录用考试中尝试使用,1992年13部门联合招考和1994年9月进行的首届中央国家机关录用公务员考试,占到公共科目2/5的权重。2001年,国家人事部和中组部研究决定,将中央、国家机关公务员录用考试公共科目笔试确定为只考行政职业能力测验和申论两个科目,即报考A类职位的考生考行政职业能力测验(A)和申论,报考B类职业的考生只考行政职业能力测验(B)。由此可见,行政职业能力测验今后在公务员录用考试公共科目笔试中将占据越来越重要的地位。

在一些部门和单位自行组织的录用考试中,也常将行政职业能力考试作为一个重要科目采用,如外交部、水利部、地矿部、国家环保局、国家专利局、中国人民银行总行、国家工商行总行等。地方一些省市,如北京、福建、江西、新疆、河南、江苏、海南洋浦开发区等地,也都不同程度地尝试使用了行政职业能力考试,反映很好。一些自行组织录用考试的部门甚至将这种考试作为选人测评中笔试阶段的唯一测试内容。此外,许多企事业单位在其"白领"员工的招聘考试和在职员工的素质测评中也曾借用经过了变通的行政职业能力测验,取得了较好的效果。可以说,行政职业能力考试的意义已被越来越多的招聘部门所认识。

概括起来,行政职业能力测验的作用包括以下几个方面。

(1)在某些特殊情况下,通过用测量学和统计学方法建立一定的行政职业能力测验成绩和一定的学历水平之间的对应关系,可以将该测验成绩作为同等学历的认定标准来使用。

(2)对用人部门来说,行政职业能力考试适合于作为早期筛选测验使用。行政职业能力考试是一种适用于团体施测的纸笔测验,全部采用客观化试题,可使用机器阅卷。经行政职业能力考试初选以后,不具备基本能力素质的人就可以不进入后面更复杂的评价程序,从而可大大节省人力、物力和财力。

(3)使用行政职业能力考试有利于提高录用考试的严肃性和权威性。该测验是由国家人力资源和社会保障部的考试主管部门组织有关专家精心研制的,具有原理科学、材料精致、施测严密、结果客观的特点,因而有利于提高人员录用考试的严肃性与权威性。

(4)通过行政职业能力考试,说明应考人员具备了进入招聘部门从事某岗位工作的最基本的"门槛"条件,从逻辑上说即只是录用的必要条件而并非充分条件。职业能力测验是在一定程度上体现了对公务员的最低限度要求,因此,它通常要配合其他考试和测评手段一起使用,相互补充。对行政职业能力考试的得分一般规定一个最低限度,高于此限度的,可将该测验得分与其他方面的评价结果合成考虑;低于此限度的则不能被录用。

(5)行政职业能力测验有利于帮助人力资源管理部门了解考生从事行政工作的潜能与差异,避免选人过程中可能出现的"高分低能"现象,提高选人、用人的准确率,从而达到"人适其职、职得其人"的目的。

第二节 面试总析

面试是人力资源招聘与配置中的一个重要环节,是人力资源获取的基本程序,它对于深入了解求职者与未来工作岗位之间的匹配度起着重要作用。通过面试,用人单位可以直接、即刻和深度了解应聘者各方面的能力和素质。如同履历方法一样,企业在人员招聘测试中对应聘人员的面试是很关键的一步。

在激烈的市场竞争中,我们经常听到关于如何控制损失、如何实现利润最大化的建议,但是很多公司对招聘面试员工方面投入的精力却没有像研究营销策略投入的那么多,也没有像人力资源管理中的考核那样重视,须知,没有搞好面试,可能对组织的经济效益带来巨大的损失。因此,"如何招聘到合适的员工"这一问题已经受到越来越多的管理者的重视,而搞好面试,正是提高组织人力资源管理效能的一个重要方面。

一、面试基本分析

（一）面试的概念

所谓面试,是指一种在特定场景下,考官有目的性地与应试者进行面对面的观察、交流、互动可控的测评方式,是考官通过双向沟通来了解面试对象的素质状况、能力特征以及应聘动机的一种人员甄选手段。通过面试,不仅可以考察出应试者的学识水平,还能考察出应试者的能力、才智及个体心理特性等诸多因素。

面试作为选拔方式存在的历史虽然已十分悠久,但却没有一个统一和公认的定义。可以从以下几种定义来延伸理解面试：面试是招聘者与申请者之间进行的有目的的、面对面的、双向互动式信息交流的过程。[1] 面试是在特定情境条件下,经过精心设计,以面谈和观察为主要手段,对被测者的相关素质进行测评的过程。[2] 面试给你亲自评价候选人,并以测试所不能达到的方式提问的机会。面试使得你有机会对候选人的热情和智力做出判断,并给你机会评价候选人的主观方面——面部表情、仪表、紧张程度等。[3]

（二）面试是一个工作过程

面试是一个人与人之间以交谈和观察为主要工具以获得信息的灵活性强的双向沟通过程,是服务于招聘与配置目的的工作过程。它需要有过程前的准备、过程中的行动,以及过程后的整理与决策。这涉及一个面试程序的问题,关于这一点将在后面详细阐述。在面试的进行过程当中,面试官通过与应聘者之间的交谈、提问与回答,观测应聘者的面部表情、肢体动作等判断应聘者的各种素质和能力,并做下记录,以供面试后作出决策。

（三）面试是一种工作方法

面试以及事实记录法、资料分析法、测量法、评价中心技术是目前现代人员素质测评中

---

[1] 廖泉文. 招聘与录用[M]. 北京：中国人民大学出版社,2004.
[2] 况志华,张洪卫. 人员素质测评[M]. 上海：上海交通大学出版社,2006：31.
[3] 加里·德斯勒. 人力资源管理[M]. 北京：中国人民大学出版社,2004：202-226.

最为常用的五种方法。从测评方法的角度来说,应聘者是被测对象,在面试测评过程中处于一种被动的状态,但因面试是人与人之间的互动过程,应聘者也可以通过选择有意识的活动影响作为主试方的企业面试官。因此,面试作为一种测评方法,其是否有效的关键在于面试官本身的素质、能力,面试的互动过程,以及应聘者的配合程度。

二、面试的特点[①]

(一)内容的灵活性

面试的主动权主要控制在考官手里,其深浅难易、范围选择,全在于考官,因而具有很大的灵活性、调节性与针对性。不同的职位对人的素质和能力有不同的要求。面试可以根据不同职位的特点和需要,灵活地采用不同的手段去测评一个人的能力。在形式上采用面谈法、无领导小组讨论、情景模拟等方法;在内容上,可以针对不同职位、不同的应试者灵活地变化测试内容,准确地测试出应试者在某一方面是否适应这一职位的实际能力水平。在面试中,考官根据不同考生的情况往往先提出一两个或一组试题,然后视考生回答情况提出新的试题,引导考生作出能够充分体现其素质情况的行为反应。这种视考生回答情况不断给出试题的命题方式叫顺应式定题。面试采取这两种方式确定题目,既能保证试题的数量、质量,使题型满足考试要求,又能突出针对性、灵活性、深入性,能有效地对考生的素质进行评定。

(二)时间的持续性

面试与笔试的一个显著区别是面试不是在同一个时间展开,而是逐个地持续进行。而笔试不论报考人数的多寡,均可在同一时间进行。

(1)面试是因人而异,主考官提出问题,应试者针对问题进行回答,考察内容不像笔试那么单一,既要考察应试者的专业知识、工作能力和实践经验,又要考察其仪态仪表、反应力、应变力等,因此只能因人而异、逐个进行。

(2)面试一般由用人部门主持,各部门、各岗位的工作性质、工作内容和任职资格条件等不同,面试差异大,无法在同一时间进行。

(3)每一位应试者的面试时间不能作硬性规定,而应视其面试表现而定,如果应试者对所提问题对答如流、阐述清楚,主考官很满意,在约定时间甚至不到约定时间即可结束面试;如果应试者对某些问题回答不清楚,需进一步追问,或需要进一步了解应试者的某些情况,则可适当延长面试时间。

(三)功能的包容性

笔试主要限于考生用纸笔作答,着重测试考生掌握的知识及逻辑思维能力、文字表达能力等方面的情况。面试能对考生的多方面素质进行有效测评,包容性广。面试重点测试以下内容:

(1)考生口语表达能力(是否清晰、明确、简洁、富有逻辑性);

[①] 国家公务员录用考试教材编写组,国家公务员录用考试命题研究组,国家人事考试命题研究中心编.面试[M].北京:西苑出版社,2007.

(2) 考生应变能力(是否灵活、敏捷、快速、当机立断);

(3) 考生综合分析能力(是否善于条理分析和归纳概括);

(4) 考生的仪表、风度、举止(是否端庄、稳重、练达、得体、精力充沛);

(5) 考生的有关实际工作能力(是否高分高能或高分低能);

(6) 考生的交往能力和某些性格特征(是否内倾或外向)。

(四) 主客体的交融性

面试是主考官和应试者之间的一种双向沟通过程。在面试过程中,应试者并不是完全处于被动状态。主考官可以通过观察和谈话来评价应试者,应试者也可以通过主考官的行为来判断主考官的价值判断标准、态度偏好、对自己面试表现的满意度等,来调节自己在面试中的行为表现。同时,应试者也可惜此机会了解自己应聘的单位、职位情况等,以此决定自己是否可以接受这一工作等。所以说,面试不仅是主考官对应试者的一种考察,也是主客体之间的一种沟通、情感交流和能力的较量。主考官应通过面试,从应试者身上获取尽可能多的有价值信息。应试者也应抓住面试机会,获取那些关于应聘单位及职位等自己关心的信息。

(五) 部分的主观性

面试的判断带有一种直觉性,往往包括很大程度的印象性、情感性,它对人的评价与判断,包括成绩的评定容易受主观因素影响。从这方面来说,面试评价的主观性似乎是它的一大弱点,另外,由于人的素质评价是一项非常复杂的工作,考官因为把自己长期积累的经验运用到面试评价中,这种主观性也带来其独特的价值。面试依据考生现场的全部表现对其素质状况作出评定,它不仅分析考生的回答是否正确,更重要的是看考生回答问题的灵活性、逻辑性、应变性。对考生面试结果的评定,不把观点正确与否作为第一位的指标,而是看考生的整体素质。

三、面试的分类

(一) 定型式面试

在定型式面试中,主试人员是遵循事先规划出来的一系列问题向应试者提问的。采用这种面试一般是先根据空缺岗位的工作性质准备出相应的问题,再把这些问题制成表格。该类表格以美国学者罗伯特·麦克姆利(Robert N. Mc Murry)所设计的最有名。主试人按照表格向应试者发问,并把应试者的反应记录在适当的空白处。在表的空白处下方还有提醒主试人注意的重点问题,例如,向应试者询问的问题中有一项是"您应聘本工作的目的是什么?"在答案的空白处下方就写有这样的文字:"是否基于职位、安全感或收入的理由?"

在表格上的问题全部询问完毕后,主试人员要根据应试者的答案对其能力、工作态度、人际关系、耐力、自信心和工作热情做出评价和建议。

(二) 结构性面试

结构性面试与定型式面试相似,是所提出的问题是一系列事先准备好的题目。二者的区别在于,结构性面试所提的问题在内容上还有与岗位工作有关的问题,这些问题是经过工作分析后提出的,并且在事先设计出应试者可能有的各种答案,其标准化、系统性更强。主试人根据应试者的回答,就在表格上圈选是否"不理想"、"一般"、"良好"或"优异"即可。最后,综合主试人员的集体意见做出评价。

(三) 非定型式面试

非定型式面试亦称非引导式面试。在运用这种面试工具时,主试人也许手边有一份工作规范作为指引,但所提出的问题并不遵循什么既定的路线,而是具有很大的随机性,往往是根据应试者的反应提出不同方面的问题。因此,双方的对话往往呈现出各种方向。这种面试灵活且自然,可以广泛地发掘应试者的兴趣所在。当然,这种面试要求主试人对空缺岗位的工作相当熟悉,所提出的问题应当以空缺岗位的工作规范(或岗位说明书)为依据。

(四) 系列式面试

系列式面试亦称循序式面试,它是由几个主试人,如公司各个层次的管理者陆续对应试者进行面试。在这种面试中,经常采用非引导式面试,即各主试人根据自己的看法对应试者提出不同的问题,然后将自己的评价意见写在一张标准化的评估表上。最后,要组织所有的主试人讨论和比较评价结果,以达成共识。

(五) 陪审团式面试

陪审团式面试亦称小组面试,它是由一群主试人同时对应试者进行面试。与系列式面试相比,陪审团式面试的优点在于,各位主试人员同时参加面试,应试者可以一次性陈述基本情况,可以在共同的场合回答不同主试人提出的问题,不仅可以避免时间上的浪费,同时还可以使主试人员了解更多的情况。

(六) 压力性面试

压力性面试是以穷追不舍的方式针对空缺岗位工作中的某一事项发问,逐步深入,详细而彻底,直至应试者无法回答为止。这除了可以深入了解应试者的岗位知识技能外,还测试应试者应付工作压力的机智程度、应变能力、心理承受能力和自我控制能力。采取这种面试方法,要求主试人必须熟悉空缺岗位的工作并具备较高水平的面谈控制能力,使面试中所施予应试者的压力真正是空缺岗位的工作中所需要的。

四、面试的作用

(一) 全面考察报考人的素质

面试由于主考人与报考人直接见面,采取边提问、边观察、边分析的方法来考察报考人,直观性强,所提问题针对性强,可以全面了解报考人的情况,包括报考人的知识、能力、经验及自然素质各个方面。对笔试不易了解的问题,如能否熟练运用所学的专业知识、思想政策水平及工作态度怎样、应变能力、组织管理能力强弱、语言表达能力、头脑机敏程度如何、体质精力等方面能否适应岗位工作要求,均可通过面试来考察。

(二) 有效避免"高分低能"者入选

笔试作为考试录用的主要遴选方法,虽然有着许多优点,但却难以全面考核报考人的能力素质,若单纯以笔试法录用工作人员,可能造成"高分低能者入选"。而行政政府机关及企事业单位录用人员,应以能力为主,运用面试方法,则能较真实地了解报考者的能力素质,弥补笔试的种种缺陷,有效地防止"高分低能者入选"。这一点已为几年来政府机关考试录用工作的实践所证实。

（三）为用人部门合理用人提供依据

现代人事管理主张"因事设岗"、"因岗择人",以期达到人员和岗位的最佳配置,提高工作效率。任用得当,可以人尽其才,使人的聪明才智与学识技能在工作中得到充分的发挥,使用人单位的各项工作得以顺利开展。由于不同的人员在学识、专业经历、品德志向、智力、体质以及性格等方面存在着较大的差异,因此,任用某人担任某项职务,除了要考虑他的专业种类和能力水平高低外,还必须使其爱好、兴趣、体质精力等与所任职务相适应,做到适才适所。

第三节 面试的环节

一、面试的基本步骤

理想的面试包含 5 个步骤：准备、引入、正题、结束及回顾,每个环节的要点见表 11-2。

表 11-2 面试各环节特点

步骤	要点
1. 准备	审查简历、准备面试问题、选择合适的面试地点（安静）
2. 开场白	和谐的气氛,能够使应聘者发挥出真实的水平,使应聘者对公司留下良好的印象。面试开始前可以花几分钟时间问一些没有争议的问题,如天气和交通状况等,这些问题能够极大地降低应聘者的紧张情绪
3. 正题	尽可能问开放性的问题,倾听应聘者的回答,同时控制好整个提问的场面
4. 结束	留适当时间回答应聘者的问题,在和谐的氛围中结束面试,并告知后续程序
5. 回顾	应聘者离开后,应检查面试记录,并在回顾面试情景的基础上把面试记录填写完整

二、面试五步骤分析

（一）面试前的准备

1. 准备面试提纲

（1）面试提纲的含义。面试中,应试者尤其是初级的应试者,经常会出现紧张、跑题、超时、卡壳等尴尬情况,为了避免这类现象的发生,我们可以提前做点儿准备工作,即准备一份面试提纲。

面试提纲是针对岗位要求对应试者提出的一系列问题,分为一般性提纲和个性化提纲。

一般性提纲是根据要面试的岗位制定的通用性问题,同一类的岗位,可以设定同样的面试提纲。

一般性提纲一般从三个方面来设定：第一方面是收集应聘者的基本信息；第二方面是考

察应聘者的个人意愿及文化是否与公司及应聘岗位要求相符的相关问题;第三方面是考察应聘者的能力是否与岗位要求相符的相关问题。

个性化提纲是在一般性提纲的基础上,针对每个被面试者的情况而制定的个性化问题。比如,被面试者简历有断档期,我们要询问原因;被面试者简历中工作信息不清晰,我们要追问细节。

(2)准备面试提纲的好处。

其一,连贯性:面试提纲可以帮助面试者掌握面试进程的进度,在话题被打断或岔开后及时回到预定的进程上。

其二,针对性:面试提纲中列举的问题是针对岗位要求而设计的,能够防止谈话跑题。

其三,公平性:所有的被面试者都对同样的一些问题进行回答,能够提高直接的可比性。

2. 电话面试

有的时候,考官约了一个应聘者来面谈,可刚谈了几分钟,就发现这个人不是你所要找的人。如果条件允许,在正式面试前花一些时间进行简短的电话面试可以帮助尽量避免此类情况的发生。

电话面试主要解决两个问题:一是确认应聘者的应聘材料和简历中的信息,初步了解应聘者的职业兴趣是否与应聘的职位相符;二是确定与应聘者正式面谈的时间和地点。

在电话面试中,可以侧重了解以下一些问题。应聘的原因是什么?应聘者目前的工作状态及主要工作职责是什么?离职的原因是什么?应聘者未来职业选择的方向?应聘者对自己所应聘的工作是如何理解的?应聘者对公司有什么期望?

电话面试中,面试者应时刻提醒自己,电话面试的目的不是要得出是否聘用该应聘者的结论,而是判断是否有必要对该应聘者进行正式的面试。电话面试是为了筛选掉明显不符合要求的应聘者,而并非选拔出胜任的应聘者。

3. 职业化的着装

面试时应注意职业化的着装。面试是企业和应聘者双方选择的过程,正式得体的着装一方面可以体现被面试者及公司的职业风范,另一方面也表达了对被面试者的重视。

4. 提前到达面试地点

面试前15分钟,结束其他工作,整理自己的衣装,从心理上从其他工作状态转为面试状态。提前10分钟到达面试地点,回顾将要面试岗位的面试提纲及应聘材料和简历。

5. 准备面试物品

从事面试工作的物品包括面试提纲、应聘材料及简历、记录纸、笔和名片。

6. 准备面试环境

一般而言,应聘者往往比面试者紧张,一些不善于控制自己情绪的人,面试表现会因此而大失水准,有的考官或许认为,他要看看应聘者如何在面对陌生人的压力下做出反应,这样会有利于了解其日后的工作表现。但实际的情况是,并不是所有的职位都要求员工在陌生人面前有敏捷得体的反应。压力太大的面试是没有效果的,因为把应聘者放到一个防御的位置,他就会采取防御的行为,压力会带来隔阂,而面试应该消除隔阂。所以,面试地点应选择安静的独立空间,就座的位置应保持90度角及相应的距离。

（二）面试的开场白

应聘者刚开始进行面试时往往都比较紧张，而人一般只有在放松的情况下才会袒露自己的真实想法。因此，招聘考官不能一上来就切入主题，而应当经过一个引入阶段，问一些比较轻松的话题，以消除应聘者的紧张情绪，建立宽松、融洽的面试气氛。比如"你今天是怎么过来的呀？"、"我们这里好找吗？"、"我是×××，感谢您来参加今天的面试"等。

开场阶段的时间一般在5分钟以内。

（三）进入正题阶段

经过开场阶段，面试就可以切入正题正式开始了。在这一阶段，考官要按照事前准备的面试提纲对应聘者提出问题，仔细倾听，并对面试的主要内容做好记录。正题阶段的时间一般为30~40分钟。

在这个过程中，考官要特别注意提问的方式，提问应当明确，不能含糊不清或者产生歧义；提问应当简短，过长的提问既不利于应聘者抓住主体，也会挤占回答问题的时间；提问时尽量不要带有感情色彩，以免影响应聘者的回答；提问时尽量不要问一些难堪的问题，除非是某种特殊需要。

此外，考官还要注意自己的态度举止，尽量不要出现异常的表情和行动，这些体态语言会让应聘者感到面试者在肯定或否定自己的答案，从而影响应聘者的回答。

考官做记录时，要能保证按照面试提纲控制面试的进程。要注意正确记录信息，以帮助考官不受或少受某些会产生认知错误的因素的影响，从而提高面试的公平性。

要记录事实、案例与现象，而不是判断和结论，只记录判断和结论的记录是没有说服力的。比如，对于应聘者创新能力方面，面试记录不能只写"该应聘者创新能力强"，而应该记录表现该应聘者创新能力的具体事例，如在新产品开发中提出创新性意见并被采纳等。

（四）结束面试

主要问题提问完毕后，面试就进入了结束阶段，这时，可以让应聘者提出一些自己感兴趣的问题由面试者解答。应以自然的方式结束面试谈话，不能让应聘者感到突然。常用的语言比如"您有什么问题需要了解吗？"、"我们会在××天内给您回复面试结果"、"感谢您来参加面试，再见！"。

结束阶段的时间一般为5~10分钟。

（五）回顾面试

应聘者离开后，考官应当马上整理面试记录，并在回顾面试情景的基础上把面试记录表填写完整。经过良好整理的面试记录是事后做出聘用决策的重要依据。

第四节　面试的操作

一、面试工作的技巧

（一）提问的技巧

面试提问中，我们要多问开放性和行为性的问题，忌封闭性、引导性和理论性的问题。

那么,什么样的问题是开放性、行为性、封闭性、引导性、理论性问题呢?

开放性、行为性问题多以"什么"、"怎样"、"为什么"、"什么时候"和"哪里"开始。它们需要较长的答案并可以鼓励应聘者多谈一些情况。这样的问题可以更多地获取信息,也可以挖掘更多的信息,鼓励应聘者多说话。

例如"您是采取什么行动克服了当时的困难?"

封闭式问题多以"有没有做过"、"会不会去做"、"是否"开始。这些问题可以用"是"或"不是"来回答。应该避免经常使用它们,因为它们不会鼓励应聘者讲述情况。

引导性问题是引导应聘者回答您想要的答案的问题。这种情况应绝对避免。例如,"您是否真的有担任这项工作的热情?"、"您是否善于团队合作?"。

理论性问题是指比较理论化的问题,问题大而宽泛,不利于了解应聘者的具体行为。

表 11-3 理论性、引导性与行为性三类问题的区别

能力	理论性问题	引导性问题	行为性问题
销售能力	您觉得取得高业绩的原因是什么?	我们公司的销售目标是非常高的,您能完成吗?	谈谈过去一年中您成交的最大一次销售。您是如何做成的?
团队合作	您怎么看待团队合作的问题?	我们公司非常看重团队合作,您觉得自己具备团队合作能力吗?	谈谈您在过去工作中在团队合作方面印象最深的一个例子?为什么让您印象深刻?

(二)提问的禁忌

除了不要问封闭性、引导性和理论性问题外,在提问时还应该注意,要尊重和鼓励应聘者,不要打探与工作无关的问题。

面试是一个双向选择的过程,是面试官甄选应聘者的过程,也是应聘者选择应聘公司的过程,在面试中,面试官所表现出的态度直接影响着应聘者对公司的感受。在提问时应注意措辞和语气,多使用"请"、"您"等词汇。切忌审问式的、不礼貌的提问,尤其不要询问婚姻状况等与工作无关且涉及个人隐私的问题。

(三)面试局面的控制

为保证面试的有效性,作为面试主持者的考官,应该保持面试的控制权,保持控制权的关键是尽量提问并认真倾听。你应该用 20% 的时间提问和回答问题,80% 的时间用于认真倾听。倾听时要注意自己的态度举止,应该是耐心地、不带倾向地跟进。仔细倾听,注意倾听对方所说的话并避免过早进行判断;不要随意打断对方或接听电话;不能只听自己想听的。

另外,提问要符合逻辑顺序,如果应聘者提出问题,处理之后注意回到原来的逻辑顺序上。

在面试进入尾声之前尽量避免让应聘者提问题,例如,在面试一开始就告知对方,面试结束前,有一个问题时间。如果应聘者在回答一个问题时跑题了,考官应当礼貌地将他带回正题。同时,还应及时对所听到的话进行总结和确认,以便于话题之间的过渡并限制应聘者过于冗长的论述。

在倾听的同时,还要看着对方,一方面体现对应聘者的尊重,另一方面也是注意观察应

聘者的言谈举止,关注对方的非语言性信号,通过肢体语言来识别谎言,探询应聘者的真实想法。

(四)识别谎言的技巧

面试成功,除了需要行为面试法及必要的提问技巧外,还需要掌握识别应聘者说谎的能力,主要从应聘者的语言和非语言两方面来进行观察和判断。

1. 根据应聘者的语言描述进行判断

面试中的语言行为特征详见表11-4。

表11-4 面试中的语言行为特征

正常的	描述发生过的事情用"我",而不是"我们"或没有主语; 说话很有信心,能够连贯一致地描述事件过程; 讲述的内容明显与其他一些已知事实一致
可疑的	讲述的内容啰唆、重复,很难一针见血; 举止或言语明显迟疑; 倾向于夸大自我; 语言非常流畅,但听起来像背书

2. 根据应聘者的非语言行为进行判断

面试中的非语言行为特征详见表11-5。

表11-5 面试中的非语言行为特征

表现	眼睛	身体姿势	手势	面部表情
正常的	直接坦诚 不游离	紧张搓手 整理衣角	搓手	与描述的内容一致
可疑的	游离 不敢直视,向斜上方看	突然变化(如突然不断喝水)、僵硬	摸下巴 摸鼻子 变化快于语速	与说话描述的内容不一致

二、行为面试法

如果考官只采用一种提问形式,那就是与过去行为相关的问题,与以往行为相关的面试最为普遍和通用。这就是行为面试法。行为面试法是招聘与配置员工的常用方法之一。

行为面试法的思维方式是:"从一个人过去的行为能准确地预测其将来的行为。"举例来说,如果你总是把自己的办公桌收拾得干净整齐,那你明天也会把办公桌保持得井井有条;如果你经常迟到,因而名声不佳,那下次开会你又迟到,没人会感到惊讶。说到人际沟通、团队合作、解决问题的能力或是其他行为时,需要了解此人过去的行为模式,这样就能预测他的未来行为。

那么,为了获得过去行为的准确写照,应该怎样组织所提的问题呢?首先要了解面试时行为性的回答是什么样的。

(一)确认与行为有关的回答

与行为有关的回答指描述应聘者在具体情景下实际言行的回答。包括情景的背景情况、应聘者采取的行动及其结果。

与行为无关的回答指回答是理论性的、含糊的,或仅仅是某种观点。

举例如下:

> **请描述过去工作中,你做过的超过工作本身要求的事情?**
>
> **与行为无关**:工作中我总是积极主动,为了完成工作任务不惜付出任何代价。倘若学习新的技能或承担更多的责任对集体有利,毫无疑问,我会主动去做的。
>
> **与行为有关**:记得那时我初到信息系统部,尽管我不是程序员(情景),我还是决定学一门程序设计课程。这样老板需要我们做点儿什么的时候,我就知道他的意思了(目标/行动)。老板对我的这一举动非常满意,并要求其他几个人也学习类似的课程(结果)。

(二)提出有关行为的问题

如果考官想在面试中得到想得到与行为有关的回答,就必须提出让应聘者用其言行实例来回答的问题。下列的问法可用来引出与行为有关的回答:"举个当您……的例子"、"讲述一下您……的具体例子"、"您有过……的经历吗?"、"讲述一下这样的经历"、"讲一下当时的具体情况"、"请用以前经历过的事情谈一下您对这方面的看法"。

(三)提问的 STAR 原则

STAR 是 Situation(背景)、Target(目标)、Action(行为)和 Result(结果)4 个英文字母的首字母组合。

通常,应聘者求职资料上写的都是一些结果,描述自己做过什么、成绩怎样,比较简单和泛泛。而面试官则需要了解应聘者如何做出这样的业绩,做出这样的业绩都使用了一些什么样的方法,采取了什么样的行动,通过这些过程,可以全面了解应聘者的知识、经验、技能的掌握程度以及他的工作风格、性格特点等与工作有关的方面。

例如,在面试时,有一个应聘者说,"我调动各方面资源解决了工作中的难题",是不是就凭借这个回答认为该应聘者具备优秀的组织解调能力呢? 当然不是。

1. 背景

首先要了解该应聘者是在什么背景之下,包括他所要解决的工作难题是什么,为什么会产生这个问题,这项工作的难点在什么地方等问题,通过不断地发问,可以全面了解该应聘者解决工作难题的前提,从而获得必要的信息。

2. 目标

进而要了解该应聘者为了完成工作难题,具体的工作目标是什么,衡量标准是什么。

3. 行为

了解工作目标之后,继续了解该应聘者为了完成目标所采取的行动。即了解他是如何完成工作的,他在这项工作中担当的什么角色,都采取了哪些行动,所采取的行动是如何帮助他完成工作的。通过这些,可以进一步了解他的工作方式、思维方式和行为方式,这是应聘者非常希望获得的信息。

4. 结果

最后,才来关注结果。每项具体的工作目标在采取了行动之后的结果是什么,是好还是不好,好是因为什么,不好又是因为什么。

这样,通过 STAR 原则发问的 4 个步骤,一步步将应聘者的陈述引入深入,一步步挖掘出应聘者潜在的信息,为更好地进行招聘决策提供正确和全面的参考。

三、面试偏见的克服

就像我们决定去买哪一种饮料、选择哪一家饭店一样,主考者决定聘用哪一个求职者也很容易被我们的偏见所左右。每一个主持面试的人,因个人的偏爱和过去的经历(但这种经历和现在招聘工作已毫无关系),会在一定程度上影响他去正确挑选应聘者。考官的目标是认识到这些偏见,并在面试中特别注意,控制偏见所产生的影响。

面试中常见的偏见主要有以下几种。

（一）第一印象产生的偏见

一般情况下,考官在见到一个人后,很短时间内就会做出喜欢或者不喜欢他的判断,这就叫初次印象。随后,我们会接下去潜意识地去寻找巩固最初印象的信息,和忽略掉削弱最初印象的信息,结果使我们难以保持清醒,这就是第一印象产生的偏见。

第一印象产生的偏见,指根据在面试最初几分钟里所收集到的,而且与工作无关的个人信息去对应聘者做出全面评价。

（二）晕轮效应

面试中,有的考官会给一两个方面能力很高的人头上加光环,并因此概括出他的其他任何方面都一定出色,这就是晕轮效应产生的偏见。比如一个穿着得体的销售人员很容易被认为更专业且工作能力更佳。一个技术能力非常强的技术人员会被认为一定能胜任班组领导工作。

晕轮效应是指让某一特点(如技术方面的技能、销售能力、沟通能力等)影响考官对应聘者在与工作相关的其他方面做出评价。

（三）因相似而引起的偏见

考官更容易喜欢和接受跟自己相像的人,比如如果一个人的背景、观念、爱好、经历等方面和你有许多相似之处,你就更容易喜欢上他,与他相处也感到舒服。问题是,这个相似性常常使我们看不到一个人的重大缺点,这就叫因相似引起的偏见。而这种偏见会影响对于应聘者技能和能力的评价。

（四）首因与近因效应

首因与近因效应是指在面试结束后,对第一个与最后一个应聘者的印象更深,位于面试位置中间的合格候选人会被错漏。

（五）树立"标杆"

指以其中最优秀的候选人为标杆,将所有其他人与之比较。一旦最优秀者不能招聘成功,所有的面试都白做了。在招聘中,考官要时刻提醒自己,所需要的是"招聘最合适的,而不是最优秀应聘者"。

(六)招聘压力带来的偏见

如果你是业务经理,迫于业务的压力,非常需要尽早有人填补空缺的岗位。在这种情况下面试时,可能会发生一些应聘者即使不是真的可以接受,你也可能让他通过的情况。

通过以上,考官了解到面试中通常容易犯的偏见,这是进行有效的面试非常重要的一步。只有认识到这些偏见,才能在面试时提醒自己,从而避免让偏见左右面试结果。

本章小结

招聘考试是招聘配置中非常常用的重要活动和最关键的环节。本章对笔试的一般性内容进行了阐述,并重点阐述了招聘公务员,同时对在企事业单位招聘中大量使用的行政职业能力测验进行了具体说明。进而,对面试的总体内容、工作环节、常用方法和具体操作问题进行了详细的分析阐述。

主要概念与名词

笔试　知识测验　能力测验法　行政职业能力测验　面试的特点　面试分类
结构性面试　压力性面试　面试环节　面试提纲　行为面试　STAR原则　面试偏见

复习与思考题

1. 笔试的重要性是什么?笔试都可以测评人的什么素质?
2. 面试分哪几个步骤?每一个步骤的关键点及时间是什么?
3. 面试提问的STAR原则是什么?
4. 常见的面试偏见有哪些?
5. 如何通过肢体语言来判断应聘者的谎言?
6. 关于应聘者对团队协作重要性的看法,请分别用开放性问题、封闭性问题、引导性问题和理论性问题提问。
7. 设计一份给人力资源招聘主管使用的一般性面试提纲。

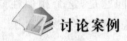

销售经理人选的头轮面试

古德实业公司研发了几款新产品,要扩大市场,确定近期要招聘一名营销事业部副经理。经过前期工作,筛选出"张、王、李、赵"4位候选人。

2015年4月8日下午,公司的人力资源部招聘主管王红通过电话通知应聘销售经理岗位的4位候选人次日上午10:00到公司参加面试,要从中"四选二"。

4月9日上午10:00前,4位应聘者如约来到公司。面试开始了。王红先和头一位到来的应聘者进行面试。请另外几位面试者在大厅等候。一个人的面试花了20多分钟。然后,其他3位依次进行。

在面试进行的过程中,王红主管拿出事先准备的面试问题单子,对张、王、李、赵这4位应聘者分别按如下顺序提出问题：

(1) 请您先简单地作个自我介绍。

(2) 您目前的工作岗位和主要职责是什么？您为什么考虑换一个环境？

(3) 您对自己今后几年有什么发展计划？

(4) 销售工作对人的承受压力的能力要求非常高，您觉得您在承受压力方面怎么样？

(5) 您觉得取得高销售业绩的原因是什么？

(6) 您是一个积极进取的人吗？

(7) 您对应聘岗位和我们公司有什么看法？

面试中，王红基本上都是在埋头记录着，没有太关注应聘者的表现。应聘者提出的一些问题，如"工资是多少？工作绩效要考核哪些"等她给了回答，对应聘者没有提出更多的跟进式的问题。

面试结束前，王红只是告诉对方等候消息，并没有告知具体的安排。然后说"这次面试结束了"，让他们回去。

面试结束后，王红初步整理了面试记录，觉得应聘者小王穿正装面试，看起来非常职业，谈吐也优雅，应聘者大李在王府百货公司做销售经理，有管理销售人员的经验，所以决定推荐他们二人进入第二轮的面试。

(资料来源：姚裕群，刘家珉．就业市场与招聘[M]．长沙：湖南师范大学出版社，2007：164-165)

讨论题：

1. 找出王红在面试过程中的错误有哪几条？
2. 针对王红在面试过程中的主要错误找出原因，并提出改进建议。
3. 王红应当在招聘人选前做哪些工作？在面试的各环节应当怎样把握？
4. 王红应当根据什么条件，采取什么方法，选择准备录用的合格人选？

第十二章

高效的现代手段——网络招聘

> **引例**
>
> ### 网络招聘会确实不错
>
> 利康医疗保健集团公司是一个具有多元化产业的大企业,随着市场和经营规模的不断扩大,以及对人才需求的增加和员工素质更新提高的要求,该公司每年要招聘大量的新员工。他们高度关注着招聘市场,采取多种形式的招聘手段。
>
> 这天,集团总部的人力资源公司魏才总经理开会时提出,"网络招聘不仅仅是我们自己做,还要参加社会的网络招聘会,这样人才来源会大大增加",并布置了有关的工作。
>
> 人力资源公司业务总监李兆文开始了推动工作,安排人员进行搜索,获得了大量的信息,网络招聘会可以分为应届生专场招聘会、大型综合招聘会、行业人才招聘会、其他记者类型。李总监和同事对之进行了具体的分析:
>
> 第一种,应届生专场招聘会:校园招聘会,每年11~12月或3~4月举办,主要面向即将毕业的应届生,这种招聘会通常职位数量有限,参展的学生和企业很多。这可以为我们补充大量的新员工。
>
> 第二种,大型综合招聘会:一般选在每年求职招聘的黄金时间也就是每年的7、8月举办。可以吸引几百家甚至千家各种行业和类型公司前来招聘人才,通常这种招聘会参加人数也是数以万计的。我们可以在此张榜招贤,寻求自己需要的多种人才,它确实比我们自己做网站方便很多,人才来源也多了很多。
>
> 第三种,特定行业的人才招聘会,如电子行业招聘会、IT类行业招聘会等。我们在有特定职业需求时,可以参加一些。
>
> 经过分析,李总监和同事都说,网络招聘会确实不错。
>
> (资料来源:本文根据博思商学院《网络招聘会将逐渐替代大型招聘会》一文材料修改,摘自 www.hnjol.com)

第一节 网络招聘总析

一、网络招聘的概念

网络招聘也称在线招聘或者电子招聘(E-recruiting),是指利用互联网技术进行的一种全新的招聘方式。网络招聘充分利用互联网技术具有的结构化、个性化、智能化、交互性、无地域性等特征,大大提高了招聘的效率。网络招聘不同于传统的招聘方式,它具备远程服务功能,能够与求职者及时互动,并且不会受到地域的限制。广义的网络招聘不仅包括企业招聘主页(career portal)的建立、招聘信息的在线发布、电子简历的搜集,还包括应聘流程的在线管理、电子面试以及在线测评等全部依托于互联网技术的内容。

据近年的统计数据,全球500强企业所招聘的人才中有80%以上的白领人员是通过网络招聘实现的,可以说网络招聘已经形成了一个新的产业。根据IDC的数据显示,21世纪以来全球网上招聘市场年平均增长率达到40%以上。随着国内企业的国际化及互联网的更加普及,网络招聘的重要地位稳步提高。网络招聘行业中的服务供应商也伴随着资本市场的竞争进入了战国时代。

以在美国上市的著名网络招聘公司智联招聘为例,其发展速度很快,具有很好的经济效益。据该公司的最新财报,2015财年第四财季的总营收达到3.371亿元人民币(合5 440万美元),同比增长18.9%;在线招聘服务营收同比增长20.4%,达到2.907亿元人民币(合4 690万美元)。净利润同比增长31.8%,达到7 310万元人民币(合1 180万美元);每股摊薄净利润为1.28元人民币(合0.20美元)。而全财年的财报为:总营收达到12.899亿元人民币(合2.081亿美元),比前一年增长19.5%;在线招聘服务营收达到10.694亿元人民币(合1.725亿美元),比前一年增长21.2%;净利润达到2.526亿元人民币(合4 070万美元),比前一年增长35.3%;每股摊薄净利润为人民币4.46元(合0.72美元)。确实,发展速度快,经济效益好。

二、各类招聘渠道比较

各类招聘渠道由于各自的特点不同,所以在适用岗位等方面有各自的特性(详见表12-1):

表12-1 各渠道招聘特点

渠道类别	适合岗位	特点	使用建议
大型招聘会	一般职员岗位	投入资源(人力、场地)比较大,但有效周期短	如果没有大量的岗位需求和合适的大型招聘会(如每年春季的大型招聘会),建议不参加
小型招聘会	低端岗位	周期性举办,规模较小	候选人群的区域局限性突出时可选择
报纸广告	一般职员岗位	费用较高、有效期短,招聘效果不够理想	建议配合区域招聘会使用
中介	低端职位	行业不够规范、可靠性不高	充分了解其可靠性,慎重使用
猎头	资深专业人员或高端岗位	花费昂贵,招聘周期长,但针对性很强,可以保证招聘效果	主要针对高端管理岗位和稀缺技术人才使用
内部招聘	所有岗位	内部招聘人员对公司的情况比较了解,工作上手快	注意避免人情型举荐牵扯过多精力
企业招聘会	一般职员岗位	人力成本较高,有利于应聘人员更好地了解公司。不经常召开	在外部求职者活跃的季节统一组织实施
校园招聘	应届毕业生	有一定的时效性,大约为每年10~12月	适合一般入门级岗位的招聘
网络广告	高端职位以外的大多数岗位	刊登迅速、简历数量大,刊登周期长	主要有招聘网站、专业网站和门户网站可供选择,对于网站的选择需要仔细甄别

三、网络招聘的成本

猎头和人才中介等特殊的招聘方式承担了招聘中的信息发布、简历搜集及部分面试等工作，并且会对招聘工作的结果负责，承诺一定的"人才保证期"（即被推荐的候选人在一定时间内离职，猎头和人才中介将负责继续推荐候选人或者退还招聘费用）。行业普遍的成本约为候选人年薪的25%～35%，相比之下猎头或中介的成本投入最高。

招聘会和校园招聘等方式在空间和地域方面的限制也比较大，前期需要做大量的宣传推广工作，不仅要花费较多的直接费用，而且会务组织工作往往牵扯企业招聘工作者过多的精力。另外，企业还需要指定专人与候选人进行交流，因此人工成本也相对较高。

网络招聘的成本涵盖了招聘信息的在线发布、电子简历的搜集，还包括了应聘流程的在线管理、电子面试以及在线测评等全部流程，所以成本也相对较高。但是由于网络招聘的内容包括了全部依托于互联网技术的内容，所以随着网络技术的普及和技术成本的降低，成本下调空间也会逐渐放大。

四、网络招聘的效果

企业招聘渠道的选择是招聘效果好坏的关键，不同招聘渠道有各自的招聘特点。

从简历总量方面看，网络招聘方式获得的简历无疑是最多的。便捷的投递方式可以降低求职者的心理门槛，但是也会造成简历量过大，无效简历的筛选浪费精力的现象。所以必须辅以简历筛选系统提高效率。

从有效简历的比例看，猎头和人才中介等特殊的招聘方式成功率无疑是最高的。因为简历初筛的工作已经由第三方提前完成了，但是这是以较高的成本为代价。常规渠道与网络招聘相比各有千秋，关键在于信息发布的准确性和所针对岗位的不同。

从成功率的角度看，猎头和人才中介等特殊的招聘方式成功率无疑是最高的，但是猎头只针对高端岗位，且招聘周期很长。大量使用猎头方式进行招聘，会面临成本方面的巨大压力。而人才中介在满足低端职位方面成功率也是令人比较满意的，但是无法胜任中高端职位的招聘需求。

从简历的反复利用方面看，由于网络招聘中的简历便于存储和流转，所以依托于电子简历管理系统，网络招聘的信息管理优势是无可比拟的。甚至于网络招聘中的面试评价和测评结果也可以很方便地留存，以备记录和利用。利用网络技术保持与潜在候选人的关系维系，更使网络招聘的效用可以长期显现，并最终达到良好的招聘效果。

第二节 招聘网站的类型

一、全国性招聘网站

这类网络招聘网站是全国性的、综合的招聘服务提供商，在国内的网络招聘行业中处于领先地位。

这类网络招聘网站中的第一梯队包括：前程无忧（51job.com，总部设在上海，国内招聘类网站中成功上市了的公司，通过网站及《前程无忧》报纸在包括二级城市在内的广大区域内具有强大的覆盖能力。背后最大的股东是日本 Recruit 网站。日本 Recruit 以约 11 亿美元向 51job 股东收购 15％的股份,并获得在未来三年内再收购 25％股份的权利);中华英才网(chinahr.com,2005 年美国最大招聘网站 monster 对其股份收购。其总部设在北京,此外上海、广州、深圳也是主要业务覆盖区域,在苏州设有近千人的电话营销中心);智联招聘(zhaopin.com,总部设在北京,猎头公司背景,澳大利亚和新西兰最大的猎头公司 Seek 在 2006 年出资 2 000 万美元收购了其 25％的股权)。

这类网络招聘网站中的第二梯队包括:中国人才热线(cjol.com,总部设在深圳,是该区域内绝对的 No.1,依托亚洲最大的招聘网站 jobsdb.com 收购深圳当地另一家竞争对手 job88.com,并逐步在国内其他城市扩张);卓博网(jobcn.com,总部设在广东东莞,致力于通过电话呼叫中心方式覆盖全国,目前主要在整个珠三角地区以及上海、苏州等地具有影响力。该网站由于资本运作的理念问题先后拒绝多家风险投资,扩张能力受到一定限制);等等。

二、地域性招聘网站

这类网站是以某一地域为营业范围,努力成长为本地区最优秀的网络招聘服务提供商。这类网站极其熟悉当地人才市场,并且往往将现场招聘会等其他服务与网络招聘服务相结合,能够在自己的区域内最大限度地发挥作用。许多全国性网站在局部地区的功力往往不敌此类区域性网站。这类网站最具代表性的有:南方人才网(168.com,是广州地区最大的,间接覆盖整个珠三角地区乃至华南地区)、深圳人才网(szhr.com,对深圳地区、东莞地区、粤西地区都有覆盖)等,另外还有上海招聘网、北京人才网、浙江人才网等。许多全国性网站在扩张业务的时候都将收购此类区域性网站作为迅速进入当地市场的捷径。

三、行业性招聘网站

这种分行业网络招聘模式是细分市场提供专业化服务,以各个行业为中心来做细分市场,突出各个专业和行业的特点,称为"行业垂直人才网站",与区域性招聘网站类似。行业性招聘网站往往将现场招聘会等其他服务与网络招聘服务相结合,能够在自己的行业内最大限度地发挥作用。

例如英才网联(800hr.com)旗下有几十个分行业网站:例如建筑英才网、金融英才网、IT 英才网、医药英才网、化工英才网等。英才网联实际上是这些分行业人才招聘网站的公司主体。由于英才网联是建筑行业背景出身,所以在该行业具有相当的影响力。除此之外,在其他行业的影响力有待进一步提高。2006 年,日本第二大招聘网站 Enjapan 收购了英才网联,我们也将拭目以待行业性招聘网站的发展进程。

四、人际类招聘网站

社会性网络的英文全称是 Social Networking(SN),也称之为"社交网络"、"人际网络"等。其本质是基于信任的朋友圈,把社会性网络引入网络招聘,通过朋友的推荐和介绍进行求职招聘。例如,美国的知名社会性网络网站 LinkedIn 开通了采用人际关系寻找工作的频道。人们可以更加方便快捷地建立自己的社会性网络,从而采用社会性网络进行网络招聘。

天际网(tianji.com)和联络家(linkist.com)都是国内比较知名的社会性网络网站,但它们在招聘模块的设计方面都还相对薄弱,至今没有比较成型的招聘服务模式。推荐吧(referbar.com)以悬赏推荐的形式形成了自己较为独特的业务模式,并且积累了一定的成功经验,值得借鉴和推广。

五、搜索式招聘网站

搜索式招聘网站是将垂直搜索技术应用于招聘行为的专业网站。所谓垂直搜索,是针对某一个行业的专业搜索引擎,是搜索引擎的细分和延伸,是对网页库中的某类专门的信息进行一次整合,定向分字段抽取出需要的数据进行处理后再以某种形式返回给用户。而搜索式招聘网站是对互联网网页库中的招聘信息进行再次整合,定向分字段抽取出需要的招聘信息数据进行处理后再提供给用户。

目前在美国已经涌现出了 indeed、simplyhired 等垂直职位搜索引擎。这些网络招聘新兴网站最近获得投资引起业界关注,本身这些网站也在高速成长。如 jobster、simplyhired 和 indeed 都获得过风险投资。

在国内出现类似的网站已有多年,例如垂直职位搜索和 Web 2.0 社会网络形式的网络招聘企业:搜职网、职友集等,发展速度很快。这类网站同样存在招聘功能设计方面的缺陷,在招聘服务模式方面还不够成熟。

网络招聘是招聘模式演进的一个重要形态,但在短期内并不会取代传统招聘方式。在国外,都是将网络招聘与传统的招聘方式结合,构建一整套完善、多元的人才招募体系。而对于国内的情况,两种方式各有优势,对传统行业的招聘,如公交车司机、饭店侍者等服务业现场招聘可能更有效,而 IT、电子等现代行业的招聘,网上招聘效果就会更好。因此,在今后很长一段时间内,网络招聘求职和传统招聘求职将并行发展,互为补充。

第三节 网络招聘的实施

一、发布招聘信息

网络招聘信息的发布直接关系到企业招聘的效果,因此,如何根据企业的实际情况选择适当的信息发布渠道,就显得尤为重要。

(一)利用招聘网站进行职位发布

这是企业最为广泛采用的一种招聘方式。企业通过这种形式,可以在人才网站上发布招聘信息,利用招聘网站提供的在线系统收集求职者简历。由于人才网站上资料库大,日访问量高,加上人才网站收费相对较低,所以很多公司往往会同时在几家网站注册。

(二)登招聘广告

出于吸引求职者和宣传企业雇主品牌的双重目的,企业往往选择在大型网站上登招聘广告的方式,既可以选择招聘网站(例如在前程无忧、中华英才网、智联招聘等之上),也可以选择行业性的专业网站(例如 CSDN、存储在线等),甚至是大型的综合门户网站(例如新浪、搜狐等)。相比较而言,招聘网站在求职者中具备一定的知名度,但是信息传递面局限在近期主动求职的人群,对在职的中高端专业人群吸引力有限;专业网站对吸收某一特定专业的人才效果良好,但是由于专业网站鱼龙混杂,需要花费大量精力予以鉴别,且信息传递方向较为单一,所以造成广告成本相对较高;大型门户网站的浏览量很大,受众面最广,但是成本最高,往往是品牌推广的效果大于招聘。

(三)利用 BBS 发布

BBS 是英语 Bulletin Board System 的缩写,中文称为电子布告栏,它是 Internet 上热门的服务项目之一,你只要通过远端登录的方式,就可享有在远端主机上张贴布告、网上交谈、传送信息等功能。这种方式发布信息的成本几乎为零,但影响力有限,也不利于体现公司的形象。

(四)在公司主页发布招聘信息

如果单位有实力可以依托企业的网站建立自己的招聘主页。这样公司可以在自己的网站上发布招聘信息,同时将企业文化、人力资源政策以及更多的能让求职者了解的信息发布在主页上,这样既可达到宣传目的,又能吸引来访问的求职人员在了解企业的实际状况后,有针对性地选择应聘岗位,所以招聘人员的质量比较高。公司还可以将在线填简历应用其中,这样就可以很方便地建立自己的人才储备库,方便查询。从行业分布来看,全球 500 强中,保健行业、运输行业、经营批发业达到 100%,制造业 98%,消费者行业 97%,高科技行业 92%,自然资源和公用事业行业 91%,金融行业 90%。

企业不仅可以利用互联网向外发布招聘信息,还可以利用企业内部的局域网对内发布空缺的职位,从企业内部提升。这不仅最大限度地节约了成本,还有利于提高员工的满意度、工作热情。这种通过局域网的招聘方式对一些跨地区的企业更为有利,通过内部的网络可以在第一时间知道企业的人力资源状况,合理配置人力资源,从而促进组织的发展。

二、搜集信息

企业在招聘网站注册后可以利用这些招聘网站的在线系统收集求职者主动投递的简历,同样可以利用招聘网站的人才简历库进行搜索,即通过定制查询条件,搜索符合要求的应聘者的联系方式,主动与之接洽。企业接收的简历往往良莠不齐,重复投递的现象非常严重,导致企业内部招聘工作人员的精力大量浪费在简历的筛选中。另外,企业主动从数据库中搜索出来的候选人往往对企业的"主动追求"兴趣不高,导致成功概率较低。所以在简历的搜集和整理方面,我们有必要借助于招聘系统的帮助,比如屏蔽掉不符合企业要求的候选人,并用电子邮件的方式礼貌地拒绝,然后分类储存那些符合公司要求的求职者的简历,保持一定频率的沟通。这样才能节约企业招聘工作者的大量时间,提高招聘效率。

招聘信息发布以后,要及时注意反馈,从众多的应聘者中挑选出符合条件的求职者安排面试。

三、安排面试

挑选出符合条件的求职者后,接下来就可以安排面试了。最为常规的方式是利用网络方式便捷地通知候选人相关的面试信息。由于网络招聘无地域限制,在不同地理位置的招聘者、求职者可以利用互联网完成异地面试。面试人员即使不在一起也可以通过互联网合作,利用网络会议软件同时对应聘者进行考察。根据不同的求职者安排好面试人员后就可以通知求职者进行电子面试,互联网的发展使得我们可以有多种选择来进行电子面试。

四、电子面试

招聘信息的发布与搜集整理仅仅是网络招聘的开始,电子面试更能体现网络招聘的互动性、无地域限制性。电子面试的应用才是网络招聘中重要的组成部分。但目前由于网络技术等各种原因,电子面试在企业中的实用案例较少。

(一)利用电子邮件

电子邮件(E-mail)是网络上应用最多的功能,它具有快捷、方便、低成本等优点,越来越多的人远离了传统的邮寄方式,开始利用电子邮件交流。招聘者与求职者利用电子邮件交流,可以节省大量的时间,进而提高招聘效率。招聘者还可以通过求职者的 E-mail 来了解他们的文字表达能力,为是否录用提供依据。但利用电子邮件的局限在书面表达方面,一般只能运用在面试前后的信息联络和沟通上。

(二)利用聊天工具

公司可以利用一些聊天软件或者招聘网站提供的聊天室与求职者交流,招聘的单位可以一家占用一个聊天室,在聊天室里进行面试。就像现实中一样,单位可以借此全面了解求职者,也可以顺便考察求职者的一些技能,比如电脑常识、打字速度、网络知识等。求职者也可以向单位就职业问题提问,实现真正的互动交流。但是通过这种文字的交流还是有一定的局限。一方面,它反映不出求职者的反应速度、思维的灵敏程度;另一方面,求职者也可能会请人代替他进行面试,在虚拟的网络世界里,企业无法识别求职者的真伪。为了能够在第一时间得到应聘者的回答,用人单位还可以在语音聊天室利用语音聊天与求职者交流,这样既可以看到求职者的文字表述,又可以听到求职者的声音。

(三)视频面试

声音的传送已经无法满足现代人沟通的需求,立即、互动的影像更能真实地传送信息。"视频会议系统"(Videoconferencing System)有时又被称为"电视会议系统"。所谓视频会议系统是指两个或两个以上不同地方的个人或群体,通过传输线路及多媒体设备,将声音、影像及文件资料互传,达到即时、互动的沟通。与在聊天室进行面试相比,利用视频面试不仅能够听见声音还可以看到应聘者的容貌,避免了聊天面试的缺点,具有直观性强、信息量大等特点。因此使得网络招聘比传统招聘方式更具优势。随着公司的国际化人才梯队建设,很多候选人都通过视频面试的方式与 Hiring Manger 进行远程交流,并最终与公司确定 Offer。这样既节省了面试差旅费用,也免去了车马劳顿之苦。

(四)在线测评

随着素质测评日益受到企业的重视,有一些网站开始将素质测评作为自己的服务项目之一。网络招聘是一种虚拟的招聘方式,在面试之前招聘者只能从简历中了解应聘者的情况。事实上,很少有简历能够直接告诉你所关心的应聘者的素质,特别是那些从网上下载的简历,因为求职者只能按照招聘网站提供的统一的格式填写,信息量有限,所以在你决定约见一个应聘者进行面试之前,简历往往不能获得所需要的甄别信息。而素质测评的应用可以为企业解决这一难题。求职者可以在测评频道中进行测试,然后自动生成一份测评报告,它可以在招聘者花费大量宝贵的面试时间之前,就能让他们洞悉每一个应聘者的整体素质。这样可以为他们节省大量的时间,从而进一步提高招聘的效率。

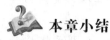

本章小结

网络招聘是招聘活动中重要的招聘方式之一,是成长迅速的、应用普遍的领域。本章对网络招聘的概念、发展、与其他招聘渠道相比的适用性等进行了阐述,进而对网络招聘的类型进行了说明,最后对网络招聘实施过程与方法进行了介绍。

主要概念与名词

网络招聘　全国性招聘网站　地域性招聘网站　行业性招聘网站　人际类招聘网站　搜索式招聘网站　电子面试　视频面试　在线测评

复习与思考题

1. 什么是网络招聘?你认为网络招聘与传统的招聘方式有哪些区别?
2. 举例分析各类招聘渠道的特点。
3. 列举各类招聘网站的长处和局限性。
4. 如何有效实施网络招聘?
5. 许多全国性招聘网站在扩张业务的时候都选择将收购区域性招聘网站作为迅速进入当地市场的捷径。区域性网站本身是应该选择做大自己等待被收购,还是选择跨地域扩张,向全国性招聘网站发展?
6. 基于垂直职位搜索技术的招聘网站出路在何方?

讨论案例

让人"前程无忧"的网站

和众多纯粹互联网血统的网络公司不同,51job.com 的前身是《中国贸易报》的招聘周刊。1999 年 1 月,《前程周刊》电子版 career-post.com 在上海开通。1999 年 9 月,网站独立发展,易名 51job.com(无忧工作网),开始网上招聘,在此基础上建立了拥有数百万人之巨的人才档案库。

2001 年,前程无忧推出了"网才招聘软件",它如同一个虚拟的招聘员,提供了包括求职者信息登记、初步筛选、来信回复和信息分档存储等一揽子解决方案,使简历处理速度提高 10 倍。这一新成员的加盟使前程无忧既定的全方位提供人事招聘服务策略更趋完整。51job.com 实施纵向的产业链整合之路,向产业链的上下游逐步拓展,并取得了巨大的成功。

2004 年 9 月,无忧工作网成为首个在美国纳斯达克上市的中国人力资源服务企业,融资 8 000 多万美元,标志前程无忧的发展进入一个新的里程。它的盈利方式有报纸广告收入、在线产品、猎头服务和为企业培训四部分。其中报纸广告收入是主要盈利项目,约占60%;在线产品约占30%;猎头培训约占10%。51job.com的报纸广告收入占总收入的绝大部分,这和其他招聘网站在收入构成方面有着显著的不同。

从做平面媒体到做网站,再到将两者结合起来,为企业提供全方位的专业人力资源招聘服务,51job.com事实上经历的是一个"水泥加鼠标的过程"。

前程无忧所做的业务,很多是为用人单位招聘高级人才提供猎头服务。前程无忧公司在国内首创了报纸+网站+猎头+软件+校园招聘的"全方位招聘方案",拥有上千万的个人用户并为20万家企业成功招募所需人才,帮助企业高效准确地锁定目标,用最短的时间、经济的成本找到最合适的人才。

此外,前程无忧公司还提供培训测评和人事外包服务。"前程无忧"的专业培训测评顾问为企业量身定制各种公开课程、内部培训、实战模拟及专业测评方案,帮助企业员工迅速提高职业水平和综合素质,轻松面对工作挑战。在人事外包服务方面,"前程无忧"为企业提供从员工招聘到退工的一站式服务与咨询,帮助企业更好地管理人力资源,节约成本,让员工轻装上阵,全力以赴。

(资料来源:根据网上资料整理)

讨论题:
1. 如何看待本案例中51job.com的"水泥加鼠标"的发展模式?
2. 网络招聘与其他的传统招聘模式之间的关系怎样?
3. 假设你是一个公司的招聘经理,你认为前程无忧网站有哪些业务可以运用?

第十三章

寻找未来的人才——校园招聘

> 引例

传统校园招聘遭遇困境

按照教育部门的有关规定,每年从10月开始,用人单位可以进入院校进行招聘,所以每年第四季度就成了各大院校中最火热的时期:对学校领导和主管部门而言,就业率指标能否完成,很大程度上取决于这几个月;对应届毕业生,特别是一般院校、冷门专业的毕业生而言,这个时期更成为大学四年最关键的攻坚期;对用人单位而言,所有的企业都希望将合适的优秀人才"抢进"自家大门,这几个月也成为企业人力资源部异常忙碌的时节。然而近年来,越来越多的企业开始意识到这种招聘模式本身存在一些难以弥补的弊端。

扎堆进场,学生无所适从

由于绝大多数用人单位都集中在10月到次年1月这一时间段进入校园招聘,一旦这一时段结束,毕业生可供选择的好机会将大幅减少,因此许多毕业生为了降低风险,采取的策略是将简历投递给所有符合基本要求的招聘单位,以求尽可能多地得到笔试和面试的机会,增加胜算。

这种广撒网的做法事实上反映了毕业生对企业缺乏足够了解,不清楚各企业之间在工作环境、职业路径、用人要求上的真实区别,而唯一能够接触到的信息便是企业所属的行业、当前的大致规模、公开资料中的企业文化表述,以及从各种渠道得来的不甚准确的福利待遇等消息。事实上,企业与员工的匹配是一个复杂而全面的问题,从组织层面的战略、愿景、价值观,到部门层面的工作氛围、领导风格,不同的企业都有较大区别。薪酬水平、企业规模和行业、工作场所的硬件环境等属于直观而易于比较的因素,但仅仅基于这些因素去选择一家任职单位,无疑是一种带有冒险性的做法,在某种程度上对用人单位也是不负责任的。

流程仓促,企业选人困难

校园招聘的两三个月里,企业HR同样压力巨大:一方面,在短时间内必须处理海量求职简历,工作负荷超大;另一方面,仅仅通过笔试和两三轮的面试就必须对候选人做出准确判断,事实上是相当困难的。

对于组织和团队而言,能否选拔出合适的新人,不仅仅关乎未来工作任务的完成,还影响到整个团体未来的氛围与人际关系。在《劳动合同法》实施之后,辞退员工更为困难,这种情况下招聘中"看走眼"的试错成本也相应加大,因此企业招聘学生,无疑需要更加关注选人的准确性。而在传统校园招聘中，前后加总不超过5个小时的接触，不论借助什么样的工具和技术，都很难全面了解一个人的工作状态和处事风格，因此这种方式实质上对HR和组织都具有一定风险。

另外，企业在校园招聘中也面临着招不到人的风险。当前的毕业生劳动力市场呈现两极分化态势，在大批学生找不到工作的情况下，也有一批学生能得到较多的工作机会，在不同的单位之间都快挑花了眼。因此HR在确认录用名单之后，仍然承担着可能被学生放弃的风险，如何提高选人的准确性，减少后期补招的工作量，也是传统校园招聘面临的一个难题。

既是实习，也是招聘

在传统的校园招聘思路下，要提高选人的准确性，只能不断改进甄选技术：心理测试、压力面试、无领导小组讨论，各种工具轮番上场，但无法改变的是，整个甄选过程仅有短短几个小时，而这恰恰是制约校园招聘中人员甄选准确性的最大瓶颈。为了真正提高选人准确性、摆脱扎堆"抢人"的局面，从而彻底解决校园招聘中的问题，许多企业早已悄然改变了传统思路，采用实习生制度作为校园招聘的补充甚至替代。

其实，实习制度本身并不是新事物，在明代，国子监毕业的学生在获授官职之前，也需要到朝廷各个机构实习，当时称为"历事"——事非经历不知难，对于将成国器的官员，实习是必不可少的一关。在国外，医科、师范等领域，实习更是一种沿袭已久的古老做法。

就此，应当考虑，校园招聘的优势表现在哪些方面？校园招聘的弊端有哪些？应当从哪些方面创新校园招聘工作？

（资料来源：区乐廷，王丹．实习生计划：寻找校园招聘的蓝海[J]．HR经理人，2008(4)）

第一节　校园招聘基本分析

一、校园招聘概述

（一）校园招聘的概念和特点

1. 校园招聘的概念

校园招聘是指通过招聘应届生来满足业务发展和用人需求，因为大多数的招聘活动在校园举行，故称"校园招聘"。

校园招聘伴随中国高校改革以及高校毕业生分配制度改革应运而生。在传统的计划经济时期，招生分配均采取计划制度，学生毕业后经过毕业分配办公室直接分配到用人单位，学生、用人单位都很少相互选择。

从1989年起，国家在毕业生分配制度上步入中期改革阶段，部分高等院校试探性地在校园内开展规模化的供需见面活动。经过多年的积累和探索，校园招聘这一招聘渠道越来越科学化和规范化，并成为公司人才招聘的重要渠道之一。

2. 校园招聘的特点

但由于应届生没有工作经验，需投入更多的时间和资源对其进行职业化教育，这一点与其他渠道的招聘对象有显著不同。表 13-1 为常用招聘渠道的优劣势比较。

表 13-1 常用招聘渠道的优劣势比较

渠道类别	适合岗位	时间周期	其他特点	使用建议
网络	一般白领岗位	两个工作日	刊登迅速、简历数量大,刊登周期长,但不适合资深专业人员和干部岗位	一般白领岗位可首选此渠道发布,如果刊登一周后发现效果不够理想,可考虑其他方式
大型招聘会	一般白领岗位	参加招聘会	投入资源(人力、场地)比较大,但有效周期短	如果没有大量的岗位需求和合适的大型招聘会(如每年春季的大型招聘会),建议不参加
报纸	一般	1～2 周	费用较高、有效期短,招聘效果不够理想	一般情况不建议使用
猎头	资深专业人员或干部岗位		招聘周期长,但针对性很强,可以保证招聘效果	可针对难招岗位和稀缺人才使用
校园招聘	应届毕业生		有一定的时效性,大约为每年 11 月到次年 1 月	适合一般性岗位及储备性人员的招聘

（二）校园招聘对企业的意义

校园招聘对企业的意义非常重要,最初投入大量资源用于校园招聘的以大企业为主,但发展趋势是越来越多的中小企业也开始进入校园进行招聘。校园招聘对企业有着多重意义。

首先,可以较好地达到获取高质量、有潜力人才的效果。由于几乎所有成功人员在求职过程中必须经历的一站是校园,招聘部门有机会在校园招聘的时点接触到大量应届毕业生,有机会找到很有发展潜力的人才,而这些人一旦毕业后短期之内不会再到人才市场上求职,几年之后可能需要猎头才能把他们找到,成本更高且不如公司自己培养人才契合企业需求。所以,做好校园招聘,企业就有机会找到最有潜力的人才,事半功倍。

进而,还可以在校园人群中培养雇主品牌、推广企业品牌的更广泛效果。校园招聘的目标,不仅仅是招到一定数量的毕业生,更多的企业开始通过校园招聘树立企业品牌形象,通过这种形象的树立和强化,企业也为未来的人才竞争奠定了良好基础,因为现在的大学生数年后就会成为人才市场的中坚力量。雇主品牌好,会吸引更多的毕业生选择本公司求职,这样就有机会招到更合适的人才,退一步讲,即使这些认同企业的同学因各种原因无法成为本企业的员工,如果未来成为企业的客户、供应商或合作伙伴对企业发展也是很好的帮助。

二、校园招聘的形式

（一）基本形式

企业进校园招聘主要有以下方式：

第一种是企业直接到相关学校的院系招人,这类企业的招聘针对性很强。

第二种是企业参加学校举办的专场人才招聘会,或通过校园网站发布招聘信息。

第三种是企业派出专门人员,到校园进行专场招聘会或宣讲会。

据统计,毕业生参加人数最多的往往是第三种招聘形式。第一种方式企业直接针对目标人才,针对性强,效率高;第二种学校搭台,企业唱戏;第三种方式,是企业自己搭台唱戏。一般的大型企业采用第三种方式,中小企业采用第二种方式。对于专业性比较强的人才,则采用第一种方式。

除此之外,行业专场招聘会也越来越受到企业和学生的欢迎,如针对银行系统、卫生系统、经济管理类、法学类、医药类、气象类等行业的专场招聘会。按行业分类的招聘会,可以缓解大型招聘会出现的毕业生人数过多的压力,同时也使用人单位在选择录用毕业生方面更有针对性。只有这样才可以减少毕业生参加招聘会的盲目性,毕业生和企业都提高了效率。

(二) 校园招聘的延伸

除了直接从校园招人,还有一些形式和招聘密切相关,可视为校园招聘形式的延伸。

1. 实习生计划

每年夏季6~8月,各大公司会集中拥进校园招募实习生。通常通过3~6个月的实习期考查学生表现,挑选优秀者留下来成为公司的正式员工,这种招募方式最初兴起于跨国公司,目前已被更多公司采用。此外,大多数公司招募实习生的大门通常是全年敞开的,对象主要是大二、大三或研究生学生。有的企业通过公司网站直接发布信息,也有公司通过招聘中介服务商来进行招募。值得一提的是,不少公司的实习生计划正越来越多样化,为了全方位地考察一个学生的潜力,同时也让学生们更深刻地感受公司文化,跨国公司会创造各种不同的工作环境和氛围。

2. 职业技能或商业大赛

许多公司在校园举办各类职业、商业大赛,通过职业技能或商业大赛获得"动手"能力强的大学生,因为动手能力也是跨国公司选才的重要指标。

3. 奖学金计划

为了加强与著名高校合作,许多公司喜欢在高校设立奖学金。一方面,在大学生心目中塑造了"好雇主"的形象;另一方面,通过奖学金计划,企业可以获得优秀学生的名单。

(三) 管理培训生

管理培训生是企业选拔和培养未来管理人员的措施。一般来说,企业从学校在校生而非毕业生中选拔,然后安排他们在企业接受培训和实践。培训的内容一般包括领导力培训、企业文化培训、业务培训等;实践环节则会安排他们到公司的核心部门,以跨部门轮岗的形式让培训生较为全面地接触公司运营的各个方面,用以判断一个培训生是否适合本公司任职和发展。就此,一般可以考察以下因素:

(1) 公司是否有完整的培训项目计划;
(2) 在培训期过后是否有较合理的后续计划保障培训生的持续成长;
(3) 是否有跨部门轮岗锻炼机会;
(4) 公司在可预见的未来是否可能提供足够的高层管理职位;
(5) 自己是否契合公司的文化,简而言之就是是否喜欢公司的氛围;
(6) 工作的地点、强度等是否符合自己需要;
(7) 对于薪酬福利等是否满意。

三、校园招聘的供求格局

近年来,越来越多的企业进入高校直接选拔优秀毕业生,人才竞争的白热化使更多的企业把校园招聘作为人才招募的重要渠道。新形势下,校园招聘主要体现出以下五点特征:

(1) 整体形势供需两旺,专业供求基本平衡。企业需求强势递增,同时高校扩招影响也逐渐明显,每年大批大学生涌入人才市场,不断冲击同类人才的市场价格。学生选择面继续大幅度拓宽,企业、单位选择人群更广、选择阶梯和人才梯度越发清晰。

(2) 少数类别专业生源社会需求旺盛,但优秀生源供给不足。一些看来较为冷门、从业人员较少的专业,反而就业较为容易,发展也较为平稳。

(3) 个别专业毕业生生源充沛,但社会需要反应冷淡。由此造成的人才浪费、人不尽其能的情况也较常见。如这两年高校里较为看好的法学专业,所培养的人才数量已经大大超出了社会需求,反而使这部分学生面临就业难的局面。

(4) 学习的专业、学校、语言能力在企业、单位评价人才时的重要性更加明显。同时,实习经验等方面也成为大学生初次就业的重要考察方向。

(5) 企业对学历的要求趋于理性。更多的企业在选择应届生源时能做到按需录取,一味追求高学历的情况越来越少,这一方面是因为企业对人才的认识更趋理性,另一方面也是用人单位合理规避人才流失所带来负面影响的必然要求。

第二节 校园招聘流程

校园招聘的程序通常如下:招聘宣传—举办校园宣讲会—筛选简历—笔试—面试—录用签约。

一、招聘宣传

公司确定举行校园招聘后,要通过各种形式进行宣传,以吸引更多的应届生投递简历,为公司招聘积累庞大的人才库。形式包括通过招聘网站进行宣传、通过学校就业中心网站进行宣传、定向投递招聘手册等,最终目的是基本覆盖目标的应届毕业生,使更多的应届毕业生知晓招聘信息,使更多的符合公司文化、符合岗位要求的应届毕业生加盟。

二、校园宣讲会

举办校园招聘会主要有两个目的:

(1) 宣传公司校园招聘,吸引更多的学生投递简历,参加校园招聘活动;

(2) 通过招聘会,展示公司的形象和实力,为符合岗位要求的应届毕业生最终签约公司奠定基础。

校园招聘会程序一般如下:校领导致辞、公司情况介绍、招聘职位政策介绍、校友分享感受、互动问答等。

为了表示对校园招聘的重视,一般的公司都会请公司高层来参加校园招聘会。通过面对面的直接沟通和介绍,展示企业的业务发展情况及其独特的企业文化、良好的薪酬福利待遇,勾画出职业发展前景。而具有校友身份的公司员工亲自分享自己在公司的工作生活感受,更具有感召力,使应聘学生对加盟公司有较为深入的了解和更多的信心。

三、筛选简历

目前,大部分的公司都是通过网络来接收应聘者的简历,这样便于不同地区的学生投递简历,便于筛选和保存简历。

毕业生通过访问校园招聘的网站,按照公司的要求投递简历。公司安排人力资源部门和业务部门按照职位要求在网上进行简历筛选。通过简历筛选的应届毕业生则可以进入下一个环节。

四、笔试

通过简历筛选的应届毕业生则可以接受企业的招聘选拔。招聘选拔一般包括两个环节:笔试和面试。

笔试一般包括三部分:通用能力测试、英文水平测试、专业技能测试。能力是做好工作的基础。通用能力主要是考察应聘者的阅读理解能力、分析判断能力、逻辑思维能力等,这是对人才素质考察的最基本的一关。英文水平测试主要用于考核母语不是英语的人的英文能力。考试内容包括听力、阅读、写作、口语等。与两项能力测试不同,专业技能测试并不是申请任何职位的申请者要进行的。它主要是公司一些对专业知识要求比较严格的职位进行的,如研究开发部、信息技术部和财务部等。一般由业务部门进行考察评价。

五、面试

面试一般分两轮。第一轮为初试,一般采用小组面试的形式,一对多或者多对多,在人际互动的环境下考察应聘者的基本素质。第二轮为业务面试,一对一或多对一面试,主试人通常为有一定经验并受过专门面试技能培训的公司业务部门经理。主要对应聘者是否符合职位的专业素质要求进行评价。

笔试和面试的时间,各企业可根据招聘职位情况以及应聘情况进行调整。

六、录用签约

通过公司的笔试、面试后,企业发出录用通知书给应聘者,内容包括岗位信息、工薪信息等。应聘者接受 Offer 后,会和用人公司签定双方协议(企业、应聘者)、三方协议(企业、学校、应聘者)。

第三节 校园招聘中的误区

校园招聘会本是企业为自身作宣传、吸引优秀人才的绝佳机会,可许多企业却错失良机,陷入以下误区。

一、招聘会的误区

(一)企业领导不重视

许多企业仅把招聘会当成收集简历等应聘材料的一个场所,往往开场几句话就自我介绍完毕,等待学生投档。学生根本无从了解企业,有的优秀学生很有可能转向其他企业的招聘会。

(二)招聘人员观念错误

21世纪是知识经济时代,人力资源已成为企业最重要的资源,各大企业纷纷加快了争夺人才的步伐。然而,有的企业还停留在"大学生低头求工作"的思想观念上,认为学生非本公司不去,对待学生态度傲慢,有的迟到半小时才到招聘会现场,却连一声"对不起"都不说;有的极不耐烦地回答学生的种种问题;有的言谈举止表现得非常居高临下,这些都反映了招聘人员的观念和素质问题。

(三)招聘人员素质不高

招聘会上,大学生往往通过招聘人员对公司情况的介绍及回答学生提问的情况来了解这家企业,并决定是否参与应聘。但有的企业招聘人员素质不高,不仅没有把企业情况介绍清楚,现场气氛沉闷,而且回答不好学生的提问,留给大学生的全是失望,投递简历的人顿时骤减。

二、筛选应聘材料的误区

随着计算机的普及,当代大学生在制作简历等应聘材料时可谓技高一筹,而对众多精美的应聘材料,招聘者常常眼花缭乱,从而陷入以下误区。

(一)删去过多的投档者

许多企业可能是为了节约后续的劳动量,收到了200多份简历,却只筛选出20名应聘者参加笔试或面谈。企业需要严格挑选雇员固然没错,然而简历只是企业的初步甄选工具,企业不可能通过它对应聘者有充分的了解。如果在应聘材料筛选中就删去这么多的投档者,那么,不可避免地会使一些优秀的大学生丧失应聘的机会。

(二)过分看重专业、分数及学历

很多企业错误地认为,该学生学了什么专业,他在这一领域就一定会做得比非本专业的人出色。这比较片面,因为要做好一份工作,最重要的是候选人对工作的兴趣及基本素质。

如果说企业偏好高分数、高学历的大学生还说得通的话,那么有些企业宁要中、低等分数的学生不要高分学生,宁要本科生不要研究生的做法便颇令人费解了。有的招聘单位用人宗旨是要成绩中下等的本科生,不要成绩优秀的本科生或研究生,原因是前者比后者更稳定。这其实是非常没有道理的,没有任何调查数据显示高分、高学历的学生就一定比低分、低学历的学生更易跳槽。

三、笔试的误区

把笔试成绩单独作为筛选依据。目前很多企业使用的笔试题目都是大同小异,类似于很多标准化的心理测试模拟题。有的学生由于专门研究心理测试的软件或题目,其笔试分数必然会高,很有可能出现"高分低能"现象,因此企业不应单独依据笔试成绩,还应结合面谈时应聘者的表现来决定取舍。

在笔试题目的设计上不科学,有的企业出题太容易,所有的考生均得以高分通过,那还不如不进行笔试,以节省成本;有的企业则为了拉开应聘者之间的成绩差距,专门设计了一些考记忆力的难题,结果许多优秀的应聘者也被淘汰。

四、面谈的误区

面谈是企业所有招聘甄选中效率最高、最频繁使用的工具。

校园招聘与其他招聘方式相比有其独特之处和特殊的困难。首先招聘者必须在一个比较短的时间里对大量的毕业生进行面谈,而这些学生在资历方面都差不多,要从中鉴别出有利于企业发展的人才是比较困难的。其次,招聘人员在其他招聘工作中积累的经验在校园招聘中无多大用处。在其他招聘中,招聘人员常常能够依据申请者的工作经历做出判断,而参加校园招聘的毕业生往往没有任何工作经验。

因此,招聘人员在对毕业生进行面谈时,常常要依靠主观判断,存在一定的误区。

五、招聘结果反馈的误区

层层筛选毕业生之后,接下来就该决定录用与否,并及时把招聘结果反馈给应聘者。绝大多数企业的人力资源部门只将录用通知书发送到应聘者手中或电话通知签约,却往往忽视了对未被聘用者的辞谢,结果既没有给予未被聘用者应有的尊重,也有损公司的形象。一份得体的辞谢通知能表现公司待人的诚意,并使得应届毕业生们有足够的信心与时间去参加另外的招聘。

本章小结

作为招聘的一大渠道,校园招聘越来越受到用人单位的重视。本章从总体上阐述了校园招聘的特点及发展,进而具体介绍了校园招聘的流程。最后对校园招聘工作中存在的五方面误区进行了分析。了解校园招聘的特点,掌握其流程,避免其误区,可以更好地使用校园招聘这一渠道。

❓ 主要概念与名词

校园招聘　校园招聘的特点　校园招聘的形式　校园招聘的流程　校园宣讲会
校园招聘误区　管理培训生

复习与思考题

1. 什么是校园招聘?它有什么特点?
2. 校园招聘的流程有哪些?
3. 校园招聘的延伸形式有哪些?
4. 校园招聘有哪些误区?如何避免?
5. 校园招聘适合哪些性质的工作岗位?
6. 如何更好地做好校园宣传?有哪些有效的宣传方法?

7. 写一份校园招聘策划案。

讨论案例

百威英博的全球管理培训生制度

以管理培训生为例,介绍一下管理培训生项目。在百威英博,整个项目持续3年,可以粗略地划分为4部分:两星期的全球项目介绍(global introduction),4个月的见习期(field training),一个月的总部培训(HQ training),五个月的(field assignment)和剩下两年的在岗培训期(first job, second job....)。下面就简单介绍各个部分的内容。

1. Global Introduction(2 weeks)

管理培训生项目可以归纳为"全球视野,基层经验"。这个全球视野包括两个方面:一是考虑问题的时候能够从全局着眼(think big, dream big),以世界为舞台;二是大致了解各国人的思维习惯和生活方式,能够顺畅地和世界各地的同事交流。项目初始的 Global Introduction 就是出于这样的目的,让每一个培训生获得全球视野的最佳机会。

AB Inbev 的 Global Introduction 在比利时美丽的小镇 Leuven(鲁汶)举行,共有94位管理培训生参加,他们的故乡遍布世界各地,如巴西、韩国、俄罗斯、加拿大、阿根廷、法国等。在两星期的培训中,来自世界各地的同龄人一起学习公司历史,一起了解公司现状,一起吃饭,一起 Party,一起在户外拓展中摔打。

2. Field Training(4 months)

在 Global Introduction 结束后就是4个月的 Field Training,两个月的生产参观外加两个月的销售参观,目的是让培训生了解整个行业的基本运作情况,获得第一手的实践经验并且全面了解整个行业的概况。

3. HQ Visiting(4 weeks)

了解完各个地方酒厂的运营情况后,会经历一个月的总部实习,在这里可以总体地了解公司财务、人事、法务和并购等部门是如何支持酒厂实际运营的。

4. Field Assignment(5 months)

应该说,前5个月的培训都还是知识的积累过程。从这一阶段的 Field Assignment 开始,培训生可以选择生产或者销售方向,体验第一线的工作经验。

5. First Job(12~18 months)

具备了第一线的工作经验后,就开始了 First Job 阶段,这时候培训生将作为初级管理者参与到公司的运营之中。在工作12~18个月后,对于该项工作就能有一个全面的认识,这时培训生就可以开始申请下一个工作岗位。

(资料来源:张扬. 百盛英博公司管理培训生制度的实施[D]. 哈尔滨:哈尔滨工程大学,2011. 知网空间,www.cnki.com.cn)

讨论题:
1. 谈谈你对百威英博管理培训生制度优点的认识。
2. 管理培训生制度可能存在哪些问题?
3. 如何搞好管理培训生的选拔?
4. 你认为管理培训生制度的主要特点是什么?管理培训生计划怎样实施才比较有效?

第十四章

精英的拿来主义——猎头渠道招聘

> 引例

猎头公司深度观察

任何行业都有行业平均利润,按照人选年薪的30%收费是行业共识,即便国内行业竞争和成本的原因收费比例有所调整,也决不应该低于20%这个经营底线。否则猎头公司无法取得合理利润,就无法维持正常经营。能够低于20%进行收费的,一定是不规范的低端猎头所为,他们不必考虑品牌搭建、持续经营和团队建设,能做一票算一票。

人才库的积累规模一定不是评判猎头公司服务能力的主要指标,猎头公司的核心竞争能力在主动寻访和挖掘的"猎"的能力。很多不理解猎头本意的客户会要求猎头公司在确定正式合作意向之前向客户提供简历信息,以此来判断猎头公司的能力。有一些同样不理解猎头本意的小猎头或者面临经营压力的猎头公司就会迎合客户不合理的期望,提前提供简历,甚至根据客户职位需求虚构简历,与一些不良候选人配合,一起来蒙蔽客户。确定正式合作意向之前向客户提供简历信息的猎头不是好猎头。

坚持收取预付款是行业规则,预付款的意义在于辨别客户真实招聘意图、提高配合程度、防止客户一女多嫁、弥补猎头公司费用等方面,没有预付款,这些意义就都无从谈起。经营状况欠佳的猎头公司已经顾不了这么多了,放弃收取预付款,争取订单,解决温饱是他们的首选。

猎头顾问是猎头公司必须具备的高级成员,是专为客户提供中、高级职位及特殊职位人才招聘及相关咨询服务的专业服务人员。简单地说,猎头顾问就是猎头公司里的业务人员。在猎头公司当猎头顾问门槛很高,需要敏锐的眼光,丰富的销售、客户管理经验,良好的沟通能力和广阔的人际网络。大多猎头公司的主要经营者都是猎头顾问出身,也有一部分是企业HR出身,他们是直接从企业出来自己创建猎头公司。好的猎头顾问应该阅历丰富,曾在多家企业从事过很高的职位,这样对人才和客户才能提供有参考价值的意见,或具有良好的人事经理背景,能够提供职业发展指导及面试辅导,同时能够在企业与人才之间做好桥梁,起到更好的协调作用。猎头顾问受客户的委托寻找人才,不仅要接触客户高层,也需要接触很多的行业中高层人才,这就需要对客户所在行业有所涉猎,同时对人力资源、企业管理有比较成熟的看法。

(资料来源:如何辨别猎头公司的优劣[EB/OL]. 大楚人才网,566job.com. 2016-02-22)

第一节　猎头公司的发展

一、国外猎头公司发展概况

（一）猎头的概念

"猎头"的英文为 Headhunting，来源于拉丁文，原来是指美洲的食人部落在作战时把对方头颅砍下来，作为战利品挂在腰间炫耀的行为。"二战"以后，欧美一些国家战胜之后，从德国等很多国家里面寻找自己需要的科学家，他们像丛林狩猎一样，到处派专业公司帮他们物色比较优秀的人，这个词后来被借用为猎寻人才。

我国现今的企业经营者们与他们的前辈相比，在管理理念和发展定位上有很大不同。他们不再满足于国内的发展，而是将眼光投向了全球，有志成为世界顶级的跨国公司。在企业的高速发展期，高级人才的引进是企业必须面对的一个问题。现在不仅是外企、股份制企业，连不少国企每年也有固定的猎头预算。政府看到了猎头行业对获取高级人才、促进经济发展的积极作用，从政策上给予不同程度的鼓励。目前，我国的猎头公司们分享着高达百亿元规模的国内市场。

（二）猎头公司的地位

人们说："猎头找的是那些永远不愁没有工作的人，而中介只是帮那些在找工作和找不到工作的人找工作。"进一步来说，从组织的资源配置角度看，猎头公司找的是用人单位非常渴望得到的人才，他们的任务艰巨，他们的地位显赫。

"猎头"在国外已经是比较流行的招聘形式，最早的猎头公司成立于"二战"后的美国，是国外人才中介机构的主营业务。猎头公司的主要业务是受企业委托，搜寻中高级的管理或技术人才。在国外，猎头除了 Headhunting 这样的俗称，还有个非常专业的名字叫 Executive Search，即高层管理人员搜寻，与律师楼、会计师行有着相似的地位，是颇受人尊敬的行业。

猎头与一般的企业招聘、人才推荐和职业介绍服务有着很大的不同，猎头追逐的目标始终盯在高学历、高职位、高价位三位一体的人身上，它搜寻的是那些受教育程度高、实践经验丰富、业绩表现出色的专业人才和管理人才。企业需要招聘中高级人才时，"猎头"渠道往往是他们的首选。在欧美等国家，猎头公司与跨国公司有着密切的联系，有些猎头公司甚至跟随跨国公司辗转世界各地，随时根据企业需求行动。在国外，高层经理的跳槽往往是猎头出面的结果，企业通过猎头寻找合适资历、才干的候选人。对候选人进行资信评估是猎头公司的一项重要业务。而跳槽者往往由猎头出面斡旋，显示其地位和身价。例如，IBM 公司在处于低谷阶段时，猎头公司为其请到了郭士纳担任新总裁，而使公司获得了长足的发展。

（三）主要的猎头公司

目前，全球规模最大的前 30 家猎头公司是：

(1) 光辉国际(Korn/Ferry International)；

(2) 万宝盛华(Manpower);
(3) 海德思哲(Heidrick & Struggles);
(4) 瑞士阿第克人力资源公司(Adecco Group);
(5) 海士国际咨询(Hax International);
(6) 科尔尼高级咨询公司(A. T. Kearney Executive Search);
(7) 安立国际咨询服务(Amrop Hever Group International);
(8) 罗兰贝格尔国际咨询(Roland Berger International);
(9) 雷诺仕国际咨询公司(Russell Reynolds Associates New York);
(10) 尼科尔森国际有限公司(Nicholson Internationallt);
(11) 亿康先达国际咨询公司(Egon Zehnder International);
(12) 雷奔逊人才搜寻公司(Ray & Berndtson Fort Worth);
(13) 浩华国际有限公司(Ward Howell International);
(14) 豪敦咨询有限公司(Horton International);
(15) 尤里克咨询有限公司(Unique-china Consultants);
(16) 斯坦顿大通国际咨询公司(StantonChase International);
(17) 雷文顾问管理公司(Noman Broadbent);
(18) 普群国际咨询(PCI -IIC Partners);
(19) 德勤咨询(Deloitte Touche Consulting);
(20) 翰威特咨询(Hewitt Consulting Consultants);
(21) 阿托兹顾问(ATOZ Consultants);
(22) 优异人力资源顾问公司(Sterling Human Resource Consulting);
(23) 杰迈晶雅人力资源公司(J. M. Gemini Personal Ltd.);
(24) 丹尼尔森人才顾问公司(Danielson Consulting Co.,Ltd.);
(25) 安拓国际顾问公司(Antal International);
(26) 优瑞集团(Euro Group International);
(27) 波士顿咨询(Boston Consulting Group);
(28) 讯升咨询(Comprise Consultants);
(29) 天普国际(Templar International);
(30) 摩根柏客顾问公司(Morgan & Banks Resources Ltd)。

而作为行业领军的十大顶尖猎头公司(注意,它们不是以规模来衡量的)包括:
(1) 光辉国际咨询顾问公司(Korn/Ferry International);
(2) 海德思哲国际有限公司(Heidrick & Struggles);
(3) 美国阿托兹顾问有限公司(ATOZ Consultants);
(4) 亿康先达国际咨询公司(Egon Zehnder International);
(5) 罗兰贝格尔国际有限公司(Roland Berger International);
(6) 科尔尼高级咨询公司(A. T. Kearney Executive Search);
(7) 优异人力资源顾问公司(Sterling Human Resource Consulting);
(8) EMDS顾问有限公司(EMDS Consulting);
(9) 联合资源顾问有限公司(United Resource Networks);

(10) 优利投资咨询有限公司(Uniland Development)。

(四) 国际猎头公司的业务

这里以光辉国际公司为例,了解国际猎头公司配置高端人才的工作内容。

光辉国际公司的英文名是 Korn/Ferry International,也被译作科恩费力,是提供人力资源解决方案并且专注于高管搜寻的公司,是全球最大的高级管理人才顾问公司。该公司成立于1969年,总部设在美国洛杉矶。该公司于1999年在纽约纳斯达克证券交易市场上市。公司在41个国家设有73间办事机构,员工人数约2 000人,现任 CEO 为 Gary Burnison。

光辉国际(Korn/Ferry)涉及的行业包括高科技产业、金融服务保险业、工业制造业、消费品行业、医疗卫生行业、教育文化娱乐及政府和公益事业。2012财政年度,Korn/Ferry 全球营业额的行业分布为:工业制造业,金融服务业,消费品行业,高科技行业,生命科学行业,医疗卫生行业,教育及非营利行业。2012财政年度,Korn/Ferry 的客户包括一半以上的财富500强企业。其中 CEO、CFO、COO、CIO、董事会成员或其他最高等级的职位占60%以上。总的来说,光辉国际(Korn/Ferry)全球业务包括以下三大部分。

1. 高管搜寻业务

这是 Korn/Ferry 的主要业务,也是传统业务,专注于董事会成员、C级(C-Level)高管(CEO、CIO、COO、CFO 等)和其他高层(VP, etc.)职位的搜寻,涉及消费品、金融、工业制造、生命科学和高科技行业,职位年薪超过25万美元。在世界范围内光辉国际有超过500位顾问服务于世界500强客户中的90%以上。光辉国际是预付费的收费模式(业内叫 Retained Search,即采取一定的最低收费底线,一般是职位年薪的30%,并且预先收费)。

2. 领导力咨询

领导力咨询和人才管理业务是光辉国际近年来逐渐重视的业务,随着著名的人才评估系统公司 Lominger 被光辉收购,证明其在领导力咨询和管理咨询方面的比重愈来愈大。完整的领导力模型包含人才管理战略—素质模型发展、收购兼并中的领导力、入职/经理人培训、高管领导力发展、管理人才测评、继任计划、高管辅导等。

3. 项目制招聘及终端搜寻

项目制招聘及终端搜寻是 Korn/Ferry 旗下提供定制的灵活服务,属于满足企业对人才和招聘的需求的业务模块。具体业务服务的内容包括招聘流程外包(RPO)、项目招聘(recruitment project)、调查(mapping)和咨询(主要包括雇主品牌(employer branding)),以及年薪10万~15万美元的中端职位预付费搜寻。

二、我国猎头公司的发展

(一) 我国猎头公司发展概况

"猎头"进入中国已经有20年的时间了,随着中国的改革开放以及大批外资企业的涌入,中国猎头行业得以萌芽和进入快速发展的阶段。

到了20世纪90年代初期,随着中国经济活力越来越强,外商对中国的投资也不断增大,猎头这一概念也随着外资一起引入了中国市场,国内第一家猎头公司就在这一时期诞生。中国第一家注册猎头公司是北京的泰来猎头咨询事务所,该公司成立于1993年3月,至今仍活跃在中高端人才招聘领域。随着中国职业经理人市场的日渐成熟,国内各大城市出现大量的猎头公司,不少大城市的猎头公司数量都数以百计。2000年以后,国家在政策上允许外资猎头以"合资"的方式进入中国市场,导致这一行业进一步快速发展,行业内的竞争在不断升级。据估计,全国现在的猎头公司数量在10万家左右。

可以说,猎头行业的发展伴生于职业经理人市场的发展。一般来说,职业经理人在其从30～60岁的职场生涯中,平均会有3～4次转换工作机会,其工作机会转换大多通过猎头完成,所以,猎头服务市场伴随职业经理人市场的扩大而扩大,当前仍然处于高速成长阶段。

经济全球化、管理现代化、组织国际化是时代的特征。我国的许多猎头公司也在走着国际化的道路,有的公司被外资收购或者有外资参股,有的公司到国外上市。这种国际化的趋势进一步保证和促进了我国猎头行业的发展。

目前,我国20家比较著名的本土化猎头咨询公司是:

(1) 科锐国际咨询有限公司(Career International);
(2) 北京柏卓人力资源开发咨询有限公司(better choice hr abbrr:bchr);
(3) 越秀人力资源顾问服务有限公司(hrs);
(4) 北京波森人力资源公司(person hr);
(5) 得卡咨询公司(Dacare);
(6) 大瀚咨询公司(Vastsea);
(7) 屹川咨询有限公司(yichuan);
(8) 浩竹(top job way);
(9) 斯科人力资源(Seeker);
(10) 智联招聘(zhaopin);
(11) 中华英才网(chinahr);
(12) 前程无忧招聘(51-job);
(13) 泰来咨询事务所(Talent Consulting Agency);
(14) 杰迈·晶雅(J. M. Gemini);
(15) 猎聘网(liepin);
(16) 东方赛博(Cyber Orient);
(17) 北京阿兰信息咨询有限公司(ellen-hunter);
(18) 必安管理顾问有限公司(BN21);
(19) 中国国际技术智力合作公司外企服务公司(CIICBJ);
(20) 北京宏云时代咨询有限公司(Great Times)。

(二) 我国猎头公司的类型

我国的猎头公司主要可以分为三大类:

第一类是国际猎头公司在中国开设的分支机构。这些公司往往随跨国公司在中国发展而进入,其服务合同也往往是总部统一签订,是其招聘服务在国内的延伸。

第二类是本土的猎头公司。这些公司的从业人员主要有两个来源:一个是从前两类公司离职创业的猎头顾问;另一个是看好猎头行业的新进入者。这些公司主要的客户群主要是国内迅速发展的民营企业,其客户名单中也越来越多地出现外企公司。

第三类是中国香港等内地拓荒者。目前国内有许多猎头公司的控制人都是中国香港以及新加坡人,他们的商业意识比本土从业公司要领先,同时有语言和跨文化沟通优势,在国内开展业务也比较早,和跨国企业也有很好的联系,是这些企业高端人员招聘的重要合作伙伴。

(三) 我国猎头行业的发展趋势

目前中国猎头行业处于形成阶段,在中国的外资企业中,80%以上都使用猎头公司提供的人力资源服务,本土的优秀公司、新成立的公司也越来越多地认可和使用猎头公司。猎头服务的出现,在一定程度上也加剧了高级人才的流动,进一步促进了社会中人力资源、人才资源的合理配置。

随着市场竞争的发展和竞争性行业的优胜劣汰规律,我国的猎头行业近年来有着如下发展趋势。

1. 行业细分

猎头的分工将更加明显,各家猎头在核心竞争力、人才资源和客户资源积累等方面也将逐渐呈现行业特征,专注于不同的行业,如房地产、IT、电信、快速消费品、金融等。

2. 人员细分

有些猎头在某一类人员的搜寻中有强项,如 SAP 工程师、硬件开发工程师等,或者对某个目标公司的人员情况非常了解。

3. 定位细分

有些猎头集中在高端岗位如董事、CEO、CXO 级别的人员,或是其年薪不低于某个标准;有些猎头则集中在中初级职位,如经理。

4. 客户细分

有些猎头集中服务于少数几家客户,承接客户从高到低的绝大多数需求。

5. 全国性及国际性猎头将更具优势

使用猎头的公司往往都是处于成长期、迅速扩张的阶段,其对人才的需求是全方位的,具有全国网络资源甚至全球网络资源的猎头公司在人员搜寻、人员吸引方面是占据优势的。区域性猎头的成长则会受到限制。

第二节 猎头公司的分类和业务模式

一、猎头公司的分类

(一) 国际猎头和本地猎头

从地域纬度,猎头公司可分为国际猎头和本地猎头。国际猎头是指总部在国外,在本地设有分支机构的猎头公司。国际猎头往往有以下几个特点:知名度高,历史比较悠久,有相对稳定的客户,猎头顾问经验丰富,人脉资源广,分支机构多,流程规范,系统完善。本地猎头是指总部设在国内,分支机构主要在国内的公司。其特点是:历史较短,对国内人才市场非常熟悉,猎头顾问水平不均衡。

（二）综合猎头和行业猎头

从客户范围来看，猎头公司可分为综合猎头和行业猎头。综合猎头是指服务的范围较广，跨多个领域，其客户处在多个行业，收入来自多个行业。行业猎头则往往在某一行业非常具备优势，其收入来源也主要来自一个行业。行业猎头可进一步分为金融猎头、房地产猎头、IT猎头等。比如总部在香港的Grammytech是专注于IT行业的猎头，国内的腾驹达公司是活跃在房地产领域的猎头。

（三）高端猎头和中低端猎头

从接受招聘委托的岗位性质来看，猎头可分为高端猎头和中低端猎头。高端猎头只承接高端职位，如董事、CEO、高级副总裁、副总裁级别的职位；或是承接年薪不低于某一数量的职位。中低端猎头承接职位则幅度较宽，经理、主管的职位也可承接。

二、猎头公司的业务模式

猎头公司开展业务的主要操作模式是：

步骤一，分析、评估客户需求。猎头与客户进行充分沟通，共同对空缺岗位进行分析，总结该岗位的职责、任职资格及相应的薪酬水准，同时对客户的企业文化、历史、产品、管理风格深入了解。

步骤二，制订并实施搜寻方案。根据岗位的具体要求，为每一空缺岗位制订详细的搜寻方案，依据所搜寻方案，利用候选人数据库、与各行业有关机构及人士的网络关系，凭借专门技巧，与每一位潜在的候选人进行接触。

步骤三，筛选候选人。对所有接触到的候选人信息进行分析、过滤，包括候选人的岗位现状、沟通能力、离职可能性与动机、薪酬水准等。筛选出基本符合要求的候选人，并安排面试。

步骤四，面试、评估候选人。依据专为此岗位编制的测评指标对候选人进行面试，主要评测候选人的性格、管理能力、专业知识与技巧、工作成就、长处与不足、离职原因等，对候选人进行综合评价。

步骤五，推荐候选人并安排面试。将评估过的候选人综合信息提供给客户，根据客户的要求安排候选人与客户面谈，协助双方就具体聘用条件进行有效沟通。

步骤六，咨询与后继服务。向被录用的候选人提供辞职方面的人事咨询与帮助，与客户保持不间断联系，协助双方解决试用期期间可能遇到的困难与障碍，确保候选人试用成功，双方都觉得非常满意。

以上是猎头公司的基本服务流程，不同公司在细节和处理上有一些差别。通常而言，猎头公司分析行业排名靠前的公司，部分公司作为客户，其他公司作为人才库进行猎取。

第三节 猎头渠道的运用

一、猎头公司的选择

（一）确定选择标准

招聘部门确定猎头公司作为招聘合作伙伴，首先应对自身进行全面的分析，包括本公司哪些职位需要通过猎头伙伴实施招聘,这些职位任职人员有些什么特点;招聘预算范围。如果前期和猎头伙伴有合作,还需评估合作情况。

在分析的基础上,确定猎头合作的评估标准和权重,考虑的范围包括行业经验、规模实力、顾问水平、对本公司的熟悉了解程度、收费标准等多种因素。

确定评选标准后,应建立评选委员会,委员会由包括招聘部门、用人部门等经验丰富的人员组成。

(二)邀标与评标

确定标准后,向一些目标公司发出邀请,目标公司名单有多种来源,包括猎头排名、有过合作经验的公司以及其他招聘同行推荐的公司。

招标委员会通过目标公司的讲解、质询、评估,各自独立给目标公司打分,最终对所有参加招标的公司进行排序。

(三)签署协议

委员会根据招标情况,最终确定合作伙伴组合,本着双赢的原则,通常选择 2~3 家伙伴。签署协议约定双方的权利义务。

二、猎头业务的委托

(一)分析待招的岗位

待招岗位出现后,招聘人员应先评估该岗位的性质、任职条件,初步判断应该到哪里去找目标人员,评估哪种渠道更加适合,比如网络广告、报纸广告、内部转岗等。一般而言,符合以下一种或多种条件时,采取猎头渠道的效果会比较好。

1. 有比较充足的招聘预算

使用猎头渠道在所有招聘渠道中成本最高,猎头收费往往是该岗位年薪的 20%~30%,甚至更高。高收费带来的收益也比较明显,猎头提供的候选人有一定的针对性,因而质量较高。同时,猎头也可以帮助影响候选人,使之愿意考虑本公司的岗位。

2. 岗位级别较高

一般而言,猎头承接的岗位都是中高级管理岗位,或是技术专家类岗位。更低的职位,猎头公司往往不予承接,即使承接,用人部门也容易感觉其收费和所招岗位价值不相符,投入不值得。

3. 目标人员明确

如果用人部门非常明确自己要找的人,该人员可能在竞争对手公司中担任要职,也可能是业务合作伙伴的骨干,或者在第三方公司。用人经理或公司招聘人员直接出面挖人不妥,且可能会带来尴尬,影响相互关系,那么,委托猎头出面帮助撮合往往是稳妥可行的方法。

4. 符合要求的人员不会主动求职

其他渠道往往对主动求职者效果明显,但有的人工作状态很好,从不看招聘广告,从不参加招聘会,甚至连个人简历都没有,而这样的人恰恰是公司所需人才,那么,通过猎头渠道锁定这部分人群,主动推销公司的职位和工作机会,成功的概率会更大一些。

5. 符合要求的目标人群数量很小

有些特殊岗位虽然级别不高,但工作内容比较专,所以符合要求的目标人群数量很小。在研发领域该种情况比较常见,比如散热工程师、噪音工程师、电磁兼容工程师。在这些领域有经验的人员往往在特定行业、特定公司、特定部门才存在,而且数量稀少,找这些人通过常规的渠道往往不易奏效。

6. 需求急迫,如果人员不能迅速到位对工作影响重大

这种情况下委托一家或多家猎头,往往在短期内能提供数量较多的候选人,会加快招聘进度,减轻业务压力。

(二)确定委托方式

分析岗位以后,决定启用猎头渠道。还需明确用哪种方式与猎头合作,一般而言,有以下两种合作模式。

1. 独家委托

该职位只委托一家猎头公司,猎头公司在启动招聘前会收取预付费,并根据职位要求设计制订搜选方案,在规定时限内提供出合适人选。一般而言,独家委托的猎头公司往往实力较强,且和委托方建立起必要的信任关系,其接受委托后承担必须完成的压力。目前国际国内实力较强、规模较大的公司往往只接受独家委托。

2. 多家委托

该职位为多2~3家甚至更多家公司同时操作,最终按照录用人员来源向其中一家猎头公司付费。该种委托方式的好处是短期内可拿到多个候选人,不足之处是多家伙伴同时找人可能会撞车,有些伙伴中途放弃导致招不到人的风险。在岗位需求急迫,或是对猎头公司实力缺乏评估时往往采取多家委托的方式。

(三)确定委托伙伴

确定委托方式后,则根据猎头合作伙伴名单,结合猎头伙伴实力、强项,以及目前承接职位情况确定选择与哪家伙伴合作。合作伙伴承接的职位应比较均衡,避免一家伙伴同时承接职位过多,影响招聘效果,也避免某家伙伴一直没有职位,最终合作关系萎缩的风险。

(四)安排与用人主管沟通

确定合作伙伴后,招聘人员应尽量安排猎头顾问与用人主管见面或电话沟通,就职位的职责范围、胜任条件、薪酬范围、该岗位的吸引力、挑战、发展前景等进行深入沟通,猎头顾问对人才市场状况、候选人关心的问题、搜寻方向、沟通方式等内容进行讨论。

通过沟通,猎头顾问对公司文化、战略、岗位要求甚至用人主管风格等有所把握,这样在后续寻找、筛选和提供候选人时可以有的放矢,提高效率。同时,也使用人主管对人才市场有所把握,不致理想主义和不切实际。

(五)分析简历、安排面试

猎头顾问开展工作一段时间后会有简历提供过来,招聘人员对此分析和评估建立以纳

入备选目标库。之后,安排与用人主管的面试,面试之后安排用人主管与猎头的沟通,反馈信息,修正找人方向。一般而言,以第一轮面试的 2~3 人为标杆,修正后续方向确定标准后,比较顺利地话在第二轮的 2~3 人中是能找到合适人选的,但实际操作中常常还需要第三轮或更多轮才能完成。

(六)过程协调

招聘人员在整个招聘实施的过程中的协调非常重要,帮助用人主管明确需求,如果用人主管不止一名,不同主管对所招人员的要求和评价标准可能会不一样,招聘人员应该相互协调,找到共同解。

招聘人员还应该与猎头顾问保持密切的沟通,时时了解进展情况,出现问题及时预警,避免意外。

必要时,招聘人员还要和候选人沟通,吸引和说服候选人选择公司。

总之,每个过程中招聘人员都要发挥积极主导作用,才能最大限度地保证招聘的成功。

三、对猎头公司的绩效评估与反馈

(一)绩效记录

招聘部门应对合作的每家猎头伙伴的工作绩效进行系统记录,包括委托岗位数量、成功找到人员的数量、简历提供数量、首次提供简历的时间、简历质量、过程中的合作情况等。这样,在进行绩效分析时就能够有基本的数据。

绩效记录一般通过招聘系统进行管理,如果公司没有系统,可设计 Eexel 表格进行管理,数据定期维护。

(二)绩效分析

招聘部门每季度/半年,至少 1 年应结合绩效记录对合作伙伴的情况进行分析,设定评估标准和权重,该项标准和权重也应在选择猎头伙伴时同时明确。每个季度/半年/全年都计算和分析这些数据,对合作伙伴进行排序,确定未来的渠道策略。

(三)绩效反馈

绩效评估结果应定期反馈给合作伙伴,对其中存在的问题要予以明确,在下一个评估周期中分析改善情况。

每年还可根据合作伙伴的业绩情况进行排名,确定战略性伙伴、策略性伙伴及缺乏价值的伙伴。对战略性伙伴重点支持,在费用、岗位委托、结费等方面优先保证。对表现不佳且无改进的伙伴可不再续签合同,并引进新的合作伙伴予以替代。

本章小结

"猎头"是针对高端人才广泛使用的一种招聘手段,在竞争加剧的情况下,这一渠道非常受重视。本章介绍了猎头公司的发展历史及未来趋势,分析了猎头公司分类和开展业务的方式,并进一步阐述了一般用人单位的招聘工作人员如何管理与使用猎头等内容。

主要概念与名词

猎头 国际猎头 本地猎头 行业猎头 综合猎头 中低端猎头 猎头公司选择 猎头业务委托 猎头绩效记录

 **复习与思考题**

1. 猎头公司的分类方式是什么？各有什么特点？
2. 在什么条件下采用猎头渠道来招聘效果会比较好？
3. 猎头开展工作的常见步骤有哪些？
4. 如何选择猎头公司？
5. 如何从事委托招聘职位给猎头公司的工作？
6. 如何对猎头公司进行绩效评估？
7. 分析猎头渠道的优势和局限性。
8. 设计一份猎头绩效评估表格。

讨论案例

卫某的难题与出路

卫某，1955年生人，恢复高考后，1978年考上大学，本科毕业后当两年大学老师后考读一所名校读研究生，1986年进入一家有一定知名度的大学当老师，1990年做了副校长，分管基建、总务，可谓年轻有为。

他在工作中结识了一位著名房地产老板，两年后被老板说动，跳槽到这位老板的公司，做副总裁，并直接担任当时非常大而知名的项目总经理，事实上他干得也不错，三四年后那位老板犯事入狱，他又跳槽到另外一家房地产公司做总经理，随后又跳过两次槽，一直做总经理，最后在一家地产集团做执行总裁。然而，2005年5月，正值50岁的他辞职创业，开了一家房地产投资咨询公司，2006年10月企业关门破产，前后共18个月。

至于为什么辞职创业？猎头顾问得知，主要原因是当时他通过关系找到一幢写字楼，老板答应他把写字楼运作包装转卖后，其差价也就是毛利部分提取2%给他本人作为奖励提成。他把写字楼运作了一年半，差价6 000万元，但老板不兑现最初承诺，理由是还有2 000万元的尾款没有收回，等全部收回后再说。同时老板还说，写字楼的买进价是3亿元，卖出3.6亿元，3亿元的资金，一年半的时间成本是多少？言外之意，这个项目是赔了。

"我给老板赚了6 000万元，不但不给兑现承诺，连一句肯定的话都没有，反而批评项目赔了。一生气，不干了，我也不计较了，辞职走人。"于是卫某赌气创业。在18个月的创业过程中，卫某通过朋友联系了不少房地产咨询项目，但大多数项目都是免费咨询，因为这个行业不规范，签订了四五个项目，但都是不给钱，只是前期给很少一部分（几万元），连最基本的成本都不够。

为了赚钱，卫某联系了某省一家房地产公司做楼盘销售，组织近20人的销售团队，楼盘卖得不错，合同佣金300多万元，然而迟迟结不回款，前后总共只拿到10几万元，连最基本的员工工资都不够，加上房屋水电，各种管理费、财务费用等，公司一直亏损，200万元的家底都花光了,而销售人员的卖房提成却一直开不出来。员工不干,说:"卖房子是我们的事,要账是您的事情,我们把房子卖完了您就得给我们提成,至于您怎么搞到钱那是您的事情。"

卫某想尽了各种办法都结不回钱,也借不到钱,走投无路,只好带着近20位销售人员集体到开发商处去讨债。闹了几天后,开发商老板出面说:"您向我要钱,我向谁要钱,我这个楼盘还差10多亿元,其他楼盘也都因没有资金停着呢!你要是能帮我搞到10多亿元,让我把项目立即启动起来,我就一分不少地立即全部给您代理佣金!"卫某说,我从哪里搞10多亿元,即使能搞来,那成本何止300万元?卫某的销售经理说:"要不给钱我们告你去!"开发商老板一乐说:"这话说得好,欢迎去告,我等着你。反正欠的钱多了,你们这300万元根本就不算钱,要告我的人多了,我等着被告呢,那样关起来,还有人管饭,省得目前这样被追债,烦死了!"

无奈之下,卫某只得欠着员工的百万以上提成费,让企业破产关门。员工无可奈何地走人,卫某也开始重新寻找工作,但前后反差如此之大令他实在吃惊。他说过去从未因找工作发过愁,都是企业主动找自己,是猎头追自己,但眼前找了两个月了,还没有找到合适的,职位没有过高要求,不一定要求当集团公司的什么总裁,甚至是其中一项目公司的副总都行,也不希望是过去的50万元年薪,只要一个月有1万元的收入就可以;也不像过去要求必须在一线城市工作,二三线城市也行;也不像过去要求必须是多大规模的公司,只要差不多就行。然而,两个月下来一直没有找到像样的工作。卫某自我慨叹道:"老了,没人要了。"……

(资料来源:姚裕群,刘家珉. 就业市场与招聘[M]. 长沙:湖南师范大学出版社,2007:238-239)

讨论题:

1. 如果你是猎头顾问,你会给卫某什么建议?
2. 如果你是猎头顾问,你下一步会如何行动?
3. 如果你是一家房地产公司的招聘负责人,你是否会给卫某提供工作机会?

第十五章

成为组织的新员工——录用

> 引例

法人代表签字算不算数

张小姐在某公司工作一年多了,但是最近由于在工作中出的几次差错,导致该公司决定与她解除劳动合同。张小姐对任职岗位的工作权限和差错责任等方面提出了疑义,因此提起了劳动争议仲裁——差错是公司的责任。区劳动争议仲裁机构对这个仲裁申请开始办理。在审查公司与张小姐签订的劳动合同时仲裁部门工作人员就发现,公司在这份劳动合同上没有加盖公章,也没有合同鉴证机关的鉴证,只有一个法人代表的个人签字。

劳动争议仲裁涉及的各方对此有着不同的意见:

有人认为这份合同属于无效合同。

张小姐说:"我与公司签订的劳动合同,虽然公司没有加盖公章,但有法人代表就是代表嘛,他亲笔签名了,就代表公司认可该合同,怎么能说是无效合同呢?还有,这份合同虽然没经过鉴证机关审查鉴证,但合同条款中并没有违法和不公正的内容呀。所以,不能说这是一份无效劳动合同。"

还有人认为:"劳动合同上没有加盖公司的公章,本身就不符合订立合同的形式要件,再加上又没有经过鉴证,这份劳动合同当然无效了。"

也有人认为:"劳动合同上虽然没有加盖公司的公章,但事实劳动关系存在,而且是按此合同文本的内容执行的,就应当看作完整的劳动合同。"

另有人认为:"这里还存在劳动合同的总体内容与该公司具体的业务要求与管理制度的差异问题。"

当然,这个合同的手续是不完整的,这样,似乎张小姐糊里糊涂地就"没理"和被动了。而一个公司的运作与管理也不是非常简单的。仲裁有仲裁的标准,会有它的合法合理结论的,而一个用人单位在最后录用员工的时候,要经过哪些必需的步骤,要办理哪些手续?在此方面,法律和政府行政的规定有哪些?

(资料来源:劳动合同没有盖公章有效吗[EB/OL]. 找法网,www.findlaw.cn)

第一节 背景核查

一、背景核查的意义

（一）背景核查的地位

所谓背景核查，即对即将录用者的个人背景进行调查核实，是用人单位通过第三者对应聘者的情况进行了解和验证。这里的第三者，主要指应聘者原来的雇主、同事以及其他了解应聘者的人员，或者是能够验证应聘者提供资料准确性的机构和个人。

从招聘录用工作的流程看，可以分为背景调查核实、体检和签订劳动合同3个环节。组织想要录用一个人，第一步就是背景的调查核实。这一过程主要核实应聘者所出示的证件及其他一些有关的信息，确定录用者是否符合岗位要求。这时，要调查核实应聘者的教育状况、工作经历、个人品质、工作能力、个人兴趣等。假学历，假成绩单，虚无的工作经历与经验，言过其实的工作能力，精心伪装的个人品质与兴趣，都会严重妨碍人员选拔的公正性、准确性，挫伤组织内员工的积极性，给组织带来不必要的损失。

经审查合格的便可以进入体检环节。体检主要是检查应聘者的身体状况是否符合岗位的要求，通过体检可以掌握应聘者的健康状况，为将来的医疗保险等提供参考。体检合格者，则进入签订劳动合同阶段，最终被公司所录用。

（二）背景核查的作用

在发出录用通知、与应聘者签订劳动合同之前，必须对应聘者在应聘过程中所提供的资料进行核查。在未核实求职者的证明材料以前，大部分的招聘者都不会做出聘用的决定。尽管招聘者在招聘、筛选和面试技巧方面都经过了良好的训练，但不论是哪种级别的招聘，如果没有更仔细地考核所选定求职者的背景材料，招聘方通常不会放心地将工作交给应聘者，尤其是涉及企业切身利益的职位，对于背景资料的核实就越发重要。

二、背景核查的主要内容

（一）学历水平

在应聘中常见的一种作弊方式就是在受教育水平上作假。因为很多的应聘职位在最初的应聘资格中就会标明对学历的要求，所以有些没有达到学历要求的应聘者可能就此作弊。因此，在招聘中有必要对应聘者的教育背景进行调查。目前，大学的毕业证书已经进入计算机系统管理，可以在互联网中进行查询，这为招聘单位进行有关的调查提供了便利。

（二）档案记录

主要是调查应聘者过去是否有违法犯罪或者违纪等不良行为。尽管我们相信一个人过去犯过错误是可能改过自新的，但这些信息仍然要引起注意。

（三）工作经历

背景调查的另一个重要方面就是对应聘者过去的工作经历进行调查。对过去的工作经历调查可侧面了解受聘时间、职位和职责、离职原因、薪酬等问题。了解过去工作经历最好的方式就是向应聘者曾经工作过的企业了解，此外，还可以向应聘者过去的同事、客户等相关人员了解情况。

背景调查的内容应以简明、实用为原则。内容简明是为了控制背景调查的工作量，降低调查成本，缩短调查时间，以免延误上岗时间而使用人部门人力吃紧，影响业务开展；再者，优秀人才往往几家公司相互争夺，长时间的调查是给竞争对手提供机会；实用指调查的项目必须与工作岗位需求紧密相关，避免查非所用，用者未查。

做好调查的第一步是将招聘者需要核实的与工作有关的信息列成一张表，只核实与工作有关的内容。表格主要条目示例如下（见表15-1）：

表 15-1 需要核实的背景条目

典型的	较棘手的
文凭、普通高等学校的文凭或其他学位	离职的原因
执照、证明或其他证书	是否有资格再次被录用
永久聘用或聘用时间	工作表现的描述
所任职务	可靠或尽职的程度
基本职责	强项及其发展要求
主管姓名与职务	请证明人证明简历和申请表的真实性
离职后的补偿	为雇用他我会保留哪些条件

三、背景核查的流程

背景调查的方法包括打电话、访谈、要求提供推荐信等。背景调查核实也可以聘请调查机构代理进行，这些代理机构通过与求职者过去的雇主、邻居、亲戚和证明人的书面或口头上的沟通来收集资料。可以遵循以下步骤进行。

（一）选择核查时间

对应聘者进行背景调查的最佳时间是在面试结束与安排上岗的间隙。选择这个时间主要是基于以下考虑：首先，此时合格应聘者的数目已经大大减少，进行背景调查的工作量也就相对较少。其次，调查人员对应聘者的资料已经较为熟悉，此时调查将更具针对性。最后，由于此时影响录用结果的有面试情况和背景核查情况，所以这一关遭淘汰的应聘者将不会知道究竟是什么导致未被录用，可以在一定程度上保护证明人。

（二）列出调查表

为保证核查工作的连贯性和准确性，最好列出一份调查表。表中的内容可根据应聘者的普遍情况进行添加以保证得到全面实用的信息（参见表15-2）。

表 15-2 背景核查表样本

应聘者姓名：		
教育状况核实		
受教育机构：	联系人：	核实日期：
入校时间： 毕业（是/否）	获得何种学位：	
技术院校：	联系人：	核实日期：

续表

入校时间：		毕业（是/否）	获得何种学位：	
犯罪记录调查				
记录类型：			调查时间：	
调查结果：			联系人：	
工作情况核实				
工作单位：			联系人：	调查时间：
工作时间：			最后担任职务：	
主管姓名：			担任的其他职务：	
基本职责：				
工作表现：			与现在从事该工作的人员比较：	
出勤率：			工作态度：	
该人表现出色的例子：				
离职补偿：			离职原因：	
有无被提升资格：			有无被重新雇用资格：	
雇用的保留意见：				
注：				

（三）获取证明材料

1. 教育背景证明

对于应聘者是应届的学校毕业生的情况来说，这无疑是最具有参考价值的书面材料。核实学历证书一般包含以下内容：上学的时间、主修与辅修课程、与所求职位相关的课程、获得的奖励、出勤记录、参加社会实践情况和平均成绩等。但是，单纯根据成绩作判断是不公平的。学校教育与实际工作中所要求的技能是部分脱节的。优异的学校成绩并不能保证工作后杰出的工作成绩，适合这个特定职位的最佳人选并不见得是在考场上或教室里表现最优秀的学生。

2. 书面证明

书面证明材料通常包括用于核实求职者提供的信息的通知。除非寄给某位主管或部门领导，这些表格一般都转到人力资源部，并由人力资源部的工作人员根据前员工的资料填写。即使是寄给了求职者的前任经理，这些调查表也会被转交给人力资源部，由他们给予答复。但是，由于前任雇主会出于诸多考虑，往往很难得到关于应聘者真实情况的信息。另外，书面材料还有一个弊端就是它的反馈时间长。即使调查表上标明"急件"字样，也不会很快就能得到答复。这样就造成了时间的浪费，由于这段宝贵时间的浪费，很有可能导致最终的人选接受了另外一份工作。通过电子邮件和传真可以很快地得到反馈信息，但是，由于证明材料属于保密性很强的文件，而这两种方式又比较容易被其他人看到，所以也不是很可取的。

3. 个人证明

在很少的情况下，招聘者也会考虑个人证明材料。所谓个人证明材料，即应聘者提供的可以对自己的情况作出证明的人所提供的材料。在证明人的选择上，应聘者一般会选择那些对自己的情况比较熟悉的，有一定地位或威望的人，以保证证明材料的真实性。但是，由于证明人的选择是应聘者所决定的，所以，这种证明材料的参考价值并不大。

四、背景核查关注的问题

在对应聘者进行背景核查过程中,应当关注以下几方面的问题:

(1) 只调查与工作有关的情况,并以书面的形式记录,以证明将来的录用或拒绝是有依据的,避免核查过程中涉及隐私问题而引起法律纠纷。

(2) 重视客观内容的调查核实,忽略应聘者的性格等方面的主观评价内容。

(3) 慎重选择提供应聘者材料的第三方人员。要求对方尽可能使用公开的记录来评价员工的工作情况,避免偏见的影响。

(4) 估计调查材料的可靠程度,一般来说,应聘者的直接上司的评价要比人力资源管理人员的评价更为可信。

(5) 在获得可靠的背景核查材料之后,应将其与应聘者的其他材料放在一起,并保证这些材料的安全——只有那些必要的人才能看到。

第二节 入 职 体 检

一、体检的意义

体格检查通常是选拔过程后紧接的一个步骤。在某些情况下,体格检查在雇员开始工作后进行。进行体格检查的目的有三:

其一,体检可以用来确定求职者是否符合职位的身体要求,发现在对求职者进行工作安排时应当予以考虑的体格局限因素。

其二,通过体检可以建立求职者健康记录和基线,以服务于未来保险和雇员赔偿要求的目的。

其三,通过确定健康状况,体检还可以降低缺勤率和事故,发现雇员可能不知道的传染病。体检这一环节的执行相对比较简单,一般企业会指定一个有信誉的或长期来往的医疗机构,要求应聘者在一定时间内进行体检。在很大的企业组织中,体检通常在招聘者的医疗部门进行。体检的费用由招聘者支付,体检的结果也交给招聘者。

二、体检的主要内容

体检内容的决定要基于上述体检的意义,可以从检测应聘者身体健康状况和岗位对身体的要求两个方面出发来确定体检的主要内容。

就实际情况来说,对应聘者身体健康状况检查的内容已经基本确定,并有明确的法律规定作为指导。但是,对于特殊岗位对身体状况的要求,招聘方会相应地增加特殊地体检项目。例如,一些岗位如司机、交警等岗位和涉及绘画、摄影、艺术设计、动画等活动的岗位,会对身体的要求比较高,色盲色弱是不适合这类岗位的。对于涉及音乐、影视等的相关岗位,听力不佳者也是不适合的。总之,在实际的体检过程中,体检的内容是根据岗位对身体条件的不同要求而不同的。

三、体检结果的处理

体检的结果分为合格与不合格两类。相应地,通知也分为录用通知和辞谢通知两类。

在通知被录用者方面,最重要的原则就是及时。以防应聘者在这段时间内接受了其他竞争公司,这对于公司来说将是一笔巨大的损失。另外,对于身体条件不符合要求的人,要委婉地辞谢,给应聘者留下好的印象。对于那些身体条件暂时不符合要求,但其他方面条件较优异的应聘者,可将其资料留存备用。

体检也是录用是一个不可忽视的环节。不同的职位对健康的要求有所不同,一些对健康状况有特殊要求的职位在招聘时尤其要对招聘者进行严格的体检,否则有可能给企业带来很多麻烦。

第三节 订立聘用合同

一、我国劳动合同的法律规定

（一）劳动合同的定义

按照国家的规定,一个用人单位要聘用员工,是双方直接发生劳动关系,就应当订立合同,这种聘用人的合同即劳动合同。我国《劳动法》和《劳动合同法》做出规定,订立劳动合同,要在合法、公平、平等自愿、协商一致、诚实信用的原则下进行。

所谓劳动合同,是指劳动者与用人单位确定劳动关系、明确双方权利与义务的协议,它是用人单位与劳动者之间形成劳动关系的基本形式。劳动合同是确立劳动关系的法律依据,建立劳动关系应当订立劳动合同。合同条款一经签订就具有法律效力,并成为当事人的行为准则,当事人必须履行劳动合同规定的义务。

（二）劳动合同的主要内容

在劳动合同中要明确规定当事人双方的权利、义务及合同必须明确的其他问题,这就是劳动合同的内容。具体说来,其内容主要有三个方面:

(1) 劳动关系主体,即订立劳动合同的双方当事人的情况。

(2) 劳动合同客体,即劳动合同的标的(所谓"标的",是指订立劳动合同双方当事人的权利义务指向的对象,是当事人订立合同的直接体现,也是产生当事人权利义务的直接依据)。

(3) 劳动合同的权利和义务,指劳动合同当事人享有的劳动权利和承担的劳动义务。

（三）劳动合同的条款

为了保护劳动者的合法权益与企业的相关合法权益,2008年开始实施的《中华人民共和国劳动合同法》规定了劳动合同中应当包括的必备条款和双方协商的约定条款。而后进行了修改,修订后的《劳动合同法》自2013年7月1日起施行。

1. 劳动合同的必备条款

必备条款指法律、法规虽没有作出具体规定,但劳动合同中必须具有的条件。缺少它劳动合同就不能成立,或者难以履行。比如劳动的工作地点、工作性质、用人单位为劳动者提供的工作条件等。它具体包括:

(1) 用人单位的名称、住所和法定代表人或者主要负责人;

(2）劳动者的姓名、住址和居民身份证或者其他有效身份证件号码；
(3）劳动合同期限；
(4）工作内容和工作地点；
(5）工作时间和休息休假；
(6）劳动报酬；
(7）社会保险；
(8）劳动保护、劳动条件和职业危害防护；
(9）法律、法规规定应当纳入劳动合同的其他事项。

2．劳动合同的约定条款

劳动合同除前款规定的必备条款外，用人单位与劳动者可以约定试用期、培训、保守秘密、补充保险和福利待遇等其他事项。

上述约定条款指劳动合同成立非必需的条件，有没有都不影响劳动合同的成立。但当事人一方提出，对方不反对。即双方一致同意的就作为合同的条款，这时劳动合同内容就要加以确定。例如合同是否约定保守用人单位秘密；单位是否为职工提供居住条件；发生劳动争议的解决途径等。

劳动合同的协定条款，无论是必备条件还是补充条件，都必须符合国家的法律、法规和政策。劳动合同文本，无论是采用有关部门提供的范本还是用人单位自行制定，或是有些来自劳动法的规定，或是双方当事人的特别约定，其核心都是双方当事人特别约定的"规范条款"。它是经双方协商同意，以书面形式表现的，是双方共同意志的体现，在劳动关系范围内对双方均有法律约束力。

二、聘用合同的签订

（一）资格审核

进入最后审核阶段的应聘者要通过上述背景调查与体检才能最后确定为本企业最终决定录用的人力资源。

在规定的时间内录用人员将会到企业报到，办理完录用手续后，就成为了本企业的新员工。用人单位与符合要求的劳动者将会签订劳动合同以维护双方的权利义务关系。

（二）签订聘用合同

签订聘用合同，可以采取国家要求劳动合同的条款内容，其合同范本如表15-3所示。

表15-3　劳动合同范本

劳动合同
订立合同双方： 招聘方：_____（企业、事业、机关、团体等单位的名称），简称甲方 受聘方：_____（合同制职工），简称乙方 　　甲方招聘合同制职工，按有关规定，已报请有关部门批准（或同意）。甲方已向乙方如实介绍涉及合同的有关情况；乙方已向甲方提交劳动手册。甲、乙双方本着自愿、平等的原则，经协商一致，特签订本合同，以便共同遵守。

续表

第一条 合同期限
合同期限为＿＿＿年(或＿＿＿个月),从二零＿＿＿年起至二零＿＿＿年＿＿＿月＿＿＿日止。
(没有一定期限的合同或以完成一项工作的时间为期限的合同,应注明"本合同无一定期限"或"本合同以某一工作完成为届满期限"。)

第二条 试用期限
试用期限为＿＿＿个月(或＿＿＿年),即从二零＿＿＿年＿＿＿月＿＿＿日起至二零＿＿＿年＿＿＿月＿＿＿日止。
(试用期限的长短,有关部门有规定的,按规定执行;有关部门无规定的,由招聘方根据受聘方的工作能力和实际水平确定。)

第三条 职务(或工种)
甲方聘请乙方担任＿＿＿职务(或从事某工种的工作)。

第四条 工作时间
每周工作六天,星期日休息。每天工作时间为八小时。上下班时间按甲方规定执行。
(以完成一定工作量为期限的合同,工作时间由双方商定。)

第五条 劳动报酬
(一)乙方在试用期间,月薪为＿＿＿＿＿＿＿＿元。试用期满后,按乙方的技术水平、劳动态度和工作效率评定,根据所评定的级别或职务确定月薪。
(以完成一定工作量的时间为合同期限的,亦可按工作量确定报酬。实行计件工资的,按计件付酬。)
(二)乙方享受的岗位津贴和奖金待遇,与同工种固定职工相同。

第六条 生活福利待遇
(一)补贴待遇:乙方享受交通费补贴、粮食补贴、取暖费补贴等与固定职工相同。
(二)假日待遇:乙方享受节日假、婚假、产假、丧假与固定职工相同。工作满一年以上需要探亲的,可享受＿＿＿天(不包括路途中的时间)的探亲待遇,工资照发,路费报销。
(三)特保儿费:乙方享受特保儿费与固定职工相同。

第七条 劳动保护
＿＿。
(乙方的劳动保护按国家的有关规定执行)

第八条 乙方患病、伤残、生育等待遇以及养老保险办法
＿＿。
(本条国家有规定的,按规定执行;无规定的,由双方商定。)

第九条 政治待遇和劳动纪律要求
(一)乙方在政治上享有同固定职工一样的权利,如参加民主管理企业的权利,参加党、团组织和工会的权利等。
(二)订立有一定期限的劳动合同的乙方,在担任领导职务以后,如职务是有任期的,在劳动合同期限短于领导任期的情况下,可以将合同期限视为领导职务的任期;如果职务是没有任期的,可以视为改订没有一定期限的劳动合同。
(三)乙方应当严格遵守甲方单位各项规章制度,遵守劳动纪律,服从分配,坚持出勤,积极劳动,保证完成规定的各项任务。

第十条 教育与培训
　　甲方应加强对乙方进行思想政治教育,遵纪守法教育,安全生产教育,根据工作和生产的需要进行业务、职业技术培训。

第十一条 劳动合同变更
(一)发生下列情况之一者,允许变更劳动合同:
1.经甲、乙双方协商同意,并不因此而损害国家和社会的利益;
2.订立劳动合同所依据的法律规定已经修改;
3.由于甲方单位严重亏损或关闭,停产,转产确实无法履行劳动合同的规定,或由于上级主管机关决定改变了工作任务、性质;
4.由于不可抗力或由于一方当事人虽无过失但无法防止的外因,致使原合同无法履行;

> 续表

5. 法律规定的其他情况。
（二）在合同没有变更的情况下，甲方不得安排乙方从事合同规定以外的工作，但下列情况除外：
1. 发生事故或自然灾害，需要及时抢修或救灾；
2. 因工作需要而进行的临时调动（单位内工种之间、机构之间）；
3. 发生不超过一个月时间的短期停工；
4. 甲方依法重新任命、调动、调换订立没有一定期限劳动合同职工的工作；
5. 法律规定的其他情况。
第十二条　劳动合同的解除
_____
_____。
（解除劳动合同的条件，国家主管部门有规定的，按规定执行；没有规定的，由双方当事人商定。双方议定条款不得违反法律和政策的规定，不得损害国家利益和社会公共利益。）
解除劳动合同，除因乙方违法犯罪或乙方不履行合同给甲方造成损失，或者严重违反劳动纪律和本单位管理章程的规定被开除的，以及乙方擅自解除劳动合同的以外，甲方应按规定发给辞退补助费和支付路费。
解除劳动合同时，双方应按规定办理解除手续。甲方应按规定将解除合同的情况报告有关机关核准。
第十三条　违约责任
（一）甲方无故辞退乙方，除应发给辞退补助费和路费外，应偿付给乙方违约金_____元。
（二）甲方违反劳动安全和劳保规定，以致发生事故，损害乙方利益的，应补偿乙方的损失。
（三）乙方擅自解除合同，应赔偿甲方为其支付的职业技术培训费，并偿付给甲方违约金_____元。
（四）乙方违反劳动纪律或操作规程，给甲方造成经济损失的，甲方有权按处理固定职工的规定予以处理。
第十四条　其他事项
_____
_____。
（双方约定的一些具体事项）
　　本合同于二零_____年_____月_____日起生效。甲、乙双方不得擅自修改或解除合同。合同执行中如有未尽事宜，须经双方协商，作出补充规定。补充规定与本合同具有同等效力。合同执行中如发生纠纷，当事人应协商解决，协商不成时，任何一方均可向单位主管机关或劳动合同的管理机关请求处理，也可依法向人民法院起诉。
本合同正本一式两份，甲、乙双方各执一份；合同副本一式_____份，报主管机关、劳动合同管理机关（本合同如经公证，则应交公证处留存一份）等单位各留存一份。

甲方：_____（行政公章）
代表人：_____（盖章）
乙方：_____（盖章）
二零_____年_____月_____日订

（三）试用期合同的签订

　　但是为了谨慎起见，企业会进一步考察新员工对于本企业基本岗位的适应性而对员工进行试用。按照《劳动法》规定，试用期一般为1～6个月不等。为了明确界定试用期双方的权利与义务关系，有的企业与员工缔结试用期合同或相关协议。表15-4是一份试用期合同书范本。

表15-4 试用期合同范本

试用合同书

甲方:(接收单位)
乙方:

　　根据国家劳动管理规定以及本公司员工聘用方法,甲方招聘乙方为试用员工,双方在平等、自愿的基础上,经协商一致签订本试用合同,共同遵守本协议所列条款。

一、试用合同期限:
试用期为____个月,自____年____月____日至____年____月____日止。

二、试用岗位根据甲方的工作安排,聘用乙方在_____工作岗位。

三、试用岗位根据双方事先之约定,甲方聘用乙方的月薪为_____元,该项报酬包括所有补贴在内。

四、甲方的基本权利与义务
1. 甲方的权利
(1) 有权要求乙方遵守国家法律和公司的各项规章制度;
(2) 试用期内因工作需要,甲方有权调整乙方生产、工作岗位;
(3) 乙方若不能胜任工作或不符合录用条件,甲方有权提前解除本合同;
(4) 试用期满,经考核乙方不符合录用条件,甲方有权不签订正式劳动合同。
2. 甲方义务
(1) 甲方应按月支付乙方报酬;
(2) 为乙方创造良好的工作环境和条件;
(3) 对试用期乙方因工伤亡,由甲方负责赔偿。

五、乙方的基本权利与义务
1. 乙方权利
(1) 享有国家法律、法规赋予的一切公民权利;
(2) 享有当地政府规定的就业保障权利;
(3) 对试用状况不满意,有请求辞职的权利;
(4) 享有反对和投诉对自己试用身份投诉的权利。
2. 乙方义务
(1) 遵守国家法律、法规、当地政府规定的公民义务;
(2) 遵守公司各项规章制度;
(3) 维护公司声誉和利益。

六、一般情况下,试用期期间乙方岗位不得变更。若需变更,须事先征求乙方的同意。

七、本合同如有未尽事宜,双方本着平等协商的原则进行处理。

八、试用期满考核之后,如合格者,将在第四个月内与公司签定正式聘用合同。考核不合格者,将延长试用期(具体由公司决定)。

九、本合同一式两份,甲、乙双方各持一份,经甲、乙双方盖章生效。

甲方:(盖章)　　　　　　　　　　　　　　　　　　　　乙方:(盖章)
法定代表人、负责人或代理人:(盖章)
签约日期:_____年_____月_____日
签约地点:

　　劳动合同的订立要遵循一定的原则,所谓劳动合同的订立原则,即指用人单位与劳动者在签订整个过程中必须遵循的基本法准则。我国《劳动法》规定的劳动合同的订立原则有平等自愿原则、协商一致原则和不得违反法律、行政法规的原则。

三、签订聘用合同的注意事项

（一）试用期

根据《劳动合同法》的规定，劳动合同要约定试用期。约定试用期的目的是让用人单位和劳动者签定劳动合同后，有时间进一步相互了解，以最终确认是否需要继续劳动关系。

劳动合同期限3个月以上不满一年的，试用期不得超过一个月；劳动合同期限一年以上不满三年的，试用期不得超过两个月；三年以上固定期限和无固定期限的劳动合同，试用期不得超过6个月。同一用人单位与同一劳动者只能约定一次试用期。以完成一定工作任务为期限的劳动合同或者劳动合同期限不满3个月的，不得约定试用期。

试用期包含在劳动合同期限内。劳动合同仅约定试用期的，试用期不成立，该期限为劳动合同期限。

（二）劳动合同的法律效力

1. 劳动合同的生效

劳动合同依法订立后，即具有法律约束力。从约定的到单位工作日之起，劳动合同就对双方具有了法律效力，当事人必须履行合同所规定的义务。

2. 无效或部分无效

在社会现实生活中，有的劳动合同虽然是当事人双方所订立的，但所订立的劳动合同可能是无效或者部分内容无效。包括：

（1）以欺诈、胁迫的手段或者乘人之危，使对方在违背真实意思的情况下订立或者变更劳动合同的。

（2）用人单位免除自己的法定责任、排除劳动者权利的。

（3）违反法律、行政法规强制性规定的。对劳动合同的无效或者部分无效有争议的，由劳动争议仲裁机构或者人民法院确认。

劳动合同是对双方在雇佣关系实施期间的行为进行约束的一种法律规范。双方的权利义务受到法律的保护和约束。因此，劳动合同的签订是一个审慎的过程。在实际的操作中，还有一些其他的问题需要注意，在这里就不赘述了。

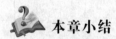 **本章小结**

录用是依据应聘者的表现做出的接纳决策并进行安置的活动。录用非常重要，它是招聘工作的完成。本章介绍了对拟聘用者进行背景核查的作用和方法，阐述了背景核查过程中应当关注的问题，进而介绍了体检的意义、内容和处理结果问题，最后对劳动合同的订立进行了分析说明，包括定义、内容、条款、试用期和法律效力问题。本章内容是真正完成新员工的"入门"程序，也是用人单位对新员工进行配置、塑造、使用等各项人力资源管理工作的起点。

主要概念与名词

背景核查 证明材料 体检 劳动合同 必要条款 约定条款 试用期
劳动合同的法律效力

1. 什么是录用？录用程序的基本流程是什么？
2. 背景核查的意义是什么？几种证明材料的优缺点是什么？
3. 进行背景核查有哪些方法？其优缺点是什么？
4. 背景核查过程中应该注意哪些问题？
5. 什么是劳动合同和试用期合同？两者的异同点是什么？
6. 劳动合同签订过程中要注意什么问题？
7. 应该采取什么措施防范劳动合同方面的纠纷？

讨论案例

录用赵安还是苏天

海天瑞琪公司为了对生产部门的人力资源进行更为有效的管理、开发，希望在生产部设立一个处理人事事务的职位，主要负责生产部与人力资源部的协调。人力资源部经理王量对应聘者做了初步的筛选，留下了五名候选人交由生产部经理李初再次筛选，李初对其进行选择，留下了两人，这两个人的个人简历如下：

赵安：男，32 岁，企业管理硕士学位，有 8 年一般人事管理及生产经验，在此之前的两份工作均有良好的表现。

面谈结果：可录用。

苏天：男，32 岁，企业管理学士学位，有 7 年的人事管理和生产经验，以前曾在两个单位工作过，第一位主管评价很好，没有第二位主管的评价资料。

面谈结果：可录用。

了解了候选人的相关信息后，生产部经理李初来到人力资源部与王量商谈录用决策。

李初说："两位候选人，看来似乎都不错，你认为哪一位更合适呢？"

王量说："两位候选人的资格审查都合格了，唯一存在的问题是，苏天的第二位主管给的资料太少，但是虽然如此，我也看不出他有什么不好的背景，你的意见呢？"

李初说："很好，王经理，显然你我对苏天的面谈表现都有很好的印象，人吗，有点圆滑，但我想会很容易与他共事，相信在以后的工作中不会出现大的问题。"

王量说："既然他以后主要和您共事，当然由您做决定更好，明天就可以通知他来上班。"

于是，苏天被公司录用了，进入公司工作 6 个月以后，他的工作不尽如人意，指定的工作经常不能按时完成，有时甚至表现出不能胜任其工作的行为，引起了员工和管理层的抱怨。显然，苏天对此职位不适合，公司必须处理。

此次招聘录用工作在当时看似完成了、成功了，但苏天就职一段时间以后出了问题，实际这次招聘是"失败"的。企业需要意识到：在招聘、筛选、录用的整体流程中，每一"点"的失误可能会给今后企业人力资源管理工作带来一个"面"的损失。

（资料来源：17hr.com 人力资源社区）

讨论题：

1. 本案例中，导致聘用失败的原因主要有哪些？
2. 结合案例，分析背景调查在招聘中的作用。
3. 结合案例，分析录用决策对整个招聘的影响。
4. 为什么即使是最后对一个人做出"决定录用"的决策，也应把考察时发现的问题分析清楚？

第四篇

员工配置

第四篇

地方行政

第十六章
原理与战略——员工配置总析

> 引例

两个公司一批人

王老板对自己公司中的三名员工小牛、小侯、小杨感到不满,因为小牛人太老实,不灵活,在销售部业绩很差;小侯直言快语,天性爱动,在公司的行政部门不能坚守工作岗位;小杨则性格火爆,爱与别人较真甚至动粗。王老板觉得,公司里用了这三个人都是麻烦,于是将三人辞退。做同一行的李老板听说后,将三人聘请到他的公司工作。

一年以后,王老板与李老板相遇,王老板询问李老板三名员工近来的工作情况。李老板答道:这三个人工作干得很好呀,前些天还被评为优秀员工呢!王老板很诧异。李老板说:我按他们不同的性格特点和特长来安排工作,小牛人老实可靠,工作认真仔细,我安排他做了会计工作;小侯活泼爱动,总闲不住,我安排他做了销售,小侯现在天天在外面跑市场,从不叫苦,最近业绩提升得很快呀;小杨到我们那里做了保安,厂区的安全性提高了很多,大家对他的工作也都认可呀。

本案中,为什么同样的三个人,在王老板那里表现不良,在李老板那里却业绩优良呢?

(资料来源:姚裕群.招聘与配置.大连:东北财经大学出版社,2010:223)

第一节 员工配置初析

一、员工配置

我国拥有数量巨大的人力资源,如何合理配置这些人力资源,使其能够得到充分开发和有效利用,使其成为我国经济发展和社会进步新的增长点,已经越来越受到人们的关注。从宏观的角度看,人力资源的合理配置可以提高人力资源的使用效率,优化产业结构,促进国民经济持续、稳定、协调发展;从微观的角度看,人力资源配置具体体现在对员工的配置上,它是一种获取了所需员工后对其进行工作岗位分配的活动,是组织对人力资源进行具体管理的起点环节。

员工配置或人力资源配置既是人力资源管理的起点,又是人力资源管理的终点,其最终目的就是要达到个人与岗位的有效匹配(即能岗匹配),提升组织的整体效能。人员配置效益的高低直接影响着企业其他资源的合理利用和整体配置效益,它是决定企业能否持续、稳定、快速发展的关键性因素。

二、员工配置的类型

(一)按配置的层次分类

从人力资源配置的层次,可分为宏观人力资源配置和微观人力资源配置。

宏观人力资源配置指优秀人才在不同国家、不同地区和不同行业间的配置。当今社会已经进入经济全球化的时代,没有哪个国家和地区可以与世界经济完全隔离。在人力资源配置方面,不可避免地存在人力资源在全球范围内的流动,哪里经济最发达,"全世界最优秀、最聪明的人就会到哪里去"。

微观人力资源配置是人们为达成组织目标所进行的,将人力资源科学地分配到各岗位、各部门的活动。组织所进行的微观人力资源配置必然是在宏观人力资源配置的大环境下进行的。微观人力资源配置是本书的主要内容。

(二)按人力资源的状态分类

按人力资源的状态不同,分为人力资源存量配置和人力资源增量配置。

人力资源存量配置是指已有的人力资源配置,主要指已就业人员的重新配置。人力资源增量配置是指对新增人力资源的配置,主要指新就业人员的配置[①]。

(三)按配置的渠道分类

按人力资源获取的渠道不同,可分为外部配置和内部配置。

外部渠道主要是指组织从外部获取人力资源,内部渠道包括晋升、工作轮换、末位淘汰等。人力资源的内部配置按照劳动者与工作岗位的关系大致可分为以下三种类型。

1. 人岗关系型

根据员工与岗位的对应关系进行配置,这也是最基本和具有普遍意义的人职匹配,见表16-1。

表16-1 人岗关系型人力资源配置形式

形式	适用情况	内容
内部招聘	人员数<岗位数	在企业内部公开招聘,为工作岗位挑选合适员工
岗位轮换	人员数=岗位数	采取交叉或循环的人事调动来发掘员工的工作潜力、减少岗位抱怨
劳动试用	人员数≥岗位数	对新进员工进行一段时间的试用,考察员工与岗位的匹配程度
竞争上岗	人员数>岗位数	让最适合的员工留在岗位上
裁员分流	人员数>岗位数	将能力差的员工裁去,保持企业的竞争力
双向选择	人员数≈岗位数	让员工自由选择,最后让合适的员工在合适的岗位工作

2. 移动配置型

根据员工工作绩效来进行岗位的移动,见表16-2。

---

① 窦胜功,卢纪华,戴春风. 人力资源管理与开发[M]. 北京:清华大学出版社,2005:127-128.

表 16-2　移动配置型人力资源配置形式

形 式	适 用 情 况	内　　容
晋升	工作绩效优秀、具备一定领导能力	下级—上级
降职	不能胜任其工作或违反企业规章制度	上级—下级
调动	需要熟悉其他岗位的工作流程或发现更适合的工作	平级

3. 人力资源再配置型

人力资源配置从总体上说可以分为员工招聘和人力资源再配置两部分，人力资源再配置是组织根据在实际工作情况中员工与职位匹配程度或是员工个人因素，对员工重新评价、重新配置的过程。人力资源再配置的分类见表 16-3。

表 16-3　人力资源再配置分类表

再配置原因	手　　段
根据绩效考核或任职资格考核，发现人事不匹配（高于或低于职位要求）	晋升、降职、辞退
员工职业生涯发展需要	工作轮换
职位空缺，从组织内部招募	竞聘上岗

第二节　员工配置理论认识

企业要求得生存与发展，必须最大限度地发掘人力资源及其组合配置的潜力，这就要求除旧革新，建立新的人力资源配置管理模型，使这种模型在吸取以往旧模型经验的前提下与新时代企业发展目标和人力资源配置需求相结合，实现人力资源系统 1+1>2 的整体功能，提高人力资源的利用率，促进和推动企业的发展。

一、员工配置的数量分析

在人力资源配置过程中，员工配置的数量是一个基本条件。组织作为一个整体，需要对劳动力需求情况进行统计和预测，做出需求规划 D，之后将此规划与可能获取的劳动力数量 S 进行比较。其模型如图 16-1 所示。

$D>S$，即劳动力需求超过了劳动力供给，组织将配置不足；人力资源配置不足意味着组织将不得不加速人员配置投入，加速招聘工作或通过其他渠道进行补充，如开发留任计划，减少人员流出，避免高成本的"人员流动"或"人员配置前门进，后门出"。

$D=S$，即劳动力需求与劳动力供给相匹配。

$D<S$，即劳动力供给超过了劳动力需求，组织将很容易获得劳动力，并可能超编；配置超编则有必要减少招聘甚至停止招聘，采取另外的步骤减少实际人数，如减少每周工作时间，提前退休，或临时裁员。

二、人-岗匹配基本模型

传统的人员配置理论强调人-岗匹配(person-job fit, P-J fit)，即员工的知识技能与其担任的工作岗位相匹配，从泰勒的科学管理时代起，管理者就注重在配置决策中应用人-岗匹配。人-岗匹配是传统的人员配置工作的基础和首要原则。人-岗匹配指组织成员的个人能力与工作需要或组织对个人的要求与个人对组织的贡献间的一致性程度,强调个人特征与特定工作岗位的匹配。在人员配置中,人们首要关心的是劳动力所具有的工作所要求的能力和技巧。一般说来,人-岗匹配的步骤为:首先进行工作分析,得到职务说明书;再请在职者确认完成工作所必需的技术、知识、能力;最后对求职者与岗位的匹配情况进行评定。

关于人-岗匹配的思维源自4个方面:第一,工作岗位包括工作岗位要求、岗位报酬、工作环境等;第二,每个人的任职能力和工作动机不同;第三,人-岗匹配的重点在于工作特征和个人之间的匹配或合适程度;第四,每个匹配都有一个隐含的结果,即匹配是否合适。

人-岗匹配的模型框架如下(见图16-1)。

图16-1 人-岗匹配的模型框架

在这个模型中,存在双重匹配:岗位任职要求对素质的匹配,工作报酬对个人动机的匹配;岗位具有任职要求和报酬,个人具有特定的资格,包括素质和动机。在人和职位之间进行匹配存在着必要性:匹配程度越高,越能促进人力资源配置的较好结果(特别是吸引工作申请者、工作绩效高、留任、敬业和满意度等)。

对人-岗匹配模型有以下几点需要说明。

第一,模型强调的匹配过程包括双重匹配:素质对任职要求;动机与报酬的匹配。例如,人力资源配置系统可能对素质与任职要求的匹配这样设计:首先仔细确定工作任职要求,接下来彻底评估应聘者的任职要求,从而使各方面都达到匹配。忽视了匹配中的动机/报酬部分,组织可能会遇到这样的困难:难以让人接受工作(吸引效果)或难以在长时间内让人留在公司中从事别的新工作(保持效果)。

第二,工作任职要求通常是通过完成任务所需要的任务投入和素质表现出来。如果没有确定工作任务,那么在大部分情况下很难确定和建立有意义的素质要求。素质通常必须从工作任务中得出。除非是大多数工作都必需的素质,例如语言读写和口头表达能力。

第三,工作任职要求经常延伸到工作任务和素质要求。某项工作可能有准时报告工作内容、敬业、对同事和顾客保密以及旅行等方面的需要。基于这些要求,在人员配置时必须同时考虑工作申请者和这些要求的匹配。例如,工作旅行要求就可能包含了对工作申请者任务的分配和可接受性。

第四,匹配结果受很多人-岗匹配以外因素的影响。例如,留住员工不但取决于工作报酬和个人动机之间的匹配,还取决于其他组织和劳动力市场中的工作机会。

三、个人-岗位动态匹配模型

有的学者提出内容更宽的人-岗匹配的动态模型,用以概括企业的人力资源动态的优化与配置链条基本格局,如图16-2所示。

下述个人-岗位动态匹配模型主要包括以下一些主要步骤。

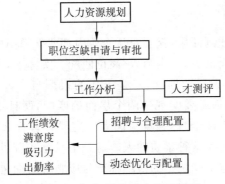

图 16-2 个人-岗位动态匹配模型

（一）人力资源规划

人力资源配置需要有周密的人力资源规划。人力资源规划是企业人力资源配置的前期工作，是一个对企业人员流动进行动态预测和决策的过程，它在人力资源管理中具有统领与协调的作用。其目的是预测企业的人力资源需求和可能的供给，确保企业在需要的时间和岗位上获得所需的合格人员，实现企业的发展战略和员工的个人利益。任何组织或企业，要想有合格、高效的人员结构，就必须进行人力资源规划。

（二）职位空缺申请与审批

人力资源规划更多的是对组织所需人员数量以及组织内部所能提供的人员数量的一种预测，至于具体哪些部门、哪些岗位存在空缺，则需由各部门主管提出职位空缺的申请，并由人力资源部进行仔细严格的审批，如果没有比较严格的审查，或是形式上设立这个审查而实质上根本不起作用，那么就极有可能导致公司整体的人员膨胀。因此，严格的职位申请与审批是有效的人力资源规划以及有效的人力资源利用与配置的基础。

（三）工作分析

确定了所需招聘人员的岗位以及各岗位空缺人员数量后，就应对这些岗位进行工作分析，以确定职位工作任务、职责及任职资格条件等。事实上，工作分析应作为人力资源管理的一项基础性工作来做，而不必等到有招聘需求时临时进行。如果工作分析做得好，形成了规范的工作说明书，那么在有招聘需求时，就只需评价随着企业内外环境的变化，该岗位的职责及任职资格等是否有新的变化。

（四）人才测评

有了工作分析后，我们就知道岗位对人员在知识、技能、个性等方面的要求，并据此来设计人才测评的指标，选用相应的测量工具。对求职者所进行的科学的人才测评可让我们了解他（她）是否能胜任某一职位，从而为人才合理配置提供依据。由于企业人力资源配置很多是在企业内部完成的，因此，通过人才测评与绩效考评等手段对企业人力资源进行普查，在此基础上建立企业的人才库将非常有利于企业进行人力资源配置。[①]

---

① 沈玮. 知识经济下企业人力资源配置研究[D]. 成都：西南交通大学，2004.

（五）招聘与合理配置

进行了工作分析与人才测评后，就要对从企业内部或外部招聘来的人员进行合理配置，将合适的人安置在合适的岗位上，达到个人-岗位匹配。实际上，个人-岗位匹配包含着两层意思：一是岗位要求与个人素质要匹配；二是工作的报酬与个人的动力要匹配。可以这样讲，招聘和配备的所有活动都是要实现这两个层面的匹配，而且不能偏颇。举例来说，有一家企业想招聘一名研究开发部经理，强调应聘者一定要具备什么样的知识、技能、才干和经验。应聘者当中也的确有具备这种素质的人。这是不是意味着可以实现个人-岗位匹配呢？不一定。如果招聘企业给这个职位定的报酬标准与应聘者的期望有差距，则个人-岗位匹配照样无法实现。

（六）动态优化与配置

把人员招进来并进行了合理有效的配置后，还必须通过调配、晋升、降职、轮换、解雇等手段对人力资源进行动态的优化与配置。因为随着企业内外环境的变化，岗位的任职资格势必会有新的要求，而随着时间的推移，在该岗位上工作的人也可能变得不再适合这个工作岗位的要求或其能力已远远超出该岗位的要求。因此，有必要重新进行工作分析与人才测评，对岗位责任、岗位要求及现有人员的知识、技能、能力等进行重新的定位。该升的升，该降的降，使人力资源的配置重新趋于合理。这是企业人力资源持续达到优化配置的关键因素。因此，领导者尤其是人力资源部门应跟踪企业内外环境的变化，及时更新工作分析文件，各级管理者对岗位与下属应有全面、正确的了解，这样才有可能使企业整体的人力资源达到优化配置。[①]

四、个人-组织匹配模型

通常，组织要求个人不但适合工作，而且还要适应组织。同样，工作申请者除考虑自己是否适合特殊的工作任职要求和报酬之外，还考虑自己是否适合在某个公司工作。因此，对于组织和应聘者双方来说，还有个人-组织匹配这一层关系。

个人-组织匹配(person-organization fit, P-O fit)通常被定义为组织成员的个人特质与组织特质间的相容性，强调个人与组织分享共同特质，关注个人与组织的价值、目标、使命等的匹配。研究者和管理者都认为在激烈竞争的商业环境和劳动力紧缺的市场条件下，个人-组织匹配是增强组织柔韧性、降低离职率的关键因素。

个人-组织匹配理论认为，个人对职业和组织的选择与其个性特征之间相互影响：个人特点影响对职业和组织的选择，不同的个人会选择加入不同的组织，个人的特点可以预测其对职业和组织的选择。另外，对职业和组织的选择会影响个人个性发展，组织环境会影响个人的特点。人的个性必然受到生活的特定环境和个人独特生活经历的深刻影响。

个人-组织匹配理论中另一个有影响力的模型是 Schneider(1987)提出的吸引-选择-磨合模型(attraction-selection-attrition 模型，即 ASA 模型)。这个模型认为人在组织中不是偶然随机分布，组织中的员工都是被组织吸引、选择和留人、用人。他们会评估组织的目标、

---

① 瞿伟. 人力资源配置的理论与实践[D]. 武汉：武汉大学，2003.

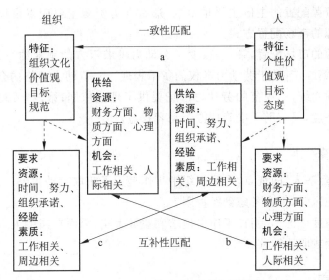

图 16-3　Kristof 的个人-组织匹配模型

结构和文化等因素与自己的态度、价值观等是否符合。该模型认为,人们总是倾向于选择在组织发展目标上与个人特点相适合的组织,以有利于自身的职业发展。ASA 模型是基于这样一个假设:人们总是倾向于选择在组织发展目标上与个人特点相适合的组织,以促进自身的职业发展[①]。

组织价值观是组织对员工要求的理想态度和行为标准。例如诚实、正直、成就感、努力工作、公平以及关注同事和顾客。虽然这些价值观在工作描述中可能从不写明,但是在人力资源配置中会检查应聘者和组织的价值观是否大体匹配。

新工作职责指的是随着时间推移可能会增加的工作任务。组织需要新的员工来成功地完成这些新工作任务。基于此,工作描述经常会包含那种包罗万象的任务条款和"其他分配的职责"。这些其他职责通常在招聘中是模糊不清的,也可能从未被具体化。虽然如此,组织还是希望雇用那些它们认为可以完成新职责的人。因为获得这些员工,组织可以拥有一定的灵活性来处理新的工作任务,而不需要再雇用额外的员工。

从配置灵活性的角度考虑,也涉及雇用能够从事多样性工作的新员工的问题。例如,中小企业经常希望招聘来的员工是多面手,工作起来像"多行业的行家",经历快速成长的组织也可能需要新员工能够处理几种不同的任务。基于这类不同的需要,在配置过程中需要进行个人-组织匹配分析。

第三节　影响员工配置的因素

一、制度因素

从人力资源宏观配置的角度看,人力资源配置的制度安排主要是确定配置主体到底是政府还是市场。如果人力资源配置的主体是政府,那么人力资源要以政府行政计划的方式

---

① 徐本华.传承与发展:个人-岗匹配与个人-组织匹配的关系探讨[J].河南大学学报,2007(4):86-89.

配置。如果人力资源配置的主体主要是市场,那么人力资源主要应以市场方式配置。我国选择的是人力资源的市场配置方式。

通过人力资源的市场配置,第一,改变了劳动力供求双方的制度约束条件,提高了人力资源的配置效率;第二,有助于劳动力产权的货币表现——劳动力价格的合理化;第三,劳动力产权的界定为建立统一、规范的劳动力市场提供了理论依据;第四,劳动力产权既有助于劳动者端正劳动态度,又有助于准确把握劳动者权益。

二、经济因素

根据泰勒的"经济人"的观点,人到组织中工作是为了获取劳动报酬。因而,个体在选择职业、组织、就业地区时,都会考虑到经济因素。

从经济学的角度考虑,人们在工作中追求利益最大化,因而在岗的人力资源也会向经济收益比较高的行业或职业转移。

三、文化因素

文化是一种无形的力量,是影响组织经济效益的重要因素,甚至是最重要的因素。因此,一个组织具有好的文化,也成为吸引或者凝聚人才的重要内容。在经济发达国家,员工不再仅仅看重自身的物质利益,而开始注重自身的发展和自我价值的实现。此外,不同的企业往往有不同的文化,员工和求职者个人也有着自己的价值观,个人的价值观与组织文化是否匹配,也是组织在招聘与配置人力资源时必须考虑的事。

为了吸引与合理配置人才,美国企业从 20 世纪 80 年代开始,在重视物质激励的同时就构建具有自身特色的企业文化,促进价值认同,借以增强企业的内聚力、向心力和能动力,使全体员工协调一致共同努力,为实现企业的共同目标而奋斗。例如,IBM 公司除每年投入大量的资金建立比较完善的福利制度(如免费的在职教育、廉价的伙食、全天开放的各种娱乐设施和图书馆等)还为每名员工提供一个良好而稳定的环境,并制订了一套完整的员工培训计划。欧洲各国企业一般都很注重培养和提升员工的综合素质,强调建立员工的工作责任感和职业道德感,在实践中有一种将企业建立成一种"学习型组织"的愿望和倾向。法国强调自由平等,在用人机制上体现出对员工的尊重和信赖,进行民主化的管理。皮尔·卡丹则说:"用人不在于学历,也不在于多少,而在于能力。"日本企业的用人机制强调对人尊重,认为人既是可供企业使用的一种客体,也是应当受到尊重的主体。终身雇佣制是其典型特点,享受终身雇佣制的员工占员工队伍人数的 35%,员工对企业"忠诚"、"尽忠"、"报德",反对跳槽是这种文化的规范。

我国在计划经济的传统体制下,国有企业和集体企业采取行政命令的管理模式,对环境的变化反应迟钝,管理模式和管理人才队伍无法适应市场竞争的需要。近年来在市场竞争的压力下,它们通过实行公司制改革,引进和培养人才,得到了一定的改善,但与公司制相配套的各种体制尚不健全。在用人体制上,一些从国有企业转制的企业仍然沿用传统的用人模式,难以适应市场经济的需要,许多优秀人才流向私营、民营企业和外资企业。改革开放以来大量私营企业成长起来,其中大多数私营企业的管理还处在企业主个人管理和以血缘为纽带的家族式管理阶段,缺乏系统性和稳定性。

总之,塑造现代组织文化是促进组织员工优化配置的重要内容。我国的企业与员工建立契约关系、根据绩效表现用人、重视对人的潜力的挖掘、注重员工培训等,都是中国的企业文化正在走向国际化的反映。[①]

第四节　员工配置战略

一、战略人力资源管理

（一）战略人力资源管理的思路

战略人力资源管理是 21 世纪人力资源实践与研究的一个重要领域,是组织关于人力资源管理的一种新视野。舒勒认为,战略人力资源管理主要指的是一体化和适应。它关注的问题在于:

(1) 人力资源管理要与人力资源战略以及企业战略需要结合起来;

(2) 人力资源政策要与跨政策区域、各层级结合;

(3) 人力资源实践由直线经理人员和员工作为他们的日常工作的一部分来调整、接受和应用。

战略人力资源管理的观点强调,每一项人力资源实践活动都应围绕获取组织竞争优势来开展,关注员工目标与组织目标的一致性问题,强调人力资源管理各项实践活动间的匹配性及捆绑性问题,即强调一系列人力资源活动的协同效用。其目的在于通过确保组织获取具有良好技能和能够有效激励的员工,使组织获得持续的竞争优势,从而形成组织的战略能力,依靠员工实现战略目标并依靠核心人力资源建立竞争优势。

人力资源配置战略是组织战略和人力资源战略相互作用时派生出的战略。它直接处理关于获取、雇用和保留组织劳动力的关键决策。这些决策指导招聘、选拔和雇用计划的开发。战略性人力资源配置决策塑造了人力资源配置过程。

（二）员工配置战略的划分:内容与质量

实行员工配置战略,需要对组织人力资源的获取、雇用与留任做出关键性的决策。下面将确定和讨论这些决策。其中有关于人力资源配置内容的,也有关于人力资源配置质量方面的。这些决策如表 16-4 所示。

表 16-4　人力资源配置战略决策

人力资源配置内容	人力资源配置质量
获取或发展人才	个人-岗匹配或个人-组织匹配
外部或内部招聘	杰出或可接受的劳动力质量
核心或灵活劳动力队伍	特殊或一般素质
雇用或留任	积极或被动的多样性
国内或国际	
吸引或工作场所变更	
配置超编或配置不足	
雇用与并购	

[①] 陈永胜. 企业人力资源配置的有效性分析[J]. 管理科学文摘,2007(6):38-41.

二、员工配置战略的内容

（一）为关键岗位获取人才

出于满足工作要求的需要，组织的人力资源配置获取战略可能让组织专注于获取有经验的、一到工作岗位就能很快发挥作用，并在短期内达到巅峰绩效的新员工。这些员工能够给工作带来新的才能，而不需要或很少需要培训与发展。人力资源配置战略必须适合组织在人力资源配置连续体上的位置。对于关键职位和新出现职位，考虑到时间的紧迫性，重点可能在于获取人才。

（二）外部招聘与内部搜寻的选择

当出现空缺职位或新工作时，组织可以从外部或是从内部进行人力资源配置。有时，也会将内部和外部招聘结合使用。当组织出于培养稳定、忠诚的劳动力队伍的角度思考时，就需要重视内部招聘。这将使员工看到职业晋升的可能，从而更好地在组织内部进行长期职业生涯规划。而组织希望引入新的思想、新的理念、新的组织气氛时，可能外部人力资源配置是一个较好的选择。

（三）获取整体人才的手段——并购

有时组织通过兼并或并购来整体获得人才，比通过正常的人员配置活动获取人才更为有效。并购的优点在于快速获得大量合格员工，并且允许组织发展新的或更好的项目与业务单元。此战略的缺点就是花费高昂，并购来的新员工可能出现文化冲突。

（四）国内配置还是国际化招聘

组织可以选择在国内配置员工，也可以考虑国际化招聘。随着贸易壁垒和移民限制被逐步弱化，全球人力资源配置的可能性更加清晰。组织通过配置外国员工来避免劳务短缺的数量或质量，或控制过高的劳务成本的可能性加大。比如，在印度有大量的技术工人可以被雇用，软件开发企业将更容易获取印度的技术员工。[①]

（五）既有人员还是新雇用

对人力资源配置来说，"留任"和"雇用"也存在权衡问题。极端地说，组织能够接受所有水平的人员调整，并雇用替换者来顶替空缺职位。相反，组织能寻找最小化的人员调整办法，以使人力资源配置替换成本减到最小。因为这两种战略都具有相应的成本和好处，组织应分析、决定与争取一种理想的雇用与留任组合。通过这种方法，组织能够控制人员的流出（留任）来控制人员流入需求（人力资源配置替换）。

（六）配置超编或配置不足

当大多数组织寻求合理的人力资源配置时，有些组织却选择配置超编或配置不足。配置超编可能发生在当外部环境对组织产品或服务的需求下降时，而组织为保险起见仍然雇用同样多的人，或者组织出于储备人才的角度考虑，旨在为企业进一步发展奠定基

---

① [美]赫尼曼，贾奇. 组织人员配置[M]. 北京：机械工业出版社，2005：13-14.

础。配置不足可能发生在当组织面临长期劳务短缺时,如在某些行业或某些地区,会出现获取劳动力困难。还有,预测到经济低迷可能导致组织故意配置不足,以避免将来短期裁员。

三、员工配置的质量

(一)个人-岗位匹配或个人-组织匹配

在管理实践中,区分个人-岗位匹配和个人-组织匹配有点困难,但无疑二者是同一事物的两个方面。因而,理想的做法是组织的人员配置系统对个人-岗位匹配优先考虑,这将有助于明确责任和达成雇用关系;在个人-岗位匹配的基础上,需进一步考虑个人-组织匹配。因为个人-组织匹配对于提高匹配的满意度,提升员工的工作绩效、工作满意度、忠诚度,降低离职率都具有重要作用。

(二)杰出或可接受的劳动力质量

从战略角度来讲,组织在进行人力资源配置时有两种战略可供选择:杰出战略和可接受战略。追求杰出战略的组织将致力于吸引、储备"最优秀和最聪明"的人,并期待这个杰出人才库带给组织真实而卓越的绩效。可接受战略意味着相对不那么高效的劳动力,同时成本相对较低。

(三)特殊或一般素质

组织在配置人力资源时,是应该关注具有特殊技能的人还是具有一般素质的人?前者意味着关注工作相关胜任力,通常指工作知识和技术技能。后者需要关注跨多种工作所需的包括现在与将来的素质。这些素质样例,包括灵活性和适应性、学习能力、口头和书面表达能力以及数学、统计能力。

(四)积极或被动的多样性

无论在人口统计学方面,还是在价值观、语言上,劳动力队伍正在变得日益多样化,组织是否需要在劳务市场积极追求劳动力队伍反映出的多样化,还是更为被动地接受这种多样化在自身劳动者中出现?主张积极多样化战略的人认为,不但法律和道义合适,而且多样化劳动者可以让组织更为协调地去适应客户多样化的需求。那些更倾向于被动战略的人认为,劳动者多样化还需时日,因为它需要实实在在的规划和消化过程。

 **本章小结**

员工配置是组织为达成自身战略,对于所需员工的获取和进行工作岗位分配使用的重要活动。本章阐述了员工配置的概念和类型,对员工的配置从个人-岗位匹配、动态匹配和人-组织匹配的不同方面进行了分析,并对影响员工配置的制度方面、经济方面、文化方面因素做了概述。在此基础上,对员工配置战略的思路进行了初步阐述,进一步对员工配置的内容和质量两个方面进行了具体剖析。

主要概念与名词

员工配置　员工配置种类　宏观人力资源配置　微观人力资源配置　人岗关系　人力资源再配置　员工配置理论　个人-岗位匹配基本模型　个人-岗位动态匹配　个人-组织匹配　战略人力资源管理　员工配置战略　员工配置内容　员工配置质量　战略性员工

 **复习与思考题**

1. 在人力资源配置活动中,如何提高配置活动的有效性?
2. 影响人力资源配置的因素有哪些?
3. 如何提高人力资源配置工作的有效性?
4. 人力资源配置的标准化应如何实施?
5. 怎样看待人力资源配置的成本,在控制员工配置成本方面要考虑哪些问题?
6. 什么是战略人力资源管理?它对员工配置工作有什么要求?

讨论案例

自主创新人才是长安汽车的生命线

在"2011第一财经精英座驾评选"中,长安汽车荣获"年度科技创新企业"大奖。这是对长安汽车一直以来坚持自主创新发展的充分肯定。

源于军工企业的使命,长安汽车深知核心技术是自主品牌发展的关键,而核心技术更需要优秀人才的支撑。正如长安汽车董事长徐留平所说:"只有运用了全球优秀的人力资源,才能够让你的技术和水平上台阶,你只有用了全球一流的人才,才能够让你的技术一流、产品一流、质量一流。"为此,长安汽车投入大量人力、物力培养和锻炼重点技术骨干,成为支撑长安汽车自主创新强大的核心驱动力。

"千人计划"专家领衔人才体系建设

长安汽车高度重视人才的引进,确立了"内培为主,外引为辅,放眼全球,为我所用"的人才观,着力培养一支世界一流的自主创新团队,打造出创新型人才建设体系。目前已拥有"千人计划"专家10名,居国内汽车行业之首。长安汽车的"千人计划"专家则是其创新型人才建设体系中的领军人物,带领长安汽车研发人才梯队进行各个技术领域的自主创新。

赵会作为长安汽车引进海归第一人是汽车碰撞安全领域的翘楚。在赵会加盟长安的五年里,已经为长安汽车搭建了包括研发流程、实验室建设、碰撞安全领域研发手段研究在内的完善碰撞安全研发体系。建立起在国内自主品牌当中独一无二的研发团队,为长安汽车全系产品研发先进的主动安全技术。即将上市的逸动将会搭载赵会团队的最新研发成果,为消费者提供全面的安全保护。像赵会这样在关键技术领域有很深造诣的海外专家,通过自身精湛的专业技术和丰富的开发经验,有力地保证了长安汽车源源不断的自主创新成果;并带领一大批技术人才快速成长,成为长安汽车核心技术发展中不可或缺的人才力量。

坚持致力培养本土人才

注重对本土人才的培养,是长安汽车人才建设中的"夺宝奇兵"。长安汽车研究院副院长,"两江学者"詹樟松是其中的代表。他是在长安汽车完全本土培养所成长起来的第一个博士,主攻动力总成研究领域。在他的带领下,借助其全球资源优势,历经多年的潜心研发,在动力总成技术上取得突破性进展。在广州车展上发布的长安汽车全新动力战略品牌Blue Core,是长安汽车集所有动力研发与创新成就,并融入极具前瞻性的未来创想,打造的高效节能环保动力总成(发动机+变速箱)的解决方案;是集长安汽车"五国九地"研发高端人才智慧,打造出的纯净、清新的动力系统;它涵盖了长安汽车自主研发的TEi、GDi、D-VVT、TC、新能源等技术,DCT、AT、MT等变速箱领先技术。将发动机的性能提升5%,且降低了噪声。其发动机单体噪声和宝马旗下的一款1.6排量发动机相当。

得人才者方能得天下

在如今国内自主品牌技术缺失、人才缺失的时代,所谓得人才者即得天下。正如长安汽车董事长徐留平多次在公司会议上表示:"要想真正成为世界一流的汽车企业,长安汽车必须网罗全球优秀汽车人才,不断加大对研发队伍的培养,引进更多的高端汽车人才。"为此,长安汽车坚持"内培为主,外引为辅,放眼全球,为我所用"的人才观,着力培养一支世界一流的自主创新团队,从而打造全球人才聚集高地,推动中国汽车从大向强不断迈进。

(资料来源:爱卡汽车,www.xcar.com.cn,2011-11-28)

讨论题:
1. 长安汽车公司是如何认识员工配置和人才配置的作用的?
2. 试用有关理论分析长安汽车公司的人才配置。
3. 你从本案例中看到长安汽车公司有哪些战略人力资源管理的思路与措施?

第十七章

新员工的塑造——入职培训

> 引例

不一样的"第一天"

原晓轩:第一天上班,我提前15分钟来到人力资源部,等了一小时后,我被领到了一间会议室。一位工作人员通知轮到我面试了。我惊奇之余解释我是来报到上班的新员工,对方一阵道歉后,我被领去见主管。见到主管,他看了我一眼,随即叫来一个文员,让他带我转转。文员告诉我:"你可以随便看看,有什么事再找我",转身就回到了他自己的办公桌前。吃午饭时,我问能不能请求调到别的部门去。他们说6个月后才能调动。我觉得该换工作了。

李瑞:第一天到了公司以后,被带到休息室。喝过咖啡,吃过点心,我拿到一本员工手册,上面告知了公司的绝大部分福利及政策。接着,放了一段有趣的电影,解释公司的历史、设施、重要人物及各部门的联系。随后,我们沿着厂区做了个小的旅行,然后,公司请我们吃午饭。午饭时,我的主管加入进来,边吃边介绍我们的部门,并回答了一些问题。饭后,主管把我介绍给同事们。我的第一天棒极了!

以上两位新员工的例子可以说明:入职培训直接影响着新员工的自尊心、自信心、对企业的认同感以及是否愿意继续留在公司的决策。由此,搞好招聘与配置必须搞好新员工培训。

如何来做好新员工培训?关键在于企业是否关注新员工初进企业的心理状态,是否理解他们的担忧与不安,并以此为基础来设计新员工培训方案。

(资料来源:BenAu. 入职培训案例分析[EB/OL]. http://blog.sina.com.cn/benau,2010-08-22)

第一节 新员工培训初析

一、对新员工的认识

(一)新员工

新员工是用人单位发展过程中"新陈代谢"的"新鲜血液",但是,他们能不能顺利融入组织和有效运行?他们的状况够不够一个生命体所需要的养分?这往往需要使用新人的组织对他们进行培养和塑造。就一个企业而言,在对新员工具体实施入职培训之前,要针对他们的不同背景和不同资历,分析其知识状况、技能水平、工作经验及能力、个性人格,并把其与企业和岗位工作的要求相比较,从比较中找出差距,进而安排不同内容的培训,避免上岗后发生"不需要某种培训的人参加了培训,需要某种培训的人却没能接受培训"的培训资源与培训对象错配的情况。

(二)新毕业生

对于刚从学校毕业的新员工而言,其职场经验一片空白,其面临的是与学校完全不同的环境。企业在指导这类新员工适应工作的同时,还承担着将其从"学校人"转变为"企业人"的责任,对其进行职业道德教育也是企业的一项重要责任。

在对新员工的培训工作中,需要考虑的是这些毕业生以前从未参加过工作,他们除了需要接受一些常规培训外,还必须接受一些看似没有必要的培训,例如,如何使用复印机及传真机、如何在工作时间内按时完成任务等。这类微不足道的小事不但可以避免窘迫、尴尬局面的出现,还可以帮助其树立工作上的自信心

(三)"有工作经验的"新进员工

"有工作经验的"新进员工是指那些从另一家企业进入本企业、拥有相关工作技能与经验的新员工。对于这些员工来说,企业需要的是他们能够快速从一种企业文化进入到另一种企业文化。此时,本企业的企业文化、管理理念等内容,将会影响新员工在未来工作中的动机、态度及业绩等。

二、对新员工培训的认识

(一)新员工培训的定义[①]

新员工培训(new employee orientation)又称新员工入职培训、岗前培训或职前教育,是员工从一个团体的成员融入另一个团体的过程,员工逐渐熟悉、适应组织环境并进而开始初步规划自己的职业生涯、定位自己的角色、开始发挥自己才能的环节,也是用人单位帮助新员工融入组织的第一步。从组织的角度看,新员工培训是一个企业把所录用的员工从局外人转变成为企业人的过程。新员工培训是员工社会化过程中的一个重要部分,组织对员工培训的目的主要是帮助新员工了解企业,培养员工的认同感,引导新员工了解企业各种规章制度和岗位工作要求,熟悉企业各种环境,使之尽快融入企业中来。

成功的新员工培训,则可以深入到员工的行为和精神的层次,对员工的成长和相对于一般的老员工在职培训而言,新员工培训是群体互动行为的开始。

(二)新员工培训的作用

新员工培训是员工在组织中发展自己职业生涯的起点。新员工培训意味着员工必须放弃某些理念、价值观念和行为方式,要适应新组织的要求和目标,学习新的工作准则和有效的工作行为。公司在这一阶段的工作是要帮助新员工融洽与同事和工作团队的关系,建立

---

① 周燕舞. 新员工培训[M]. 人才瞭望,2003(10):33.

符合实际的期望和积极的态度。

员工职前教育的目的是消除员工新进单位产生的不适应性。具体而言,这种培训的作用主要有以下四个方面。

1. 有助于减少新员工的焦虑感[①]

刚刚步入一个组织的新员工,会产生心理上的紧张和不安。这是因为:一方面,由于面对一个全新的环境,头脑中会有一连串的问题,思想上会出现一种不确定感,行动上不知所措;另一方面,由于原来对工作有过高的期望,进入企业后发现事实并非像个人预想或者该组织所介绍的那样好,心中会感到震惊和焦虑,美国学者霍尔称之为"现实震动"(reality shock)。为此,进行新员工培训,有助于稳定新员工的情绪。

2. 有利于缩小新员工与所分配职位之间的差异

新员工进入企业后做的第一份工作都将是新的工作。不管他(她)以前是否做过类似的工作。即使他们已经有了扎实的基本知识和丰富的实践经验,他们也需要了解本企业在这方面是怎么做的,这正是培训要解决的。通过熟悉和领悟,让新员工尽快进入角色,如果岗位有特殊的技术和人际关系方面的要求,还应该对此进行特殊的培训。

3. 新员工进入群体过程的需要

新的环境给员工一种不确定感。一个新雇员会担心他是否会被组织中的其他成员接受,其他成员是否会喜欢自己以及他在生理和心理上是否会受到伤害,同事是否会主动与新雇员交往并告诉他如何达到作业标准,企业给自己的第一项任务如何分配及其原因以及是否要加班工作。只有解决了这些问题,他才可能感到心情舒畅并创造出高的生产率。

4. 有利于培养新员工的归属感

员工对于企业的归属感,就是员工对企业从思想、感情和心理上产生的认同、依附、参与和投入,是对企业的忠诚和责任感。归属感是培养出来的。新员工刚刚加入一个组织,一方面,迫切希望得到同事的认同和接受,得到上司的重视和赏识;另一方面,他们又觉得自己是新来的,还不属于这个组织。在这时,周到而充实的培训安排、管理者和老员工的热情态度都将会给新员工带来很好的心理感受。

(三)新员工培训的任务落实

(1)让新员工适应组织。这部分工作应该由人力资源部来组织实施。
(2)让员工适应其特定的职位和部门。这部分工作应该由各个部门的经理来实施。

另外,人力资源部应该对如何进行一个好的新员工培训对部门经理进行指导。表 17-1 是一份新员工培训备忘录示例。

表 17-1　新员工培训备忘录示例[②]

发给:所有的经理
来自:人力资源部经理
下面是进行高效的新员工培训的一些注意事项:
① 在前台或前门迎接新员工。

[①] 姚裕群. 人力资源开发与管理[M]. 北京:中国人民大学出版社,2003:185.
[②] 李德伟. 人力资源招聘与甄选技术[M]. 北京:科学技术文献出版社,2006:402.

续表

② 解释本部门在企业组织中的功能,它扮演什么角色,这个部门与其他部门的关系,哪些部门依赖本部门,本部门依赖哪些部门。
③ 重申职务说明书,包括责任、上级、与其他人的关系,确认这些信息都被新员工理解了。
④ 与新员工讨论出勤、病假、事假、假期和工作时间等问题。
⑤ 介绍同事和搭档。在适应培训中建立搭档制度是很有用的。让每一个新员工都能够在适应培训中得到一个搭档的帮助。

三、新员工培训的特点①

1. 基础性培训

新员工培训的目的,是使任职者具备一名合格员工的基本条件。作为企业的一员,任职者必须具有该企业产品的知识,熟悉企业的规章制度,了解企业与生产经营的一些基础性内容。因此,新员工培训又被称为上岗引导活动。

2. 适应性培训

在被录用的员工中,有相关工作经验者一般占相当大的比重,许多企业只聘用有一定工作经验的求职者。这些人尽管有一定工作经验,但由于企业和具体工作的特点,仍须接受培训,除了要了解该企业的概况、规章制度之类外,还必须熟悉该企业的产品和技术开发的管理制度。

3. 非个性化培训

新员工培训的内容和目标是以企业的要求、岗位的任职条件为依据的。也就是说,这种培训是为了使新员工能够达到工作的要求,而较少考虑他们之间的具体差异。根据每一个员工的具体需要进行培训,是在岗培训的基本任务。

四、新员工培训的类别

一般情况下,新员工入职培训由企业高层管理者、培训部门以及新员工即将工作的部门共同实施。高层管理者主要是向新员工致欢迎词、简单介绍企业情况并提出要求和期望,也可以通过一定的活动加深新员工的第一印象,为其逐步融入企业打好基础。培训部门则是向新员工传递企业概况、政策制度等方面的具体信息,带领其熟悉企业环境,并负责专业技能的培训。部门主管主要是负责向新员工介绍本部门的职能情况、岗位责任等,并进行相关技能培训。

进行针对性的培训是保证培训效果的一个重要前提。根据研究与分析,新员工培训内容主要包括下述四类。②

1. 团队类培训

团队类培训的主要目的是通过训练减少团队成员之间的陌生感,建立初步的信任,同时建立集体荣誉感。团队类培训往往在培训的第一个项目即开始,渗透在各个培训项目中。

---

① 姚裕群.人力资源开发与管理概论[M].北京:高等教育出版社,2005:230-231.
② 苏进,刘建华.人员选拔与聘用管理[M].北京:中国人民大学出版社,2005:176.

2. 公司经营类培训

公司经营类培训主要以公司业务和项目介绍为主,同时介绍公司理念、经营管理方法、流程。公司经营类培训的主要目的是通过培训可以让新员工快速了解公司运营模式、与本职位有关的流程和工作方法,熟悉公司办理各项日常事务的工作标准。

3. 业务工作类培训

业务工作类培训主要以流程和关键点操作技巧为主,业务类培训是新员工入职培训的重要组成部分,一般由部门专家组成讲师团队进行训练。通过业务类培训,使新员工能够了解具体岗位需要完成的工作任务、遵守的工作流程,以及掌握相关的工具、方法等。

4. 基础管理类培训

基础管理类培训主要是指针对将作为管理人员的新员工开展的培训。管理类培训以提升管理技能为主,包括项目管理、人员管理、资源管理、财务管理等。

第二节 新员工培训的内容

新员工培训涉及的内容较多。一般情况下,培训由企业高层管理者、培训部门以及新员工将去工作的部门共同实施。

高层管理者主要是向新员工致欢迎词、简单介绍企业情况并提出要求和期望,也可以通过一定的活动加深新员工的第一印象,为其逐步融入企业打好基础。培训部门则是向新员工传递企业概况、政策制度等方面的具体信息,带领其熟悉企业环境,并负责专业技能的培训。部门主管主要是负责向新员工介绍本部门的职能、主要情况、岗位责任等,并进行相关技能培训。

一般来讲,对新员工的培训应该包括下面几个方面的内容。

一、公司概况

有效的新员工培训方案首先应让员工全面了解、认识公司,减少陌生感,增加亲切感和使命感。公司概况既包括有形的物质条件如工作环境、工作设施等,也包括无形的如公司的创业过程、经营理念等。一般来说,公司概况应包括如下信息。

(一)工作场所与设施

带领新员工参观公司的工作环境,并介绍新员工自己的工作场所。对于洗手间、餐厅、休息室、复印室、邮局的地点、附近的银行、紧急出口、电话的使用及交通工具的存放地点和安全性等细节也别忘了介绍。

(二)企业历史、使命与前景规划

人们往往忽视对这些信息的介绍,因为他们以为凡是来公司应聘求职的员工肯定都了解公司的情况。事实上由于中国的就业信息渠道的不畅通,很多员工对企业的了解是非常少的。通过描述公司是一个什么样的公司,是如何白手起家的,在创业过程中发生过什么大事,创业者有什么样动人的故事,公司的优良传统是什么,该企业要求员工具备的优良品质是什么等,使员工对公司产生感情,一定程度上建立了忠诚感。

除此之外,你还要告诉新员工公司正在做什么,公司为什么存在,公司已发展成什么样子,公司的近期、远期目标具体是什么,实现这些目标存在的问题是什么,新员工将对公司目标的实现有何重要作用以及新员工如何加入这一奋斗过程等。

(三) 企业的产品、服务及工作流程

企业的产品和服务都有哪些种类,工作流程(即产品的生产过程或服务的运作过程等工作流程有必要让员工心中有数)。

(四) 企业的客户和市场竞争状况

要让新员工充分了解企业的客户及企业的市场竞争状况,可以使新员工增强危机感和使命感。

(五) 本企业的组织结构及重要人物

本企业的组织构架如何。有多少分公司和职能部门,上下级汇报关系如何,高层管理者的辉煌历史、职责及分工,新员工的直接上司是谁,这些问题是新进员工都急于想知道的问题。

(六) 硬件设施

设备的参观;饮食服务和自助餐厅;饮食的限制区域;雇员的入口;区域限制(如汽车);停车场;急救;休息室。

二、岗位知识与技能培训

新员工在上岗前要了解岗位知识、掌握工作所需的工作技能,只有在岗位技能培训合格以后,新员工才能正式上岗。

(一) 岗位知识培训

新员工的岗位知识培训包括职位说明和职业必备两方面。

(1) 职位说明。就是要向新员工描述出恰当的工作行为,并做出示范,制定日程安排,并在规定的时间内让新员工掌握工作方法和工作技能,要回答新员工提出的问题并给予必要的指导。对于绩效考核、晋职、加薪等规定在这里也要详细加以说明。

(2) 职业必备。是指员工应掌握的具体工作中的同事联络、上司的管理风格、必要的保密要求、公司中的一些"行话"等。

(二) 岗位技能培训

岗位技能培训包括新员工岗位的工作标准及操作要求、产品判定、与上下游流程的关系及对他人的影响等。技能培训应多辅以成功的个案,"榜样教学法"比较好。

应当指出,岗位知识与岗位技能的内容是非常大量的,不仅在入职培训时要搞,而且在上岗以后要大量地搞。这一问题的详细内容由培训与开发方面的课程讲授,这里不赘述。

(三) 职业安全与卫生

职业安全与卫生包括填写紧急情况卡;健康和临床急救;锻炼和娱乐中心;安全预防;事

故报告;火灾预防和控制;意外事故处理程序和报告;职业安全与卫生条例;体检。

三、法律文件与组织的规章制度

法律文件是指合同、公司身份卡、钥匙、考勤卡、社会保障等方面基于法律和有关规定而签署的文件。组织的规章制度是新员工工作和行为的准则,包括考勤制度;职称评定制度;岗位责任制度;请假制度;人员进出制度;技术和业务等各种管理制度;财务制度。

上述这些规章制度通常载于组织的内部刊物或者员工手册中。

四、员工个人事宜[①]

1. 雇用权利和义务的告知

雇用权利和义务的告知包括工作条件和环境;工作岗位分配、重新分配和晋升;见习期和上岗后的在职表现;病假和迟到报告制度;雇员的权利和义务;合同政策与条款;业绩的监督和评估;纪律和申诉;职业安全与卫生内容;合同终止(辞职、临时解雇、解雇、退休)。

2. 人力资源管理工作

人事记录的内容和检查;与组织沟通的渠道;工作制服的配备、携带物进出门手续等。

3. 薪酬福利待遇

薪酬待遇包括工资率和工资范围;节假日补贴;轮班制;薪水发放的方式;购买内部产品的特权及折扣;工资预支;从银行贷款;工作费用报销;纳税方法。

福利待遇包括:保险;福利;加班补贴;残疾;赔偿;节假日(国庆节、宗教日);休假(病假、家人生病或丧亡、怀孕、临时事件、紧急事务、长期休假);退休计划;在职培训机会;咨询服务;自助餐厅;娱乐和社会活动;公司其他服务。

上述培训清单中的项目很多,其重要性和紧迫性的程度是不平衡的,新员工入职培训应该将重点放在那些特别重要的或必须立即知晓的内容上。重要的如公司的创始人、决策层和各主要办事部门的主管与大家见面,表示对新员工的欢迎和尊重,说明组织对员工的需要和期望,希望员工在组织提供的舞台上有所作为,介绍公司的理念、使命和社会责任等;紧迫的如工作安全条例等。总之,培训清单上的内容,有些可以让员工慢慢看资料,或向有关部门、人员咨询,有些则必须亲口告知,并反复地、多渠道地强化信息,以确保新员工已经知晓。

第三节 新员工培训操作

一、新员工培训的目标[②]

(一)融入企业——培养新员工成为企业人

"企业人"在这里是指"本企业的人"。无论新员工是应届毕业生还是有过工作经验的人员,在加入本企业之前,他们都属于本企业以外的社会人。企业新员工培训的首要目的就是

---

① 许丽娟.员工培训与发展[M].上海:华东理工大学出版社,2008:215.
② 甘斌.员工培训与塑造[M].北京:电子工业出版社,2008:142.

把新员工由社会人培养成为本企业人,融入包括文化融入、团队融入和工作环境融入。融入比起业务技能培训来说地位更为重要,一般是由公司的高层管理者或是资历深的优秀老员工、人力资源部和各部门负责人授课。

（二）完成角色转变——培养新员工成为岗位人

岗位技能培训,主要是让新员工了解自己将要承担岗位的工作要求,以及需要具备的知识和技能,让新员工做好上岗前的技能准备。培训的主要内容如下所述。

1. 岗位职责任务

岗位的使命是什么,在公司组织结构中的位置和价值;岗位的具体职责要求,包括岗位所要求的工作成果和具体衡量标准;岗位的上下级关系以及今后要跟公司内部哪些部门打交道,要跟公司外部哪些机构打交道。

2. 岗位工作技能

首先是进行企业所在行业的基础知识培训,如国家相关政策、行业标准和法律法规、行业发展趋势、竞争对手情况,然后根据不同岗位设置相关的技能培训课程,如一个秘书必备的技能：写作能力、公关能力、策划能力、熟练运用现代办公自动化的能力；一个销售新员工所应具备的技能,主要有营销基础知识、沟通与谈判技巧、开拓客户的能力、表达演讲能力。对于这种实战性强的培训内容,最好是采取实战演练和经历学习的方式,让新员工在动手中得到迅速的提升。

（三）"职业化"的塑造——培养新员工成为职业人

职业化培训主要是针对大学生新员工的培训。职场对于这些新人来说是一个陌生的概念,初进企业的员工犹如一张白纸,企业的职业化培训是在这张纸上描绘蓝图的第一笔,引导新员工去设计和描绘自己的未来,教授他们的不是能够立即操作的知识和技能,而是一种认真对待工作的态度,培养他们对职业的责任感,用成熟的情感去对待工作。因此在职场中需要遵循什么样的游戏规则,需要树立什么样的意识和态度将影响到每个新员工的工作业绩,职业化培训是引导他们去思考从事工作的职业态度、职业意识以及培养职业习惯的培训。

（四）职业发展培训——培养新员工成为"自家人"

企业是否可以给新员工提供良好的发展平台是新员工担忧的一大问题,而在职业化培训中的职业生涯规划设计则是可以留住他们的最佳方法。可以说,这里组织把员工看作是主人、当作"自家人"的重要管理措施。企业在培训中介绍本企业为新员工提供的职业发展通道,并鼓励新员工进行自我规划,进而,人力资源部以及其他成员对新员工进行必要的引导,帮助他们确定个人志向和目标以及帮助他们理解如何让目标产生绩效。

二、新员工培训的方法

（一）讲授法

这是培训工作中应用最普遍的一种方法。它是由企业内挑选的或从企业外聘请的教师通过语言表达,系统地向受训者传授知识,让其了解掌握特定知识和重要观念的方法。主要有灌输式讲授、启发式讲授、画龙点睛式讲授三种方式。其优点在于有利于受训者系统地接受知识，比较容易记住和控制学习的进度。

这种方法有利于加深理解难度大的内容，可以同时对多人进行培训。其缺点在于学习效果受培训教师讲授水平影响；只有教师讲授，受训者之间没有讨论，不容易巩固学习内容。

采用讲授法时要注意以下几点：

(1) 讲授的内容要有科学性，这是保证培训效果的前提。

(2) 讲授要有系统性，条理要清晰，重点突出。

(3) 讲授要有针对性和实用性，这是新员工培训的目的，也是引起受训者学习兴趣的所在。

(二) 研讨法

这是通过培训人员与受训者之间或受训者相互之间的讨论解决疑难问题的办法。其做法是：

(1) 每次讨论要建立明确的目标，并让受训者了解这些目标。

(2) 受训者对讨论的问题发生兴趣，并启发他们积极思考。

(3) 规定讨论的议程、时间安排，讨论结束时培训人员对受训者的意见要进行分析和归纳总结。

这种做法的优点是：受训者能够主动提出问题，表达个人意见，有助于激发学习兴趣，鼓励受训者积极思考，有利于能力的开发。其缺点是讨论课题的选择将直接影响培训的效果；受训者自身的水平也会影响培训的效果；不利于受训者系统地掌握知识和技能。

这种方法适宜新员工围绕特定的任务或过程独立思考、判断评价问题的能力及表达能力的培训。主要有集体讨论、分组讨论、对立式讨论三种研讨形式。

(三) 演示法

演示法就是运用一定的实物和教具，通过实地示范，使受训者明白某种工作是如何完成的。其优点在于易于激发受训者的学习兴趣，直接获得感性知识，加深对所学内容的印象。其缺点在于培训内容适用范围有限，而且受培训场所的限制。

其操作步骤如下：

(1) 准备好所有的用具，详细介绍工作的性质和各种工作关系。演示前让受训者消除紧张情绪，启发学习的兴趣，熟悉工作设备、材料、工具以及职业用语。

(2) 演示操作前详细说明对工作质量和数量的要求。用正常的速度将工作操作演示一遍，操作过程中强调工作的要点和容易出错的地方；再用慢速演示一遍，操作过程中说明工作的步骤。

(3) 演示后可以让受训者试操作。培训人与员观察其操作的过程，讲解及纠正错误；对每个受训者的试做给予立即的指导，让受训者多做几遍，以熟悉整个操作过程及操作要点。

(4) 受训者基本掌握操作技能后，可以立即独立正式操作。正式上岗后，要定期检查、及时纠正问题，并鼓励其工作达到规定的质量和数量标准。

(四) 视听法

视听法就是利用幻灯、电影、录像、录音、电脑等视听教材进行培训，学习特定的知识，如项目管理、设备操作等。

其做法是：

(1) 按照培训的主体选择合适的视听教材。
(2) 开始前要说明培训的目的。
(3) 播映后让受训者对播放的内容进行讨论,也可以在观看过程中讨论,以增加理解。
(4) 讨论后培训人员总结归纳讨论意见,并讲解应用在工作上的具体方法。

视听培训借助感觉去理解,比较生动形象,容易引起受训人员的兴趣,视听教材可以反复使用,可适应受训人员的个别差异和不同水平的需要。但是合适的视听教材不太容易选择,受训人员受视听设备和视听场所的限制。

各种培训方法都有其优点和使用的场合,在实际使用中可根据培训的内容进行选择。

（五）其他培训方法[1]

培训的方法很多,这里再对若干常用方法作简要介绍。

1. 个体参与式

(1) 模拟演练。使用电视、录像机等设备,演示特定的操作步骤和流程,让读者现场演练和实习相关步骤,讲师在旁指导。
(2) 阅读。给读者布置待阅读的资料(选定的书籍或者文章),并让其谈谈心得体会。
(3) 提问和回答。在课堂上提出问题,让读者来回答。
(4) 实地考察。把读者带到某地,观察一个具体的操作流程,并让读者根据观察结果写心得,也可以进行讨论。

2. 群体活动式

(1) 案例分析。在培训班中将读者分成小组,对特定的案例进行讨论分析,实现培训目标。案例讨论需要读者的互动性较多。
(2) 小组任务。将读者分成小组,完成特定任务,完成的任务可以是与工作直接有关的,也可以是与工作无关的,如组织团队拓展游戏等。
(3) 头脑风暴。小组对特定解决方案进行讨论,通过提出尽可能多的创造性观点,实现解决特定问题。
(4) 小组辩论。将读者分成两个小组,让其就某个问题进行辩论,以揭示一个问题的各个方面。
(5) 管理游戏。通过组织特定的、有准备的游戏,让读者能够体验到一定的管理思想、做人思考点等内容,提升个人认识。
(6) 组织仪式。通过组织一定的仪式,如唱歌、宣誓等方式,提升团队士气和凝聚力。

三、新员工培训工作技巧[2]

在对新员工进行岗前培训时应注意运用一些小技巧,使他们对企业有亲近感。下面列举一些对新员工培训的常用技巧。

（一）使新进人员有宾至如归的感受

当新进人员开始从事一项新工作时,成功与失败往往决定于其最初的数小时或数天中。

---

[1] 苏进,刘建华. 人员选拔与聘用管理[M]. 北京:中国人民大学出版社,2005:184.
[2] 李德伟. 人力资源培训与开发技术[M]. 北京:科学技术文献出版社,2006:233-234.

而在这开始的期间内,也最易于形成好或坏的印象。新工作对新上司与新进员工一样提出考验。由于这份工作需要他,不然他就不会被聘用,所以主管人员成功地给予新进聘用人员一个好的印象,亦如新进人员要给予主管人员好印象同样重要。因此,主管人员首先要了解新员工所面临的各种问题。

(二)介绍同事及环境

新进人员对环境感到陌生,但如把他介绍给同事们认识时,这种陌生感很快就会消失。当我们置身于未经介绍的人群中时,大家都将会感到困窘,而新进人员同样也感到尴尬,不过,如果把他介绍给同事们认识,这个困窘就消除了。友善地将公司环境介绍给新同事,使他消除对环境的陌生感,可协助其更快地进入状态。

(三)让新进人员对工作满意

尽量能在刚开始时就使新进人员对工作表示称心。这并不是说,人为地使新进人员对新工作过度乐观,而是要使他对新工作一开始就能有良好的印象。应当回忆自己是新进人员时的经验,回忆自己最初的印象,回忆那时的感觉如何,然后推己及人,以自己的感觉为经验,在新进人员参加本单位工作时去鼓励和帮助他们。

(四)与新进人员做朋友

以诚挚及协助的方式对待新员工,可使其克服许多工作之初的不适应与困难,降低因不适应环境而造成的离职率。

四、新员工培训的工作主体

(一)企业高层领导

高层领导不仅拥有精深的专业知识、丰富的经验、熟悉公司的情况,而且大多是企业的创始人或者是工作多年的老员工,他们对企业充满着自豪和情感,一般新员工培训中关于公司历史、公司文化以及公司前景展望等方面的内容如果能由公司高层来讲述,将会起到特殊的效果。他们富有感情的讲授往往能强烈感染新员工,他们特有的人格魅力也是激发新员工归属感的重要力量,他们的级别充分体现出企业对新员工的重视,是消除员工顾虑、增强新员工对企业感情的行之有效的方法。

(二)老员工

新员工面对新环境,难免会有生疏感和疑惑,他们极其期待前辈们可以分享他们的经验,给他们提点建议和忠告,对新员工来说,最好的老师便是企业的老员工。在新员工培训中发挥老员工的作用,由老员工带领他们参观公司、把他们介绍给部门的同事、与他们一起进餐,特别是在座谈中,与有着相同背景的老员工座谈,如同一个学校的校友,同一个省或地区的老乡等,更容易贴近心灵,深深打动新员工。

(三)入职导师(师傅)

新员工的入职导师是企业员工在新员工心中的学习榜样,新员工培训的入职导师可以由公司有经验的企业老员工以及新人的上级来担任,在新员工融入企业过程中,给他们讲解企业的情况并回答新员工的问题。

这种一对一的入职导师,还可以延续成为长期指导新员工的"师傅"。在工作实践中,对新员工的岗位技能以及他们遇到的问题给予实质性的指导;及时与新员工沟通,了解并解决他们的问题等。企业在选择新员工的导师时会考虑亲和力、善于沟通与交流、耐心、细心谨慎、责任感强、熟悉公司的情况、对公司有深厚的感情、具有深厚的专业基础知识和相关技能、丰富的工作经验和阅历等。

（四）无形的老师

网络化的学习(E-Learning)是一种越来越得到广泛应用的途径。因特网技术将会使新员工培训更加高效和丰富多彩。新员工进入公司之前,就已经为其准备好了所有的办公设施,第一天进入公司会收到一封来自公司的电子欢迎信,专为新员工设立欢迎网页,新员工可以从中了解公司的组织结构、规章制度、薪酬福利政策等公司概况,还有提升个人技能的课程也可在网上选择。要求部门给新员工准备第一天的时间表,包括与人力资源部的沟通、介绍同事、共进午餐等,以免新员工面对新环境不知所措——网上开办一个"互帮互助"论坛,可以成为引领新员工进门的最重要的措施,每个刚刚开始工作的人都会犯错误,一旦出现困难,让新员工感受到他不是孤身一人,因为公司的同事会助他一臂之力。

第四节　新员工培训管理

一、新员工入职时培训监控[①]

对新员工入职培训及效果的监控,主要有以下手段。

（一）培训课程效果调查问卷

让新进员工来对培训师或培训部进行不记名的问卷调查,就培训课程设计、培训方法、培训时间和地点、培训师对课程的掌握与培训效果等进行调查。如此可达到如下几个目的:其一,有效监督培训师,对其是一种实际的考核。相对于培训师而言,新进员工就是宾客,培训师就是服务员,如同服务员所做的一切应当是能让宾客满意,培训师应当使员工觉得可以学到很多有用的东西。其二,可以客观地将培训当中存在的问题指出来,以便及时弥补或改进日后的培训工作。

（二）理论考核

在进行了理论授课后,必须对新进员工进行闭卷考试,以检查其对知识的掌握程度。没有考核的培训就像没有验收的工程,因此考核是培训工作不可或缺的一环。但这里要强调一点,那就是理论考试应有一试题库,应有几份试题,这样可以避免发生漏题等现象。

（三）入职培训项目检查表

确保每位新员工都能接受充分的培训是培训部的职责,培训部人员除了确保自己的培

---

① 滕宝红,廖天男.培训经理岗位职业技能培训教程[M].广州:广东经济出版社,2007.

训之外,也应承担起确保员工接受相应部门培训的义务,因为这也是培训的工作内容。在新员工经过考核合格后,给每位新员工发放此岗位培训项目检查表,以便新员工心中有数,同时督促各部门承担培训义务,起到双重作用。

(四)培训座谈会

在培训课程结束后应召开一次座谈会,让新进员工坐在一起,这时应创造一种平和的氛围,使其感受轻松。同时也可收集一些意见与建议,及时解决新进员工在培训期间碰到的问题,增进大家的沟通和理解;充分体现以人为本的企业文化,有助于培养员工的忠诚,情系企业。

二、新员工上岗后培训监控

(一)上岗后效果跟踪

新员工入职培训不仅仅局限于上岗前的几天培训,还应包括新员工分配到相关部门试用后再转正。在这过程中有两项重要工作需要培训部人员去处理。其一是对各岗位培训的跟踪与督导,以及对新员工日常言行举止定期或不定期抽查、巡查;其二是新员工到岗两个月后再举行一次新员工座谈会。对其近期的表现进行评估,让新员工也谈谈他们对企业工作的感受、意见、建议等,尽快纠正其错误及帮助他们树立正确的企业服务意识。

(二)转正考核

严格控制员工转正考核也是对新员工培训监控的重要手段,它必须包括以下几点:
(1)培训部的考核。由培训部拟订的企业产品知识考核。
(2)部门业务知识。由新员工所在的部门提供多套岗位考试试题,组成岗位业务试题库,由培训部从中抽取。
(3)培训部与相应部门共同开展的业务实操考核。

三、新员工培训效果评估[①]

一般的培训要有评估。与一般的培训项目一样,新员工入职培训也需要进行效果评估,以确认本次培训的质量并为以后更好地开展此类培训提供建议。

新员工入职培训的效果评估要重点考察入职需求的满足程度,可参考入职培训需求清单。与一般的效果评估一样,新员工入职培训的效果评估可以从4个层面展开,每一层面的评估都有其特定任务和不同的内容。

(一)反应层面评估的内容

反应层面的评估主要了解入职培训的内容是否必要和全面;报告、讲授的内容和文字资料是否明白、容易理解;培训是否激发了员工的兴趣和热情;培训活动的安排是否高效和经

---

① 许丽娟. 员工培训与发展[M]. 上海:华东理工大学出版社,2008:230.

济等。此项评估应该在培训结束时趁读者对培训活动还记忆犹新时立刻进行,具体形式可以是召开读者座谈会、针对读者的问卷调查等。具体由培训部门的人员负责。其信息反馈主要用于帮助培训师和培训部门提高今后此类培训的质量。

（二）学习层面评估的内容

学习层面的评估主要是考察公司的文化、理念被记住和正确理解的程度;公司管理制度和政策程序等被了解和理解的程度;对工作程序、岗位规范和安全生产条例等掌握的程度;新员工岗位知识和技能改善的程度等。此项评估也要在培训结束时及时进行,可以由培训师、指导人和培训部门的人员实施,其具体形式可以是书面测试、模拟演练或实际操作等。此项评估的信息应及时反馈给培训师和读者,作为对其工作、学习肯定和改进建议的依据,并登记存档,妥当保管,便于今后的使用。

（三）行为层面评估的内容

行为层面的评估主要是了解入职培训对新员工工作行为的影响程度,如新员工是否按照规定的程序进行操作、能否有效地与同事沟通而得到或提供工作上的帮助。此项评估通常要在培训结束后一段时间内进行,如试用期结束时进行。评估的主体可以是新员工的直接领导、同事、下属等。评估所得信息和分析结论应及时反馈到组织的决策层和各职能部门及员工的部门主管,以体现入职培训对个人工作绩效和组织绩效的影响,使更多的人认可入职培训、支持入职培训。

（四）结果层面评估的内容

结果层面的评估常用的指标是新员工一年或两年后的主动离职率降低的程度;新员工像老员工一样有效进行工作的过渡期缩短了多少等。结果评估可以通过货币形式,如投资收益率体现出来。它以简单、明白的数据说明入职培训的价值大小,是确定入职培训在各类培训中和组织各项工作中的地位的最有说服力的依据。

四、新员工培训应用表格

（一）入职培训需求分析表

表17-2 是入职培训需求分析表。

表 17-2　入职培训需求分析表

组织分析	工作分析	新员工分析
1. 企业概况、环境、战略目标 2. 规章制度、相关法律文件 3. 企业内部环境 4. 商务礼仪与技巧 5. 卫生与安全等	1. 同事、部门环境 2. 工作职责及要求 3. 工作流程 4. 工作绩效考核等	1. 有工作经验的新进员工 2. 毕业生 3. 升职者、调岗者 4. 休长假后复职者 5. 兼职者等

（二）新员工培训成绩评核表

新员工培训成绩评核表见表17-3。

表 17-3　新员工培训成绩评核表

填表日期：　　年　月　日　　　　　　　　　　　　　　　　　　　　编号：

姓名		专长		学历	
培训期间		培训项目		培训部门	

1. 新进人员对所施予培训工作项目了解程度如何？

2. 对新进人员专门知识评核。

3. 新进人员对各项规章、制度了解情况。

4. 新进人员提出改善意见评核，以实例说明。

5. 分析新进人员工作专长，判断其适合工作与否，列举理由说明。

6. 辅导人员评语

总经理：　　　　　　　　　　　　经理：　　　　　　　　　　　　评核者：

（三）新员工培训调查表

新员工培训调查表见表 17-4。

表 17-4　新员工培训调查表

您对入职培训（课程）的期待是什么？

您希望得到什么样的培训？

您希望自己的个性怎样得到尊重（即希望别人如何看待您）？

理想中的您是什么一个样子（您怎样描绘自己）？

您理想中的上司是怎样的？

举出两位您喜欢与之工作的同事，对于这些人，哪些品德使您喜欢？您与他们共事时有什么样的感触？

在工作或学习中，自己有什么与众不同的地方？您是如何去表现您负责任的？

您最想了解企业哪些方面的事情？请列出三件。

您认为企业的发展前途应是如何？

您可为企业做哪些事情？请列出三件。

（四）企业新员工培训实施记录表

新员工培训实施记录表见表 17-5。

表 17-5　新员工培训实施记录表

姓名		报到日期			培训日期	培训部门	讲师
月份	项次	安排培训工作项目	培训人员	起止日期	实施培训及异常原因说明(培训人员填表)	讲师意见	经理批示
费用预算：				每人分摊：		费用：	

本章小结

新员工入职培训是员工得到录用后、上岗之前，为提高其素质和配置效果的重要环节。本章对新员工培训的概念、特点、分类等基本范畴做了阐述，进一步详细阐述了新员工培训的四个方面的内容。完成一定的任务，操作环节至关重要。在前面分析的基础上，本章还对新员工培训的目标、各种培训方法和培训主体进行了比较详细的分析，最后阐述了培训监控和培训效果考核的有关方法。通过本章的学习，可以使读者掌握好提高员工配置效果的重要技能。

主要概念与名词

新员工　新员工培训　新员工培训的内容　新员工培训目标　案例分析　头脑风暴
管理游戏　　E-Learning　　培训效果评估

复习与思考题

1. 如何进行新员工入职培训需求分析？

2. 新员工入职培训的基本内容有哪些?
3. 新员工入职培训的实施在公司与部门之间是如何分工的?
4. 对新员工培训监控的方法都有哪些?
5. 对新员工入职培训项目的效果评估一般使用哪些指标?
6. "一个考虑周全的新员工培训对于工作经验很少或者没有工作经验的员工来说是非常重要的。"你是否同意这种观点,为什么?
7. 新员工培训对新员工职业发展的作用有哪些?

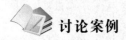 讨论案例

宁峰入职的前五天

情景介绍:

人物:宁峰,浙江大学新毕业生。

事件:宁峰被一家很有实力的公司录用,即将到该公司数据中心报到上班。

第一天:

首先来到人事部,人事部确认宁峰已经来到公司,就打电话给数据中心的张经理。过了好久,张经理派自己的助手小陈过来,小陈客气地伸出手,说:"欢迎你加入我们的公司!张经理有急事不能来,我会安排你的一些事情。"

进入网络中心,被带到一个堆满纸张和办公用品的桌子前,小陈说:"这位刚辞职走了,我们还没有来得及收拾桌子,你先整理一下吧,以后你就在这里办公!"说完,小陈去忙自己的工作了。到中午,小陈带宁峰去餐厅用餐,告诉他下午自己去相关部门办一些手续、领一些办公用品。

第二天:

张经理见到宁峰,把他带到自己的办公室开始分派他的工作任务。当张经理说完之后,宁峰刚想就自己的一些想法同他谈一谈,一个电话来了,宁峰只好回到自己的电脑前边开始构思他的工作。他的工作是网络数据维护。他知道,他需要同不少人打交道,但他还不知道谁是谁,只好自己打开局面了。

第三天:

张经理让宁峰送一份材料到楼上的财务部,宁峰送去之后,就又继续自己的工作了。过了一会儿,张经理走了过来,问他:"交给财务了吗?是谁接过去的?"宁峰回答:"交去了,是一位女士接的,她告诉我放那儿好了。"张经理一脸不悦地说:"交给你工作,你一定要向我汇报结果,知道吗?"宁峰心里有些不满,但当张经理问他有什么意见时,宁峰掩饰说:"张经理教导得很对,希望你以后多多指导!"

第四天、第五天:

宁峰结识了两个同事,对自己还算热情。宁峰问他俩:"难道公司总是这样接待新员工吗?"同事对他说:"公司就是这种风格,让员工自己慢慢适应,逐步融入公司。""公司的创始人是几个工程方面的博士,他们认为过多的花样没多大用处,适应的就留下来,不适应的就走人。不少人留下来是因为公司的薪水还不错!"那个男孩对他说。

周末：

宁峰约了同学出来吃饭,谈起自己的第一周工作。宁峰望着窗外明媚的阳光、川流不息的车辆,茫然地说:"糟糕极了!"

(资料来源:为什么要重视新员工培训[EB/OL].中国企业培训网,www.chinacpx.com)

讨论题：

1. 新员工的特点是什么？
2. 什么是新员工入职培训？它的基本内容是什么？
3. 你认为新员工宁峰进入组织最需要解决的是哪些问题？
4. 假设你是张经理,请制订一个对宁峰这批新员工的全年培训计划。

第十八章

大厦要靠栋梁——主管人员的选拔

> 引例

汽车销售公司的经理 10 职位招聘

1. 背景资料

ABC,一家某汽车销售、零配件供应集团公司。急需招聘新主管人员 10 人,招聘职位包括总经理 1 人,部门经理 9 人。

2. 测评服务内容

中层管理者主要考核个性特征、言语理解能力、判断推理能力、管理潜能、管理常识、公文能力、观察能力、合作精神、组织能力、应变能力、创新意识、尽职能力、适应能力。

高层管理者主要考核预测性、主动性、影响力、灵活性、管理理念、尽职能力、决策能力、计划能力、组织协调能力、开拓能力、统筹能力。

3. 测评工具及时间

中层管理者:

(1) 采用人机对话方式测评,16PF 个性测试、职业适应性、管理人员综合素质测评(一个半小时)。

(2) 半结构化面试(半小时)。

(3) 无领导小组讨论(50 分钟)。

高层管理者:

(1) 采用人机对话方式测评,16PF 个性测试、职业性格、管理人员综合素质测评、领导能力结果测评(两小时)。

(2) 半结构化面试(半小时)。

(3) 无领导小组讨论(50 分钟)。

4. 测评方式及步骤

2013 年 12 月 5~6 日两天招聘。5 日进行第一轮测评,测评专家组对一百余名应聘者经过人机对话(16PF 个性测试、职业适应性、人员综合素质测评),由测评专家组综合评估测评报告和履历分析后,选拔出了中、高层管理人员候选人 35 人;6 日上午,测评专家组对参加中、高层管理人员候选人进行半结构化面试,从中选拔出 15 人参加部门经理的角逐,5 人参加高层总经理的角逐。6 日下午测评专家组对角逐中、高层总经理的人分组进行无领导小组讨论。在此测评过程中,对照素质选拔模型,专家们即时评分,最后确定了部门经理和总经理人选。

5. 测评结果

至 2015 年 12 月,被录用的人员仅有 1 人流失。用人单位反映,经过测评技术选拔出来的人才比较稳定,工作尽职勤奋,能力强,容易沟通,绩效表现良好。

(资料来源:本文根据《人机对话测试领导能力》一文材料改编,摘自"五星文库"网,wxss_fjuke2i61rm//Frmdu4m-i64ph9gbf00w_5.html)

第一节 主管人员选拔初析

一、主管人员概述

主管人员是在社会共同活动中,经过选举、任命或从群体中涌现出来的能够指导和协调群体成员向着既定目标努力的、有影响力的个人或集体。主管人员是一个组织正常运作和发展的发动者和推动者。"推动帆船前进的,不是帆,而是看不见的风。"实际上,主管人员就是推动帆船前进的风。主管人员通过计划、组织、指导和监督群体成员的活动,发展和维持成员之间的团结以及调动其工作积极性,使之成为一个有机的整体[1]。

二、选拔标准的概念

人才选聘成功与否的标准引导着整个人才选聘工作。这里的标准主要是指与岗位要求相关的胜任素质标准。它代表着成功员工的标准。这一标准是与行为有关的,也与其个性及特质有关,或与过去获得的技能、个体动机、与他人的交往方式、解决问题的思维方式有关。

选拔标准与胜任素质具有密不可分的联系,胜任素质的始创者 McClelland(1994)对胜任素质定义为:"胜任素质可以是动机、特质、自我概念、态度或价值观、具体知识、认知或行为技能——也就是可以被准确测量或计算的某些个体特征,这些特征能够明确地区别出优秀绩效执行者和一般绩效执行者,或者说能够明确地区别出高效率的绩效执行者和低效率的绩效执行者。"[2] 为了区分绩效平平者和绩效优异者,McClelland 把胜任素质类型分为基准性胜任素质(threshold competency)和鉴别性胜任素质(differentiating competency)。基准性胜任素质是指较容易通过教育、培训来发展的知识和技能,是对任职者的基本要求;鉴别性胜任素质则是指在短期内较难改变和发展的特质、动机、自我概念、态度、价值观等高绩效者在职位上获得成功所必须具备的条件,是能够将绩效平平者与绩效优异者区分开的胜任特征。因此,主管人员的选拔标准的制定应该主要从胜任素质的角度来选择。

选拔素质标准可以通过工作分析、关键事件访谈、座谈会等方式来识别,最后所制定的标准既不能过于一般化(合于所有人),也不能仅仅适合于某一具体的工作。这里的标准可

---

[1] 朱斌,李君. 主管人员能力和素质考评[J]. 商业研究,2004(8):89-91.
[2] McClelland D C. The Knowledeg-Testing Educational Comples Strikes Back[J]. American Psychologist,1994:66-67.

被定义为成功的素质描述,因为几乎没有候选人在所有的标准上都能满足要求,一些标准被用于评价某个方向上的成功,而不是全部,标准在招聘测评中被分配到不同的面试或情景模拟测评中。标准的定义要措辞严谨积极,简短、没有概念循环,是描述性的、不给具体的事例,选择的标准要能够区分成功与失败的绩效,并且可以通过情景模拟的方式来加以评价。

标准可以根据被测试群体的实际工作情况来分析设计,有些标准具有共性,可适用于所有的群体,有些具有其特殊性,所以要根据不同的被测群体来分别对待,比如对计划和组织能力的考察就具有共性。即便是这样,它的内涵随着被测群体的变化也要有相应的改变,对一线的管理者更注重于具体的工作任务的计划组织性,对高层管理者更注重对长期目标的计划和组织能力,因此正确确定素质标准及定义标准的内涵并分等级对每个素质标准进行行为性描述是测评工作开始前的重要步骤。具体案例形式可参考下面"主管人员选拔标准的描述"部分。

第二节 主管人员的素质

一、主管人员素质要求一般内容

主管人员的素质要求是我们制定主管人员选拔标准的基础,因此,要制定主管人员的选拔标准,首先要了解主管人员的素质。

管理学是人类社会理性化的产物。随着经济社会发展和企业等组织的大量涌现,管理学说也大量涌现。用形象的语言说,管理学的知识和理论多如丛林。这里对有关主管人员素质的若干重要认识和实践进行阐述。

美国管理学家哈罗德·孔茨认为主管人员应该具备的管理能力包括以下四类:

(1) 技术能力,指在业务方面的知识和掌握的熟练程度。

(2) 人事能力,指同员工共事的能力。它是组织协作、配合,以及创造一种能使员工安心工作,并自由发表意见的环境的能力。

(3) 规划决策能力,指遇到问题能从大处着眼,认清形势,统筹规划,果断地作出正确决策的能力。

(4) 认识问题、分析问题与解决问题的能力。

以上能力随着管理层次的不同,其相对重要性也不同。一般地,人事能力和认识问题、分析问题、解决问题的能力对每一层次的主管人员来说都是重要的。而其他两种能力则是随着组织层次的上升,技术能力所占的比重相对变得较小,而规划决策能力所占的比重相对变得较大。

Boyatzis(1982)对 12 个工业行业的公共事业和私营企业的 41 个管理职位,2 000 多名管理人员的素质进行了全面分析,使用了行为事件访谈、图画—故事技术和学习风格问卷,得出了管理人员的素质通用模型,并分析了不同行业、不同部门、不同管理水平的素质模型的差异。他提出管理人才素质通用模型包括 6 个特征群以及下属的 19 个素质。它们分别是[①]:

---

① 罗伯特·伍德,提姆·潘思. 职能招募与选才[M]. 蓝美贞,姜佩秀,译. 汕头:汕头大学出版社,2003:36.

(1) 目标与行动管理群,包括效率导向、生产力、分析运用概念、关注影响。
(2) 领导群,包括自信、运用口头简报、逻辑的思考、概念化。
(3) 人力资源群,包括运用社会权力、正面思考、管理团体流程、精确的自我评价。
(4) 指导属下群,包括启发他人、运用单向权力、自发性。
(5) 专注他人群,包括自我控制、认知的客观性、精力与适应性、关注亲密关系。
(6) 专门知识群,包括记忆、专门知识。

日本企业家协会列举了选拔优秀管理者的标准,包括以下 14 条:①有威望,能合群,能起榜样、模范作用;②品德高尚、见识广博、工作勤奋;③头脑灵活,有预见性和洞察力;④有人情味、能吸引人,有管理才能;⑤既能把上面的意见向下面传达,又能充分了解、反映职工的要求,并提出解决问题的建议;⑥严守承诺,恪守职业道德,不贪恋浮利;⑦具有把企业与全体职工融为一体的能力;⑧具有果断、勇于实践和坚忍不拔的毅力;⑨具有独创和进取精神;⑩敢于面对困难,并善于迎接挑战;⑪对上级不阿谀奉承;⑫不文过饰非;⑬先公后私;⑭排斥他人,用虚伪的手段向上爬者是不合格的。[①]

二、不同层次人员的能力结构

(一) 工作技能与管理人员分类

1. 工作技能的内容分类

哈佛商学院的 Katg 教授认为,人的工作技能可以分为专业技能、人文技能和理念技能。
(1) 专业技能是指对生产产品或提供服务的特定知识、程序和工具的理解和掌握。
(2) 人文技能是指在组织中建立融洽人际关系并作为群体中的一员有效工作的能力。
(3) 理念技能是指从整体上把握组织目标、洞察组织与环境的相互关系的能力。

2. 管理人员的层次划分

组织中有众多的、从事各自工作、担任不同职务的管理人员,一般来说,可以将他们划分为高层、中层、基层三个层次。

(二) 不同层次管理人员的素质要求

不同层次的管理人员所应具备的素质要求是不同的,他研究出各级管理人员能力的最有效组合,如表 18-1 所示[②]。

表 18-1　不同层次管理人员在能力上的侧重要求　　　　　　　　　　　　　%

管理层次	专业技能	人文技能	理念技能
高层管理人员	17.9	39.4	42.7
中层管理人员	22.8	42.4	34.8
基层管理人员	50.3	37.7	12.0

对于高层管理者而言,理念技能是最重要的,占到其能力构成的 42.7%;对于中层管理

---

① 林泽炎,李春苗,等. 激活企业高层管理者——高级人才资源管理理论与操作实务[M]. 北京:中国劳动社会保障出版社,2005:16.
② 中国就业培训技术指导中心. 企业人力资源管理师(二级)[M]. 北京:中国劳动社会保障出版社,2007:172.

者而言,人文技能是最重要的,占到其能力构成的42.4%;对于基层管理者而言,专业技能是最重要的,占到其能力构成的50.3%。

总之,对于不同层次、不同类型的主管人员其具体素质的要求是有区别的,具体如表18-2所示①。

表18-2 不同层次管理人员所应具备的能力组合

管理层次	能力组合
高层管理人员	观察能力、决策能力、创造能力、统筹能力、批判能力、个人品德、自我控制力、自我学习力、概念思维、战略眼光、团队领导、发展他人的能力等
中层管理人员	批判能力、领导能力、协调能力、沟通能力、专业能力、目标设定能力、业绩考核能力、教练与咨询能力、解决团队问题的能力、向高层经营者提供信息的能力等
基层管理人员	专业能力、计划能力、指导能力、沟通能力、理解能力等

(三)经理人员和企业家素质模型

对于不同岗位、不同层次的主管人选拔标准的内容和重要程度是不一样的,因此在选拔前要根据岗位需求建立相应的选拔模型。表18-3和表18-4分别为经理人员和企业家通用的选拔胜任素质标准模型。②

表18-3 经理人员通用胜任素质模型

权重	胜任特征
6	影响力、成就欲
4	团队协作、分析性思维、主动性
3	发展他人
2	自信、指挥、信息寻求、团队领导、概念性思维
阈限	权限意识、公关、技术专长

表18-4 企业家通用胜任素质模型

权重	胜任素质
6	成就欲、主动性、捕捉机遇、坚持性、信息寻求、质量与信誉意识
5	系统性计划、分析性思维
4	自信、专业经验、自我教育
3	影响力
2	指挥
1	发展下属、公关

三、主管人员素质的项目分析

不同类型、不同层次的主管岗位的素质选拔标准是不一致的。这里从一般性的角度,就组织对主管人员选拔中常用的标准要求项目内容进行分析阐述。

---

① 中国就业培训技术指导中心.企业人力资源管理师(二级)[M].北京:中国劳动社会保障出版社,2007:172.
② 王继承.人事测评技术[M].广州:广东经济出版社,2001:273.

（一）成就素质

1. 主动性

主动性是指个人在工作中不惜投入较多的精力，善于发现和创造新的机会，提前预计到事件发生的可能性，并有计划地采取行动提高工作绩效、避免问题的发生或创造新的机遇。具有这种品质也被称为决断力、策略性的未来导向和前瞻性等。

2. 成就动机

成就动机是指个人具有成功完成任务或在工作中追求卓越的愿望。成就导向高的人的行为表现为关注后果、效率、标准，并追求改进产品或服务，在组织中力求资源使用最优化；希望出色地完成他人布置的任务，在工作中极力达到某种标准，愿意承担重要的且具有挑战性的任务；在工作中有强烈地表现自己能力的愿望，不断地为自己设立更高的标准，努力不懈地追求事业上的进步；不满足已取得的业绩，完成工作之后为自己设立更高、更具有挑战性的目标。

3. 学习创新

学习创新是指个体积极寻求和把握学习与提高自身能力的机会，并将所学知识与技能运用于工作实践。具体表现为迅速掌握新的思想、观点、方法与技术，并应用于工作中；善于总结经验教训，持续不断地改进工作方法和流程；对自身的长处和弱点有清晰的认识；积极寻求来自各方面的反馈，并根据反馈调整自己的行为；敢于打破惯性思维，鼓励他人尝试新技术、新方法，并允许失败。

（二）影响与沟通素质

1. 影响力

影响力主要是指说服或影响他人接受某一观点、采用某一议程或从事某一具体行为的能力。它主要基于个体对他人施加具体影响的愿望，如自己设定的议程等，一种给他人留下具体印象的愿望，或希望他人采用的一系列行动。影响力的最高表现为根据情况影响他人所采取行动的复杂性。

2. 沟通能力

沟通能力是指针对一定的受众对象，通过倾听、清晰表达自己的意见，公开进行反馈，与他人进行信息传递的能力。主要表现为有与他人沟通的愿望；善于倾听，理解他人的观点，并能向他人清楚表达自己的观点。

（三）认知思维素质

1. 思维策略

思维策略是指在解决问题和决策时，对于公司内部和外部的因素都能考虑到；能够识别关键性的策略；在决策时，能够充分利用有关市场和竞争者的信息；能够抓住对成功有利的机会；能够根据关键性情况（如顾客、质量、竞争者等）的变化及时调整自己的决策和行为。

2. 分析问题能力

分析问题能力主要是指能够系统地收集相关信息;全面考虑问题或问题的因素;善于抓住问题内部的复杂关系;善于从别人那里寻求解决问题的信息;在分析问题时,能够进行精确的逻辑推理;在对复杂问题进行分析后提出多种解决方案,并能进行合理的比较评估。

3. 判断能力

判断能力主要是指能够适时地进行正确决策;在不确定条件下能够进行正确的决策。对既有的和收集到的信息进行综合概括,从而产生对具有共性的问题的总结,对潜在的问题和事物未来发展趋势的预先评估。

(四)组织管理素质

1. 培养他人

培养他人是指在需求分析的基础上,带有一定想法或力度地筹备长期培养人才的计划。关键在于培养人才的意愿和影响力。具体表现为对他人表达正向期待;给他人提供建设性的反馈意见;当他人遇到困难时给予安慰和鼓励;通过各种指示、建议或其他指导方式培养他人。

2. 领导能力

领导能力是指有意做一组人或一群人的领导,希望领导其他人。领导能力往往以一个正式的权威位置来体现,尽管不一定全是这样。"组"这里应该理解为广义的能有一个头领导的人群。具体表现为能有效地安排会议;确保员工得知必要的信息;增强团队的工作效率;关心本组织的形象;用激动人心的预见激励大家。

3. 解决问题的能力

解决问题的能力是指按照设定的工作目标,科学地收集、分析和筛选信息,选择有效的实施方法推进既定的工作计划,尽可能准确、全面、完善地解决问题。主要表现为面对问题能动用多种资源、使用多种方法,灵活地处理并给以圆满解决。

4. 计划和组织能力

计划和组织能力是指能够预期问题的发生,并能制订机动灵活的计划;以目标为导向对时间及其他资源进行管理;根据会议或组织的目标,制订现实的、有效的和综合性的计划;能够协调个人、团队或部门的情况,制订令多数人满意的计划。

5. 监控能力

监控能力是指指令他人(下属或受检查部门)按照规则要求完成任务,并对完成的过程和结果加以监控。包括"让别人做某事"的内容或说话声调。说话声调可以有严厉、直截了当、苛求甚至威逼。具体表现为能让员工清楚地了解自己的要求和目标;给员工设立较高的绩效目标并监督其实现;能让每个员工对自己的业绩负责。

6. 团队管理能力

团队管理能力是指能根据团队的整体目标,为团队成员制定职责与目标,在工作中对他们进行激励与辅导,不断提高团队凝聚力与战斗力。具体表现为明确本部门或团队的整体目标和使命,并明确各成员的职责;了解团队成员的能力特长和个人特点并正确评价,提供具有挑战性的任务;帮助下属制订能力发展计划并提供必要的指导,激发他人的工作热情;及时适当地给予鼓励和奖励;创造良好的团队工作氛围使每个人都能将自己的能力发挥到最大限度。

（五）个性特征

1. 自信

自信是一种相信自己有能力完成某项任务和采用某种有效手段完成任务或解决问题的信念。主要表现为对自己能力的自信;能独立自主行事;选择富有挑战性的工作;在问题难度加大时不会轻易地沮丧和妥协。

2. 坚韧性

坚韧性也称耐受力、压力忍受力、自我控制和意志力等,它是指能够在非常艰苦或不利的情况下,克服外部和自身的困难,坚持完成所从事的任务。具体表现为能够在受到挫折的情况下控制自己的不良情绪,使自己不会采取消极的行动;面对他人的敌意时保持冷静和稳定的情绪状态;能够忍受艰苦的工作条件和较大的压力,使其工作业绩不受外界压力、挫折和个人消极情绪的干扰。

3. 合作精神

合作精神主要是指愿意与他人分享知识、信息、资源、责任以及成就,能通过各种方法与别人建立相互信任的合作关系。具体表现为尊重、理解别人的观点并珍视所有团队成员的贡献;关心他人并愿意帮助同事解决问题和困难;主动与他人分享工作进展或成果;以合作态度处理人与人之间的矛盾,将整体利益置于个人利益之上;跨越各种组织边界,不断致力于发展和培养重要的工作关系。

以上素质标准的描述由于不是针对具体的某个管理岗位,因此在涉及具体某个管理岗位的素质描述时,需要根据岗位特点适当修改完善。

另外,以上素质描述在应用于招聘选拔前最好再进一步将较为概述性的定义划分为不同水平等级的行为描述,有的称之为行为锚（behavioral anehors）,这些等级描述的是素质的水平因素,是用于测量员工需要展示或具备的指定能力的不同程度。这是提高素质标准可操作性的关键,具体分等级描述形式可参考图18-1,这样的标准在招聘甄选中才便于使用。

通过上面确定的这些素质描述标准,已经确定了将要在测评中心考察的基本素质描述的要求,如何把这些素质描述要求通过情景模拟测评体现出来是设置描述的关键问题,通过分析把素质描述和相应的测评项目匹配起来,确定哪些标准要在那一个模拟测评中测试,然后相应测评工具的开发就基于所含的素质描述要求而进行,通过不同的模拟测评应该把所有的素质标准全面测试到,每个模拟测评中所测试的素质要求应该以5～7个为标准,太少不利于多角度地观察评价候选人的潜在能力,太多对评委观察评价起来会有一定的困难,容易引起偏差,同时开发练习时也时刻注意同公司的实际工作情况相结合,其内容很贴近生产管理的实际情况。

解决问题

定义：按照设定的工作目标，科学地收集、分析和筛选信息，选择有效的实施方法推进既定的工作计划，尽可能准确、全面、完善地解决问题。

等级1	等级2	等级3	等级4
■ 能够根据工作目标及既定的方案组织具体实施 ■ 能够察觉到工作计划执行中问题的出现，运用常规方法进行信息收集，查找问题产生的直接原因 ■ 能够判断执行中的偏差，确保判断准确、公正和科学 ■ 能够在分析问题的基础上提出初步的解决方案或努力方向 ■ 对待问题拥有积极的态度和解决的信心	■ 能够根据工作目标和现有资源形成解决问题的基本方案 ■ 收集执行过程中的问题并进行分析，找出问题的根源，为决策提供依据 ■ 使用多样的分析工具和方法，诊断问题存在的相关因素，梳理可能产生问题的各种直接或间接原因 ■ 分析各种解决方案，及这些方案对相关联工作的影响及促进 ■ 将解决问题的方案细化为分步行动的计划，确保有效实施	■ 能够根据工作目标灵活调整解决方案及相关计划，准确、全面解决工作计划中的细节 ■ 具备能将复杂问题和流程细分成简单单元的能力，并能够与其他执行者进行很好地沟通 ■ 习惯使用假设的思考方式，创造性地提出解决方法并预期可能出现的结果 ■ 综合考虑各种限制因素，对解决问题可选方案的优缺点进行评价，并制订具体的行动计划 ■ 不满足于部分解决问题或纠正错误，准确把握产生问题的主要根源	■ 全面考虑关联问题，在准确、全面解决问题的基础上尽可能完善工作目标和计划 ■ 系统分析对工作可能产生影响的每个因素，厘清复杂问题的头绪 ■ 能够在部分或不完整信息的基础上逻辑推理，补充缺失的信息以便做出判断，找到解决问题的方法 ■ 在寻求解决方案时，从多角度思考问题，发挥更多人的智慧，促进团队做出解决方案 ■ 在问题的解决和相关思路上指导他人，关注判断、决策的实施情况

图 18-1 "解决问题"的四等级素质水平

第三节 选拔主管人员的常用方法

主管人员的选拔标准就是能够鉴别出优秀主管人员的标准与规定，或鉴别出符合特定核心岗位要求的标准与规定。要有效地选拔主管人员，就要求选拔人清楚地了解该职位的性质和目的。这样就要客观分析该职位的要求。确定招聘甄选标准，一般采取职务分析法和专家小组讨论法。

一、职务分析法

职务分析也称工作分析，是根据工作的事实分析其执行时所需要的知识技能与经验及其所负责任的程度，进而确定工作所需要的资格条件。职务分析是人力资源管理最基本的工具，也是人力资源管理中十分重要的一项工作。它要为应聘者提供真实而可靠的需求职位的工作职责、工作内容、工作要求和人员的资格要求。

在明确职务要求时应回答如下几个问题：在这一职位上应该做些什么？怎样做？需要什么样的知识背景、态度和技能？由于各个职位并非固定不变，因此还需要考虑如下几个附加问题：可以用不同的方法履行该职位的要求吗？如果可以，那么新的要求又是什么？为了找到此类问题的答案，必须进行这一职务的分析工作。这一工作可以通过观察、交谈、问卷调查等多种方法相结合系统分析的方式来完成。这样，以职务分析为依据的职位说明书上通常都列有重要的职责、职权与职责关系以及同其他职位的关系。从选拔的角度来说，工作分析的关键是要概括出做好该职位的核心素质要求。这就需要最后排除掉不太重要的、很容易学会的能力素质标准，留下重要的。

目前多用胜任素质做选拔标准，这样就要用样本关键事件访谈。根据企业制订的招聘岗位，在全企业范围内针对各个职级、职类的不同职位，抽选相同数目的优秀绩效样本主管和普通绩效样本主管，进行访谈调查。通过比较分析，得出各个职位胜任力要素的初步描述。

二、行为事件访谈法

在确定胜任素质选拔标准时，行为事例访谈方法（BEI）是较有效的方法，对于建立主管人员胜任素质尤为有效。行为事例访谈法是一种开放式的行为回顾式调查技术，源于绩效考核中的关键事件法。通过一系列问题挖掘管理者典型事件中与行为结果直接有关联的具体行为和心理活动的详细信息。它要求被访谈者列出他们在管理工作中发生的关键事例，包括成功事件、不成功事件或负面事件各三项，并且让被访者详细地描述整个事件的起因、过程、结果、实践、相关人物、涉及的范围以及影响层面等。同时也要求被访者描述自己当时的想法或感想，想要在某种情况下完成什么，例如是什么原因使被访者产生类似的想法以及被访者是如何去达成自己的目标等。在行为事例访谈结束时最好让被访者自己总结一下成功或不成功的原因。这可以让访问者甄别受访者个性与"认知风格"，评估某些能力，包括成就动机或思考与解决问题的逻辑方法。最后通过专门的编码分析技术就可以建立相应岗位的胜任素质标准。

三、专家小组讨论法

专家小组讨论法是指由优秀的领导者、人力资源管理者和研究人员组成专家小组，对能出色完成某类管理工作的各种素质与能力进行讨论。小组成员需要掌握基本素质和能力要素的定义以及行为特征，以免得出的素质与能力不全面或不准确，甚至把重要的基本素质与能力要素遗漏。

另外，还有直接观察法、问卷调查法、工作日写实法、专家信息库等方法，这里不再赘述。

第四节　主管人员的遴选操作

一、主管人员的遴选途径

在确定企业组织结构中的各个主管职位后，开始通过招聘、选拔、安置和晋升来获得主管人员。与一般员工的招聘相似，主管人员的遴选途径也不外乎内、外两种，两种途径各有长短。一般而言，这两种途径应该结合使用，在具体情况下，则要视组织的实际情况而定。

（一）内部选聘

内部选聘是指通过内部晋升、竞争上岗、毛遂自荐等渠道选聘主管人员的方式。

内部选聘的优点有：

（1）准确性高。企业对员工有全面的了解，可减少招聘的风险。

(2) 适应较快。现有的员工更了解和熟悉本组织的运作模式、业务流程和人际关系等，与从外部招聘的人员相比，上岗后能迅速投入工作。

(3) 激励性强。内部选拔能给优秀员工尤其是优秀的初中层骨干人员提供晋升的机会，获得晋升的人员能为其他员工做出榜样，激励组织内其他员工工作士气，提高员工的工作热情。

(4) 费用较低。内部选聘可以节省高昂的主管人员的选拔费用，省去一些不必要的培训费用，而且人才离职流失的可能性小。

内部选聘的局限是：

(1) 提升的数量有限，容易挫伤没有提升的人，激化同事间的矛盾。

(2) 可能造成"近亲繁殖"现象，存在着思维的定式，抑制了创新，不利于组织的长远发展。

(3) 不能及时满足急需人才的需要。

(4) 不利于新主管建立声望。新主管从同级员工中产生时，自己会受到"是大伙中的一员"的情感束缚，会感觉到自己的信任的缺失，使主管无法很好地完成角色转变，不易建立领导声望。

(5) 可能在组织内部出现"裙带关系"或"帮派、团伙"现象。

(6) 当组织对主管人员的供需缺口较大且内部人才储备无法满足需要时，坚持从内部提升，既会使组织失去获得一流人才的机会，又会把不称职者提拔到主管位置。

（二）外部选聘

外部选聘是指从组织外部选聘主管人员，也有人称之为"空降兵"。

外部选聘的优点有：

(1) 有利于组织的发展创新，避免近亲繁殖，可以为组织带来新思想、新方法，为企业带来新鲜空气，增强企业活力。

(2) 产生"鲶鱼效应"，唤醒内部人员的危机感，激发内部员工的斗志。

(3) 较广泛的人才来源，有利于招募到一流人才，节省培训投资，缩减人才成长周期。

(4) 外部招聘中的宣传会起到广告作用，有助于树立企业良好形象。

(5) 避免组织内部那些没有被提升的人的积极性受挫，有助于平息与缓和内部竞争者的紧张关系。

外部选聘的局限是：

(1) 甄选难度大，时间长。企业无法在短时间内准确判断应聘者的实际品质和工作能力。

(2) 应聘者对组织需要有一个了解的过程，进入角色慢。"外部人员"也有可能出现"水土不服"的现象，无法融入企业文化氛围之中。

(3) 招聘的成本比较高。

(4) 决策风险大，容易被应聘者的表面现象（如学历、资历等）所蒙蔽，而无法清楚了解其真实能力。在管理经典《管理的实践》一书中，德鲁克先生指出，企业在选拔来自外部的管理者的时候，大约3个中有1个是准确的，即准确率在33％左右。

(5) 如果组织内有胜任的人未被选用，而从外部招聘会使他感到不公平，士气受到打击,也容易产生与应聘者不合作的态度,甚至产生"招来女婿,气走儿子"的后果。

二、主管人员的遴选过程

(一)初步甄选

初步甄选工作通过分析应聘人员的简历或申请表中的信息就可以进行,如年龄、学历和学习培训经历、资历和工作业绩等。为了选准能够胜任现职岗位的高级人才,外国公司十分重视高级经营管理人才的职业生涯,各个公司对经营管理人才的工作经历一般都做出了明确要求。如美国福陆丹尔公司规定,经营管理人员必须具有以下五种工作经历:一是做过销售工作,担任过公司的销售代表;二是管理过一个单位或部门,比如担任过项目经理、工程经理或人事管理部门经理;三是工作有业绩,负责管理的部门或单位给公司赚了钱;四是有国际工作经验,考察其能否胜任国外工作;五是参加过高级主管的培训。[①]

(二)前期的双向信息沟通

在招聘和选拔工作中,信息沟通有双重作用:企业向申请人解释公司与职位要求的客观情况;申请人向公司提供有关他们自己能力的信息。

企业和其他组织都试图将自身形象描绘得很好,它们强调为个人成长与发展提供的机会和极富挑战性的各种潜在问题,提出晋升的机会,并且透露有关报酬、津贴和职业安全方面的信息。当然如果这种做法过了头,超出企业实际情况,会在申请人心中产生不切实际的想法。长此以往会带来人们所不愿看到的结果,即使人对工作不满,认为自己壮志难酬。当然企业应该向候选人阐明其吸引人之处,但必须实事求是,同时还应介绍该职务的局限性,甚至它的不利方面。另外,主管部门也应了解申请人在知识、技术、能力、习惯甚至动机方面的客观信息。要运用有关的测评技术和工具来获得这方面的信息,这需要有关章节和其它著作的内容。

(三)确定甄选方法

甄选的方法很多,包括知识测试、情景模拟、行为事件面试、案例分析、工作测试、结构化面试、心理测验、背景调查等。每一种方法都有其特点和适用范围,在甄选时要根据岗位特点和测试标准选择合适的方法。对于应聘者岗位胜任素质的测试,最好的方式是采用行为事件面试法。这种方法的依据是过去的绩效能最好地预测未来的绩效。具体操作是让应聘者回答那些没有固定答案的问题,让他们讲述自己过去经历的事件,来证明自己的素质状况。讲述的事件应该是真实的,内容包括发生的时间、地点、背景、涉及的人物、自己当时的想法、做法以及产生的结果等。通过分析应聘者经历的行为事件,能准确地评价其岗位胜任特征。

至于甄选时具体采用哪种方法,可根据人事测评方法通常采用的四个指标(效度、公平程度、实用性和成本)来选择合适的方法。根据这四个指标,美国两位工业心理学家对当前使用的11种方法做了比较评定。每一项各分高、中、低三级。这一比较结果对实际中使用这些测评方法的人事人员具有一定的指导意义,如表18-5所示。[②]

[①] 李维平. 国外企业经营管理人才培养选拔机制[J]. 中国人才,2003(12):58-59.
[②] 赵琛徽. 员工素质测评[M]. 深圳:海天出版社,2003:259.

表 18-5　各类测评方法在四项指标上的评价

方法	效度	公平度	可用性	成本
智力测验	中	中	高	低
性向和能力测验	中	高	中	低
个性与兴趣测验	中	高	低	中
面谈	低	中	高	中
工作模拟	高	高	低	高
情景练习	中	未知	低	中
个人资料	高	中	高	低
同行评议	高	中	低	低
自我介绍	低	高	中	低
推荐信	低		高	低
评价中心技术	高	高	低	高

不同的测评所选拔的员工对未来工作绩效的预测效度也是不一样的，可根据预测效度来选择合适的甄选发放。亨特（Hunter）于 1984 年在《心理学公报》(*Psychological Bulletin*)杂志上发表了一篇元分析的文章，他们在分析和总结了过去 50 年发表的人事测评研究报告的基础上，得出了不同测量和评价方法的预测效度的结果（见表 18-6）。[①]

表 18-6　选拔方式的预测效度

选拔方式	预测的效度
工作样本测验	0.54
认知能力测验	0.53
同事评定	0.49
过去工作经验评定	0.49
工作知识测验	0.48
试用工作	0.44
评价中心技术	0.43
个人资料问卷	0.37
推荐检核	0.26
工作经验	0.18
面谈	0.14
培训和经验评定	0.13
学业成绩	0.11
教育年限	0.10
兴趣	0.10
年龄	−0.01

（四）候选人员的最后决策

最后，要从系统的角度统筹考虑后做出录用决策。具体来说包括管理岗位要求与主管素质相匹配；工作报酬与主管贡献相匹配；主管与主管、主管与上级、主管与下级之间相匹配；主管工作价值观与企业文化相匹配等。

[①] 龚文．人事选拔的测量学研究[D]．北京：北京师范大学，1997．

为某一新职位选拔人员的最后决定权在于该候选人未来的上级领导,因为选拔者对入选的候选人未来的工作成绩负有责任。听取其他人的意见,特别是听取那些将与该候选人共事的人的意见也是必要的。另外,选拔者的上司应该具有审批权,但并不是做最后的选拔决定。这充分说明候选人的资格才是选择的基本依据,而不是私人友谊。同时,这也进一步证实了负责选拔工作的主管人员是在选拔合格的、有发展潜力的人才。

三、遴选工作的若干思路

(一)要采用适合本企业的选聘技术

选拔主管人员,从逻辑上讲,就是从候选人中选择出最符合职位要求的人员。选拔工作可能是为填补某一职位空缺,也可能是为将来对管理人员的需要做准备。所以,一些专家将填补组织职位空缺的选拔和安置办法一分为二。"选拔"是根据具体需要寻找合适的申请人填补空缺,而"安置"则是根据评定的个人的优缺点,为其寻找,甚至设计一个合适的职位。"晋升"是在组织内部向更高职位的一种变动,要求比以前应负的职务责任更大,也需要更高的技术。通常伴随地位提高的是薪金增加。

当前大部分组织在选聘人才的过程中,皆喜欢寻求人才选聘方法、程序、工具、专家团队等方面"最优化"的技术性方案。技术方案最优,并不能保证人才选聘的成功。只有适合企业现实特点的人才选聘技术方案,并有合适的人才选聘专家团队使用,才能让合适的技术方案表现出"最优性",确保组织找到自己所需要的人才。

(二)平衡主管人员的技能和年龄关系

选拔主管人员还需要考虑另外一些重要因素。主管职位需要各种技能:技术、人事管理、概括分析和解决问题的能力。一个人不可能全部具备所需的技能,必须选拔其他人员来弥补。例如,一位最高层主管人员具有杰出的概括分析和设计的能力,那么他可能需要擅长技术的人员的辅助。而一位具有很强的销售和财务工作能力的主管人员则可能需要一名经营管理专家来弥补他的不足。

在选拔主管人员时,年龄因素也必须考虑进去。常常存在一个公司中所有的副总裁和中层主管人员都在同一年龄层的情况。于是同一组织级别的几个主管人员同时退休时问题就来了。如果在最初委托职务时就注意考虑年龄因素,就可以避免这类情况的发生。但同时还必须注意避免对年龄的非法歧视。系统地规划员工队伍,可以将各同年龄组的主管人员均匀合理地分配在组织结构中。

(三)正确处理文凭与水平的关系

学历、文凭与真正掌握和运用某一方面知识的能力并不总是相等的。文凭与水平有关系,但不能画等号。因此,在主管人员的选聘中,应该是既看文凭,又不唯文凭,要重视实际掌握和运用知识的能力。

(四)注意个人特点与岗位及团队结构兼容

有些应聘者可能在知识层面和经验层面上适合该岗位,但个性特征却会限制他们在该岗位上的发展,而个性又是一个相对比较稳定的素质,难以通过培训而改变,俗话说"江山易改,禀性难移"。因此,个性的适配比知识和经验的适配更重要,知识、经验相对容易改变。

能力强、业绩佳、认同组织文化的人才,并不一定就是组织拟聘任的合适人选。试想在一个观念陈旧、员工素质普遍偏低的组织,选聘一个观念超前、能力优异的人才,会出现什么样的结果?因此,选聘人才的过程中,除了关注人才个体的素质外,还应认真分析人才拟任职团队的结构特点,如团队成员的学历、性别、年龄、观念等。强调人才与其拟任职团队的兼容性,应该减少因拟聘人才的"鹤立鸡群"而带来的不必要的孤独感,否则会影响人才能力的有效发挥,甚至会导致人才的流失。

(五)高度重视人才的文化-价值追求

各类组织中能力杰出、业绩优秀人才流失的现象时有发生,这不仅会给组织造成经济损失,更会给组织中的其他员工造成不良影响。究其流失原因,主要是人才不认可组织的文化、价值追求。因此,成功的人才选聘应该关注人才对组织文化、价值追求的认同程度。比如,朗讯公司在人才选聘过程中就非常注重考察人才对全球增长观念、注重结果、关注客户和竞争对手、开放和多元化的工作场所、速度(简称 GROWS)等文化价值观的认同。

本章小结

主管人员是组织的骨干人员,从管理学"二八原则"的角度看,对于主管人员的选拔是招聘与配置工作中的重点和关键。本章阐述了主管人员和选拔标准的概念,介绍了主管人员素质的有关学说和管理实践内容,分析了高层、中层、基层管理者的技能结构和重要能力的内容。进而,对主管人员素质的主要项目内容进行了详细阐述分析,包括成就素质、影响与沟通素质、认知思维素质、组织管理素质和个性特征五大方面。在此基础上,对主管人员选拔中的常用方法和遴选操作进行了具体阐述。

主要概念与名词

主管人员选拔标准 管理能力 成就动机 影响力 组织管理素质 主管人员素质模型 遴选

复习与思考题

1. 什么叫主管人员?
2. 简述选拔标准的含义。如何确定人员选拔的标准?
3. 举例说明不同层次的主管人员应具备的素质。
4. 试说明主管人员甄选和任用过程中应当注意的问题。
5. 试制订一个大型集团公司公共关系部总经理的选拔方案。

华为选拔管理者的六大原则

深圳华为公司是国际著名的通信产业公司之一。该公司的发展需要大量的管理者,他们在选拔管理者的过程中形成了以下 6 个原则。

第一，管理者要具备踏实的办事能力、强烈的服务意识与社会责任感，能够不断提高自身的驾驭与管理能力。

华为要求每个管理者都能够亲自动手做具体的事，那些找不到事做又不知如何下手的管理者就会面临被精减的命运，华为会将没有实践经验的干部调整到科以下的岗位去。在基层没有做好工作的，没有敬业精神的，是得不到提拔的，任何虚报数字、作风浮夸的干部都会被降职、降薪。

在华为，要求中高层管理者要具备自我提高的能力，能够很快地适应社会、企业的发展要求。同时，管理者必须充分理解企业的核心价值观，具有自我批判的能力。要关心部下，善于倾听不同的意见，能够和持不同意见的人交朋友，分析这些人的问题，给他们帮助。对管理者而言，做员工真诚的朋友很重要，这样，员工就能和你说知心话，可以弥补管理者在工作中的缺陷。

第二，管理者要具备领导的艺术和良好的工作作风。在华为，强调批评与自我批评的工作作风，从高层一直传递到最基层。在公司内部允许员工对自己的上级和部下进行批评，否则人人都顾及影响，都做"好人"，企业管理的进步就无从说起。

第三，要站在公司的立场上综合地选拔，而不能站在小团体、小帮派的立场上选拔管理者。区别这个人是否具有成为合格管理者的潜质，主要看这个人的基础、素质以及能力，不能论资排辈。同时，要允许持不同意见的人存在。华为实行的是干部对事负责制，而不是对人负责制。对人负责制会滋生一些不良风气，会出现使很多人说假话、封官许愿、袒护问题、以人画线等一系列的毛病。华为对管理者有几条纪律：管理者只能以个人名义表达自己的意见，不允许使用联合签名的方式。管理者个人对问题的看法只能用电子邮件的方式发给专用邮箱反映，而不允许未经批准擅自把电子邮件发上公告栏。当公司认为意见可以公开时才可以公开发表。不管是正面意见还是负面意见，未经批准，在华为都是错误的。

第四，管理者必须具有培养超越自己的接班人的意识，具有承受变革的素质，这是企业源源不断发展的动力。

企业变革的阻力一般都来自管理层，管理者要以正确的心态面对变革。变革从利益分配的旧平衡逐步走向新的利益分配平衡，这种平衡的循环过程，促使企业核心竞争力提升与效益增长。在这个过程中，管理者的利益可能会受到一些损害，大方丈可能会变成小方丈，原来的庙可能会被拆除，这时，管理者要从企业发展的角度出发，用正确的心态对待。就像华为，正处在一个组织变革的时期，许多高中级干部的职务都会相对发生变动。公司会听取管理层的倾诉，但也要求服从，否则变革无法进行。等变革进入正常秩序，公司才有可能按照干部的意愿及工作岗位的需要接受他们的调整愿望。

第五，企业对候选的管理者要进行深入的了解与沟通。华为就要求管理者的个人履历加强透明度，他也可以选择放弃对公司的透明度，这样，公司也会放弃选择他做干部的权利。对管理者个人状况的了解有助于解决管理层的腐化问题。

华为公司还有一个选拔管理者的原则：凡是没有基层管理经验，没有当过工人的，没有当过基层秘书和普通业务员的，一律不能提拔到管理层，哪怕是博士也不行。学历再高，如果没有实践经历,也不可能成为一个合格的管理者。

(资料来源:华为选拔管理者的六大原则[EB/OL].中国劳动咨询网,http://www.51labour.com/html/91/94043.html,2008-05-12)

讨论题:

1. 结合案例,谈谈华为选拔管理者的特点。
2. 结合案例,谈谈华为选拔管理者的六大原则的价值何在?
3. 谈谈华为选拔管理者的六大原则对我们的启示。

参 考 文 献

1. 吴文艳. 组织招聘管理[M]. 大连:东北财经大学出版社,2008.
2. 廖泉文. 招聘与录用[M]. 北京:中国人民大学出版社,2015.
3. 姚裕群,刘家珉,原喜泽. 招聘与配置[M]. 大连:东北财经大学出版社,2012.
4. 张维君,王君. 人员招聘与配置[M]. 北京:电子工业出版社,2012.
5. 谌新民. 员工招聘成本收益分析[M]. 广州:广东经济出版社,2005.
6. 王丽娟. 员工招募与配置[M]. 上海:复旦大学出版社,2012.
7. 李中斌. 招聘管理[M]. 北京:中国社会科学出版社,2008.
8. 刘追. 人员招聘与配置[M]. 北京:中国电力出版社,2014.
9. [美]凯文·克林维克斯,马修·奥康内尔. 现代企业招聘实务[M]. 北京:中国标准出版社;科文(香港)出版有限公司,2005.
10. [美]赫尼曼,贾奇. 组织人员配置[M]. 北京:机械工业出版社,2005.
11. 周文,刘立明,方芳. 员工招聘与选拔[M]. 长沙:湖南科学技术出版社,2005.
12. 王继承. 人事测评技术[M]. 广州:广东经济出版社,2001.
13. 费英秋. 管理人员素质与测评[M]. 北京:经济管理出版社,2004.
14. [美]爱德华·霍夫曼. 人才心理测评[M]. 北京:中国财政经济出版社,2002.
15. 阿尧咨询网. 本领测试[M]. 海口:海南出版社,2001.
16. [英]托利,伍德. 深度评价——实用人才测评系列[M]. 北京:中国轻工业出版社,2007.
17. 吴能全,许峰. 胜任能力模型设计与应用[M]. 广州:广东经济技术出版社,2006.
18. [美]内尔·依格,李·豪佛. 世界500强选人标准[M]. 北京:高等教育出版社,2004.
19. 杨毅宏,等. 世界500强面试实录[M]. 北京:机械工业出版社,2005.
20. 王旭,乐雯晴. 从招聘到离职——人力资源管理实务操作宝典[M]. 北京:中国法制出版社,2013.
21. 边文霞. 招聘管理与人才选拔:实务、案例、游戏[M]. 北京:首都经济贸易大学出版社,2012.

教学支持说明

扫描二维码在线填写
更快捷获取教学支持

尊敬的老师:

您好!为方便教学,我们为采用本书作为教材的老师提供教学辅助资源。鉴于部分资源仅提供给授课教师使用,请您填写如下信息,发电子邮件给我们,或直接手机扫描上方二维码在线填写提交给我们,我们将会及时提供给您教学资源或使用说明。

(本表电子版下载地址:http://www.tup.com.cn/subpress/3/jsfk.doc)

课程信息

书　　名			
作　　者		书号(ISBN)	
开设课程1		开设课程2	
学生类型	□本科　□研究生　□MBA/EMBA　□在职培训		
本书作为	□主要教材　□参考教材	学生人数	
对本教材建议			
有何出版计划			

您的信息

学　　校			
学　　院		系/专业	
姓　　名		职称/职务	
电　　话		电子邮件	
通信地址			

清华大学出版社客户服务:

E-mail: tupfuwu@163.com　　　　　　　网址: http://www.tup.com.cn/
电话: 010-62770175-4506/4903　　　　传真: 010-62775511
地址: 北京市海淀区双清路学研大厦B座506室　　邮编: 100084